JN139793

かごしま映画館100年史

100 years history of Movie theaters

目次

12 変容期の映画界

13 シネマコンプレックスの時代

かごしま映画館100年史

1　盛り場天文館のはじまり

鹿児島で映画が上映されたのは明治30年の暮れ。場所は天神馬場交差点角、現在の鹿銀ＡＴＭのところにあった寄席・新栄座である。その後の活動写真館の集客力は、それまでの寄席、劇場などに代わって、盛り場天文館の形成と発展に係わってきた。

映画の集客力は衰えたが、都市の文化を支える要素であることに変わりはない。天文館の映画館は鹿児島の娯楽文化を支えてきた。平成18年に天文館から最後の映画館が消えたとき、市民は失ったものの大きさに驚いた。

天文館通りは明治30年代末ごろまでは中福良通りといわれていた。中福良の地名は地形に由来し、周囲の沖積地より小高い微高地で、南北に細長く東西の断面がふっくらと盛り上がっている。天文館は、この微高地の北部に形成された。繁華街を歩く人たちは案外、土地の高低に無頓着だが、天文館は結構起伏に富んでいる。蜂楽饅頭や味の四季あたりから文化通りの方を見ると、道路がかなり下っているのが分かる。かつて日置裏門通り（現在の文化通り）などは、大雨の時には排水溝を兼ねていた。平成5年8月の豪雨（8・6水害）では、甲突川の濁流が流れ込み文化通りの西側はほとんど水没したのに、天文館通りのアーケード街は無事であったことはそのことを証明している。

微高地の中福良は屋敷地に適した地形で、藩政期には大身（たいしん）の屋敷が南北に並んでいた。中福良通りの西側には佐志、伊勢、花岡、日置の約3千坪の方形の屋敷が続き、東側に御春屋（おつきや）、御客屋、評定所、明時館などの役所、日置次男家屋敷などがあり、夜は天文観測に適するほど暗く静かなところであった。その先の微高地上には、南林寺とその墓地が洲崎塩浜手前まで続いていた。

盛り場天文館の形成は2期に分かれる。現在の電車通りの高見馬場を境にして、東千石町側は明治期に、山之口（千日）町側は大正期にできあがった。なお、昭和38年に市は山之口町東部と、隣接する船津町などの一部を加え千日町とした。山之口町の盛り場、映画街はこの千日町に属したので、以下同37年以前についても千日町と記すことがある。

中福良は鹿児島城下のほぼ中心部に位置する。明治11年に西本願寺鹿児島別院が現在地に建立されると、薩摩藩禁制の浄土真宗（一向宗）であったにもかかわらず信者が押し寄せ、その周辺の中町や、西南戦争で荒廃していた御春屋屋敷付近はすぐに門前町化していった。平岡昭利編の『改正鹿児島縣地誌略』（明治25年2月第2版）は「信徒日ニ多ケレバ、堂宇頗（すこぶる）壮麗ナリ、此ノ際（きわ）、又割烹店相並ビテ甚（はなはだ）雑踏ヲ極ム」と門前町化していく様子を伝えている（平岡昭利編『明治の鹿児島―景観と地理―』p48）。特に御春屋（のち御着屋）跡などには、急速に旅館、飲食店、雑貨店、見世物場が増えて繁華街になり、盛り場天文館の発祥地となった。次いで、明治20年代初めに隣りの伊勢家が事業の失敗で没落すると、屋敷は分譲され、ここも盛り場となっていった。その後、他の屋敷地も地租改正による課税対策や、中央への転出により分譲が進んでいった。

「どこの都市でも、『盛り場』形成の端緒になったのは『遊里』だった。次いで近くに芝居小屋が建てられ、それが二軒、三軒と増えていくと『芝居町』となった。人出で賑わうにつれて、その回りに茶屋などの飲食店や小商いの出店、さらには見世物小屋などが並び始めて、盛り場の原型ができあがっていった」という（沖浦和光『「悪所」の民俗誌』―色町・芝居町のトポロジ―p35　文春新書）。天文館は全国の盛り場の事例とは異なり、藩の役所跡、大身の屋敷地が分譲されながら形成されたもので、全国的には数少ない事例である。

明治20年代半ばにはすでに、山之口町の日置屋敷を除く、中福良の屋敷地跡に見世物小屋や寄席ができていた。たとえば伊勢殿屋敷（いせどんのやしき）の見世物小屋や千石馬場定席、明時館跡の天文館定席などは、明治24年以前に興行が始まっている。所崎平編『児玉宗之丞日記（上巻）』の明治17年3月に「家内ども祭文聞きに天文館跡へ参り、正午に帰る」とある（所崎平編『児玉宗之丞日記（上巻）』p300　南日本新聞開発センター）。文中の天文館跡は天文館定席である。天文館定席は浪花節（祭文）の常打小屋で、当時寄席では最も人気があった。小屋は天文館の天体観測ドーム付近にあり、これにちなんで付けられたものであろう。旧吉田書店付近であるが、明治36年8月に焼失した（明治36年8月9日「天文館定席の焼失」鹿児島新聞）。

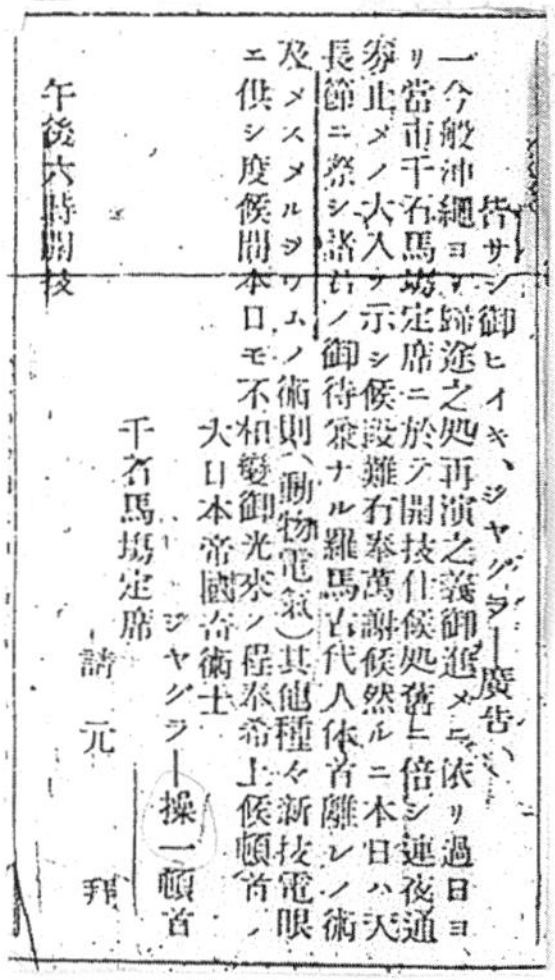
告サシ御ヒイキ、ジヤグラー廣告、
一今般沖縄ヨリ歸途之処再演之義御進メニ依リ過日ヨリ當市千石馬場定席ニ於テ開技仕候処舊ニ倍シ連夜通券止メノ大入ヲ示シ候段難有奉萬謝候然ルニ本日ハ大長節ニ祭シ諸君ノ御待兼ナル羅馬古代人体首離レノ術及メスメルタワムノ術則（動物電氣）其他種々新技電眼ニ供シ度候間本口モ不相變御光来ノ程奉希上候頓首
大日本帝國奇術士
ジヤグラー操一頓首
千石馬場定席
請元　拜
午後六時開技

図表1「ジャグラー広告　千石馬場定席」
（明治24年11月　鹿児島新聞）

図表1は明治24年11月、千石馬場定席の大日本帝国奇術士ジャグラー操一の興行の広告である。ジャグラー操一座は曲芸、手品などを興行する一座だ。**図表2**は明治34年に新城屋敷跡（松竹第一映劇があった付

當市東千石町舊新城屋敷ニ於テ風船ト共ニ好評ヲ
博セシ大阪奥田社中
大曲藝々題替リ
大入御禮トシテ本日ヨリ三日間
木戸一人前　大人 金三錢　小人 金二錢
木戸錢ノ外中錢一切いらず

図表２「曲芸広告　新城屋敷」
（明治34年９月　鹿児島新聞）

近）で行われた曲芸団のイラスト風の広告である。

明治27年4月、加世田片浦辺りで捕獲された長さ2丈（約6メートル）の鯨を見世物にしようと鹿児島市まで運んできた。「両三日前より、新栄席跡にて鯨の見世物をなし看板を懸け、鉦・太鼓をならして囃したてたるが、余り見物人なく、本日は腐敗せぬうちにとその体を切り解くよし」とある（明治27年4月20日「鯨の見世物」鹿児島新聞）。新栄席のあった東千石町一帯は、同年1月の大火で焼失している。中福良通りの人出を見込んでの鯨の見世物であったが、大火の後のせいかその目論見は失敗した。新栄座は5月には仮小屋が再建され、明治30年暮れに鹿児島最初の活動写真が上映される。のち大黒座となる。

鹿児島は祭文の人気が高く、明治27年1月、中福良の天文館定席と新栄席で赤穂義士伝の祭文の興行が始まると「最早、旧十二月十四日、即ち赤穂義士夜打の夜もほど遠からず。既に両席においては十数日前より義士の伝記を読み始めたが、昨今は追々佳境に入りつつあり。したがって面白みもまた格別なれば夜毎の聴客非常に多く頗る繁昌をきわめるだろう」と市民が義士伝を楽しむ様子が記されている（明治27年1月14日「祭文の繁昌」鹿児島新聞）。同年8月には「天文館と花岡との祭文語りは、かねてより、職敵にて、たびたび衝突の事ありしが、一昨日は暮れ頃の事なり。初めは、双方互いに言い争いおるうち、花岡方の輝葉はこのとき酒気を帯び天文館に飛び込み、なおも争論しおりしが、輝葉は銀蔵の妻とかを殴打し、また輝葉も頭部を殴られて軽傷を負ひたれば、輝葉は天文館の庄次郎外芸人四名を相手取り昨日告訴におよびたり」と寄席同士が競った有様を伝えていて興味深い（明治27年8月7日「芸人同士の喧嘩」鹿児島新聞）。輝葉というのは、たびたび鹿児島にやってきて人気のあった祭文語りである。花岡席は新栄座の南隣りにあった。このころの東千石町中福良通り一帯は寄席の街のようだった。

明治30年6月の御着屋は「お着屋近傍の夜景、年とともに新たに氷屋の呼び声、勧工場の顧客、日に日にますます殷賑を加へ、このごろ俊寛堀の涯（きわ）に興行せる軽業の如きは毎夜非常の大入り。また、新栄席には本日より日清戦争の活人形あり。熊本県安本亀八の細工になり、人形の数は百七十におよび、手（て）際（ぎわ）なかなか巧妙なりといえば晩景よりの人出は一層に多かるべし」といったありさまであった（明治30年6月27日「軽業と活人形」鹿児島新聞）。勧工場は明治・大正期、一つの建物の中に種々の商品を陳列して販売した一種のマーケット。勧工場はいづろ（石燈籠）にもあった。明治32年ごろには、佐志屋敷内には西洋手品興行場が、天文館ではないが下納屋ノ上角に蓄音機芸場、広馬場通りに西洋手品興行場があった。同31年には俊寛堀は埋め立てられ、夏には鹿児島電気株式会社の電燈がついた。

明治37年7月の投書に「鹿児島市の千日前ともいうべき伊勢殿屋敷の夜の昨今は、なかなかの賑いにて雑踏は一通りでない。活人形がある、覗き眼鏡がある、軽業がある。あなたもドンチャン、こなたもドンチャン、いらっしゃいお入りなさいの叫び声は耳も破れんばかりである。浮かれて出る男女も非常におびただしい。奥さんもあればお嬢さんもある。女中もあれば仲仕もいる。女づれの紳士もあれば弥次馬もいる。海老茶（えびちゃ）もおれば書生も歩く。毎夜、毎夜一時ごろまでは得もいわれぬ雑踏であるので、掏（す）

●開店廣告
筆墨其他學校用品種々
小松文雄先生書新選習字本新選毛筆畫帖並ニ
製造御好ニ應ズ
弊店儀石燈籠通第壹番勧工場内ヘ出品致シ置候處今般都合ニヨリ閉店仕更ニ左記之所ヘ支店ヲ設置シ何品ニ不限精々勉強仕極々安價ニ販賣仕度候間何卒舊ニ倍シ御引立之程奉希候也
本店 鹿兒島市菩薩堂通 片川寶榮堂
同市石燈籠通上天文館通角ヨリ東四軒目 片川支店

図表３　「開店広告　片川寶栄堂・片川支店」（明治30年５月　鹿児島新聞）

りなどチラホラ仕事をやらかすということだが、角袖のお巡さんを見受けれども、ちょっともあがらないのは心細い」と伊勢殿(どん)の屋敷の変貌ぶりが記されている（明治37年7月1日「夜の伊勢屋敷」鹿児島新聞）。

天文館は興行物、見世物に群がる市民であふれた。こうした人出を見込んで市内の有力店舗が石燈籠通りや菩薩(ぼさど)堂通りから移ってきた。**図表3**は片川寶栄堂が明治30年5月に天文館に開店したときの広告である（明治30年5月13日「開店広告　片川寶栄堂片川支店」鹿児島新聞）。

図表4は明治30年代に天文館にあった寄席や劇場の一覧で、**図表5**はその分布図である。中福良通りは40年代に入ると、天文館通りと呼ばれることが多くなり、東千石町は市内一番の盛り場となっていた。寄席や劇場は人を呼び集め、東千石町天文館の盛り場の形成に重要な役割を果たした。

千日町の天文館通りが盛り場化するのは明治44年以降である。通りの西側の日置屋敷は、南西隅角にあった菱刈屋敷を除き、ほぼ現在の千日通りと山之口馬場、天文館通りと文化通りに囲まれた一画であった。東側には日置次男家跡があった。明治末には、今の天文館電車通りには飲食店などがぼちぼちできていたが、大部分が石塀に囲まれたひっそりした屋敷地で、南側には南林寺墓地が延々と広がっていた。

同屋敷は同44年の2月と9月の2度にわたる類焼により焼失する。紀元節の日、当主島津久明男爵は県庁での拝賀式に出席していた。屋敷の消火のため「旧領地（旧日吉町日置）より出稼ぎ中の仲仕連が

図表4　「明治期　天文館の興業場」

	館　名	期　間	比　定　地	備　考
1	能会社	維新後～明治20年頃	東千石町（天神馬場・旧能中西屋敷跡）	島津久光、島津隼人らによる能興行会社
2	天文館定席（寄席）	明治17年3月以前～明治36年8月焼失	東千石町（旧明時館跡、旧吉田書店付近）	「家内共には祭文聞に天文館跡へ参り候而正午前罷帰候」（所崎平編 「児玉宗之丞日記」 ㊤p300）
3	千石馬場定席（寄席）	明治24年11月以前～？	東千石町（旧伊勢屋敷内跡）	大日本帝国奇術士ジャグラー操一の興行
4	朝稲席（寄席）	明治27年8月以前	東千石町（旧伊勢屋敷内）	「千石馬場通り朝稲席跡にて芝居興行を始めたり」
5	花岡席（寄席）	明治27年以前～明治30年？	東千石町（旧花岡屋敷跡、鹿銀ATM南隣）	明治27年頃、天文館と対抗し繁盛。明治30年玉川花遊一座が奇術大幻灯会興行
6	新榮座（寄席）	明治28年以前	東千石町（旧花岡屋敷跡、鹿銀ATM付近）	鹿児島で初めて活動写真を上映
7	大黒座（劇場）	明治32年2月～明治34年	東千石町（旧花岡屋敷、鹿銀ATM付近）	新栄座跡に新築。明治34年10月焼失
8	西洋手品興行場	明治32年3月	照国町（佐志屋敷内）	「佐志屋敷内西洋手品興行場前にてスリ」
9	旭　座（劇場）	明治35年5月～明治36年10月	東千石町（旧伊勢屋敷、セピア通り中程）	明治座の前身
10	万栄座（寄席）	明治34年5月～明治43年12月	東千石町（旧花岡屋敷、セントラルビル付近）	明治44年正月、鹿児島初の常設活動写真館世界館となる
11	高千穂座（劇場）	明治35年11月～明治40年1月	東千石町（日置裏門通り、旧新城屋敷跡）	明治40年2月より中座となる
12	明治座（劇場）	明治36年10月～大正5年7月	東千石町（旧伊勢屋敷跡、セピア通り中程）	新派俳優秋津千尋が旭座を借受け、新派劇常設館明治座に改称。加治木町へ移転
13	松栄座（寄席）	明治40年頃～明治43年5月	東千石町（旧伊勢屋敷内）	浪花節、義太夫など興行
14	中　座（劇場）	明治40年2月～昭和14年10月	東千石町（旧新城屋敷、第一劇場付近）	高千穂座を改称。入場定員は1200人。昭和14年10月焼失
15	常盤座（寄席）	明治43年以前～大正2年頃	山之口町	大正元年11月23日、改築し劇場へ。
16	世界館（活動写真常設館）	明治44年正月～昭和6年5月	東千石町（旧花岡屋敷、セントラルビル付近）	旧万栄座。横田活動写真商会の直営、鹿児島最初の常設活動写真館
17	仮席	明治44年4月	山之口町天文館通りの日置屋敷焼け跡	記事に「天文館通りの仮席に大阪若手連一座女義太夫を聴いた。俄か作りの仮席とはいうもののさっぱりしていて畳なども新しいので大変聞きごごちが良い」とある。

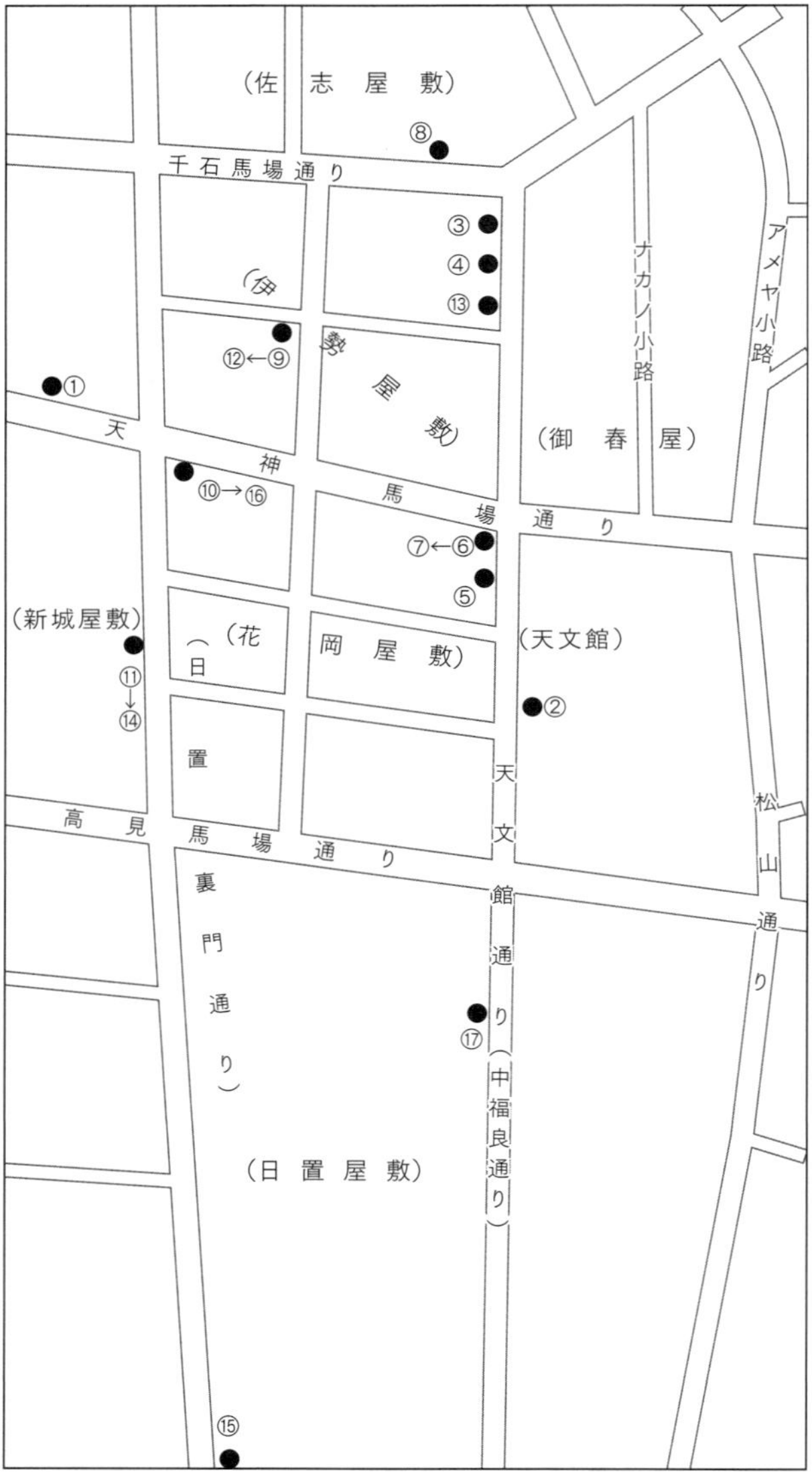

いち早く駆けつけて救護に手を尽くした」という。当時、島津久明男爵は照国神社宮司で、弓東郷家流皆伝の弓術の達人として知られ、武家故実にも詳しく同族間に重きをおいた人であった。男爵は大正3年3月、転居先の中郡宇村郡元の自宅で亡くなっている（大正3年4月21日「島津久明男の事共」鹿児島新聞）。屋敷の焼け跡に4月初め早くも仮席（仮設興行場）ができ、芝居の興行が行なわれている。6月の夜

図表5　「明治期　天文館の興行場分布図」

の探訪記事には「広馬場より菩薩堂通りを経て地蔵角に出て右折、天文館通りにいたれば仮席の興行、ブーブーカンカンその賑やかさ、瓦斯燈（がすとう）の光り目を綾に、おすなおすなの盛況」といった有様であったと変貌ぶりを記している（明治44年6月26日「暗黒探検　夏の夜の鹿児島」鹿児島新聞）。また、改元直前の明治45年6月の新聞は、日置屋敷跡の一層の変わりようを次のように伝えている。

「宛然（えんぜん）千日前。西洋軒とかいふビヤホールで、年増の世辞につられて思わず過ごしたビーヤの酔い心地よしとばかり街路へ飛び出す。一直線に日置屋敷の興行場へ乗り込むと、自転車曲乗りの新式から、覗きメガネの十九世紀式に至るまでズラリと並んだ見せ物では、盛んにドンチャン、グワンチャンと囃（はや）し立てながら何れおとらず客を引くことに努めている。その付近に群がる有象無象はただ看板に見惚れているばかりで、中に入るのは十人中の二、三に過ぎぬ。光景は大阪の千日前に等しい。その燦然（さんぜん）と照らされたアセチレン瓦斯から発散する臭気は鼻もゆがむばかりであるが、集まった群衆は容易に立ち去ろうともしない。スリにでもあわねばよいが」（明治45年6月26日「夏の夜の鹿児島」鹿児島実業新聞）。

焼失してからわずか1年4カ月ほどで、まるで大阪千日前のような賑わいぶりであると伝えている。焼け跡に仮設の興行場や見世物、夜店などができ、新開地、新道などのように繁華街になっていく模様を伝えている。大正2年正月には鹿児島座、メリー館ができる。大正2年7月には鹿児島座前にビヤホール・ロンドンが開店している。「当時ロンドンは独占舞台で幅を利かし、若いエプロン姿の女給のはしゃぐ声は夜となく昼となく流れた。ロンドンの主人は今の帝国館の地に住んでいて、中町の魚市場に対抗し新納屋を建設したが、中町納屋衆に魚類の出所を抑えられ間もなく貸家に変わった。場所が場所だけに風紀取締まり上問題となるような飲食店街となり廃止され、その後、跡地に天文館市場ができた。太陽館のところは「元商品陳列所の跡」とある（大正13年10月13日「移り行く巷の光」鹿児島実業新聞）。

東千石町天文館通りの繁華街が千日町へ延長し、活動写真や劇場の興行施設、飲食店を中心とした新しい歓楽街が形成されてゆく。

中福良と呼ばれた細長い微高地北部に、興行場、飲食店、商店が集中し繁華街が形成された。東千石町は商店・飲食店街として発展、千日町は映画館、カフェなどの盛り場となり、電車通りを境に機能の異なる街を形成し、今日まで鹿児島市民に日々の娯楽と消費文化を提供してきた。

2　巡業興行の時代

近代化する鹿児島市

明治34年6月、鹿児島・国分（隼人）間に鉄道が開通した。開通にまつわる懐旧談が新聞に載っている。話者は北陸鉄道から転任してきた幹部職員である。「明治三二年五月、女中を雇いいれた。女中の風体がなかなか面白かった。髪は藁穂（わらほ）で束ね、しかも帯は締めずに裸足（はだし）である。この人が客間に出てお客の給仕をやる。風俗の奇なるに驚かされた。その後、鹿児島・国分間の鉄道が開通してからこの女中さんの面白い風体は、いつの間にか後影もなくなってしまった。交通機関の発達の影響は直ちに下流の風俗まで一変してしまう」と露骨な言い方だが当時の風俗やその変化が伝わってくる（42年11月20日「十年の一昔」鹿児島新聞）。

42年11月、鹿児島線鉄道（肥薩線）の難所、吉松・人吉間が完成し、鹿児島・東京新橋間が直通の46時間で結ばれることになった。新聞の見出しは「接近又接近　東京と鹿児島」と実感がこもっている。36年ごろ、川上音二郎翻案の『意外』、『又意外』などの新劇が盛んに壮士芝居常打小屋の明治座で上演され人気を呼んでいるが、これのパロディーだろう（42年11月20日「接近又接近、東京と鹿児島」鹿児島新聞）。

明治座は伊勢殿屋敷、現在のセピア通りの熊襲亭前辺りにあった。鹿児島線開通は「帝国縦貫鉄道の完成なり」とある。これは鹿児島の社会にとって、現在の九州新幹線開通以上のインパクトを与えたのかもしれない。

鹿児島新聞の記者が出勤途上の町の模様をスケッチする『途上所見』という連載記事がある。明治43年3月初め、草牟田辺りに住む記者は冷水峠を越え射場坂（いばんさか）を下り、岩崎谷を横切る。鉄道踏切工事はもう始まっていたかもしれない。それから高野山脇を経て名山堀に出る。「名山堀に出たら後から鳥打ち帽をかぶった男が自転車で走ってきた。名山床の隣に美顔術の看板が出ているのが目に付いた。鹿児島にもおいおい美顔術が流行ってきたなと思って旭（朝日）通りに出ると梅の花を売っている女が荷を下ろしている。それを眺めながら広口の新聞社に入った（影武者）」（43年3月3日「途上所見」鹿児島新聞）。

記事を少し補足すると、上野邸沿いの坂道を射場坂といい、西側の山手にあった藩の弓道場にちなむ地名だろう。このころには鹿児島でも自転車で通勤する会社員がいたようだ。名山床は藩政期の江戸橋の南側、現在の市役所東別館の電車通

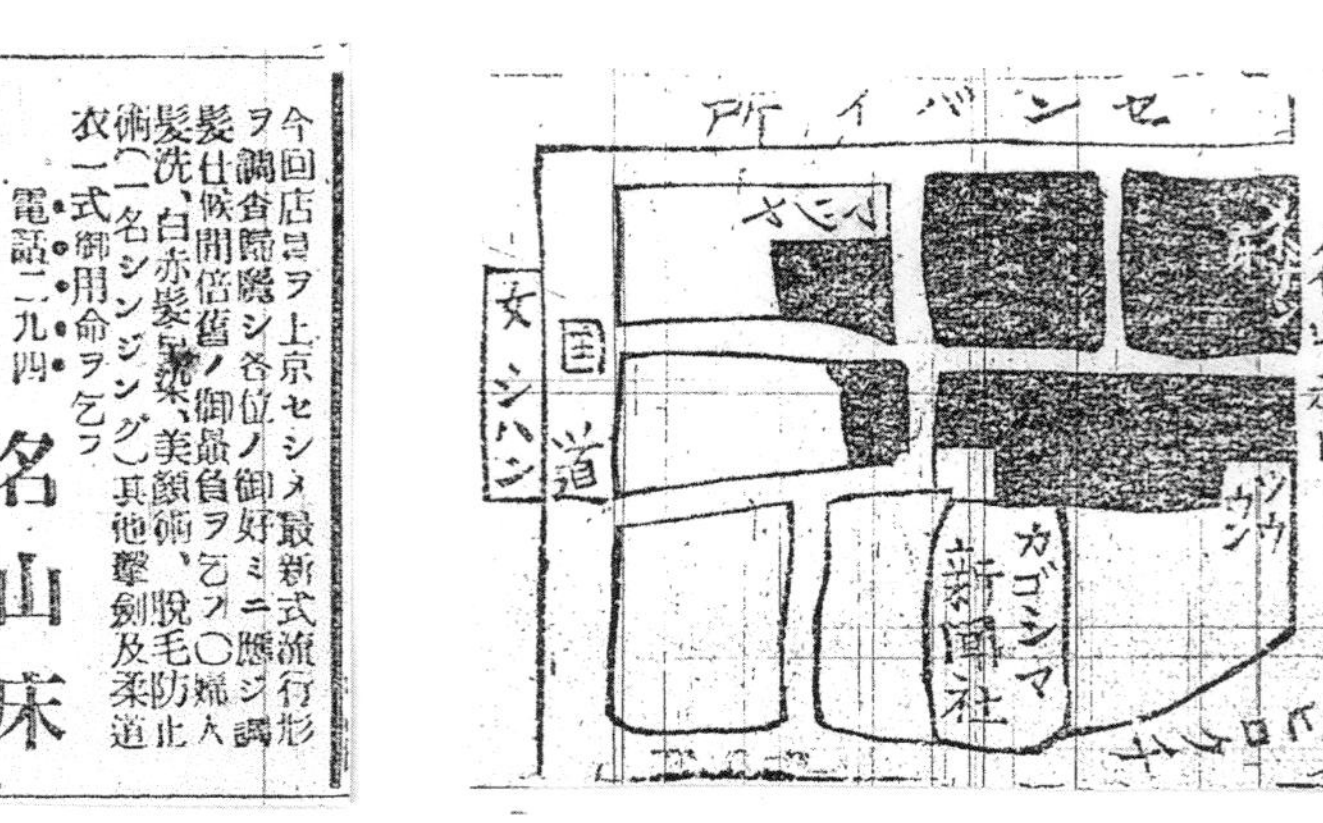

今回店員ヲ上京セシメ最新式流行形ヲ調査歸鹿シ各位ノ御好ミニ應シ調髪仕候間倍舊ノ御贔負ヲ乞フ〇婦人髪洗、白赤髪染、美顔術、脱毛防止術（一名シンジング）其他撃劍及柔道衣一式御用命ヲ乞フ
電話二九四
名山床

図表７　「名山床」
（明治44年５月　鹿児島新聞）

図表６　「名山床」所在地（加治木屋敷内焼跡）
（大正３年10月　鹿児島新聞）

り沿いにあり（図表6、7）、向かい側にあった名山堀にちなんで付けた屋号であろう（大正3年10月22日「本社近く白昼の大火。加治木屋敷内、痴童の弄火より」鹿児島新聞）。明治4年の断髪令後、名山床は鹿児島の多くの武士の髷を切ったといわれる。裏庭には断髪された丁髷がうず高く積まれていたという。鹿児島市坂元町丸岡に明治5年2月に建立された断髪供養碑がある。森永吉太郎という人が断髪した髪を壺に入れ埋葬し供養したものだという。明治9年ごろには断髪6割、丁髷4割の割合であったという（昭和41年11月29日「断髪供養碑」かたすみの歴史48　南日本新聞）。断髪後、男たちは帽子を被ったのでこれが飛ぶように売れた。頭がさびしかったのであろう。

　名山床は当時鹿児島を代表する理髪店で、美顔術など東京の流行をいち早く取り入れている（〃44年5月28日「名山床」鹿児島新聞）。大正2年、名山床で腕をきたえた職人が、メリー館の横にメリー床を開店したという記事もある。3年10月の火災で焼失したが、11月に朝日通りに開業している。

　広小路は、火除地として藩政期に設けられた広場。鹿児島では広口とも呼ばれていた。今の南日本銀行本店や岩崎産業本社のある一帯で、火事がよく発生した下町の火が鶴丸城へ延焼するのを防止するために設けられた。広場には藩の高札が立てられる所でもあったので「下札ノ辻」ともいわれ、上町には「上札の辻」があった。昼間だけ広場に日店（床店）や見世物小屋などが出て賑わった。明治15年に松本喜三郎の活人形展が催され人気を呼んだこともある。東京では両国広小路、上野広小路などが有名だが、東京の広小路はその後、盛り場となっているところが多い。広口には鹿児島新聞、鹿児島実業新聞の二大新聞が向き合っていた時期があった。美顔術というのは、初代遠藤波津子が明治38年に銀座に開いた遠藤理容館が始めた美容術で、上流層の婦人たちに人気を集め、43年には流行語となり全国に広まった。鉄道の開通はさまざまな交流の契機となり、鹿児島の人々の生活を変えていった。

活動写真以前の映像見世物

幻灯　活動写真以前の映像見世物に幻灯、写し絵、パノラマがあり、これらが興行されていた時代を映画前史といっている。

幻灯は18世紀中ごろオランダ貿易で日本に伝えられ、見世物として興行されていたが、明治13年には文部省が各府県の師範学校に備え、教材として普及していった。興行としての流行のピークは日清、日露戦争のあった明治20年代末から30年代末の約10年であったという。

鹿児島でも興行のほか、衛生の啓蒙や宗教の布教などに上映されている。『鹿児島県統計書』の刊行は明治26年度から始まり、諸興行の営業日数等を載せているが、幻灯は27年度から掲載が始まり、**図表8**はその興行日数などを一覧にしたものである。非営業というのは衛生組合の教育衛生幻燈会、寺院などの布教活動など徴税対象外の上映であろう。幻灯の興行日数は次第に減少し、38年には年間の営業日数が、県全体が72日、鹿児島市郡が32日となっている。39年には「幻灯」の項は無くなり、代わって活動写真が記載されている。幻灯はこのころに興行物としての価値が薄れ、流行ってきた活動写真と入れ代わっている。

図表８「明治期　幻灯興行日数」

年号	地　　区	興行形態	営業日数
明治26	諸興行	（「幻灯」の項なし）	
明治27	県	奉納	—
		其他	28
		営業	157
明治28	鹿児島警察署	非営業	5
		営業	12
	県	非営業	93
		営業	59
明治29	鹿児島警察署	営業	—
	県	営業	41
明治30	鹿児島（市郡）	営業	75
	県	営業	121
明治31	（欠本）		
明治32	鹿児島警察署	営業	20
	県	営業	64
明治33	（欠本）		
明治34	（欠本）		
明治35	鹿児島警察署	営業	16
	県	営業	43
明治36	鹿児島警察署	非営業	—
		営業	76
	県	非営業	20
		営業	91
明治37	鹿児島市 鹿児島	営業	6
	県	営業	83
明治38	鹿児島市 鹿児島	営業	32
	県	営業	72
明治39	鹿児島市 （活動写真）	営業	114
	県 （活動写真）	営業	222

『鹿児島県統計書』による。

図表９は28年５月に天文館定席で行われた、日清戦争の幻灯会広告である。30年の花岡席の正月興行の広告には「今般、日本各劇場において大喝采を博したる美術的東京奇術幻燈会長、奇術博士玉川花遊氏一座は明二日午後六時より東千石馬場町花岡席において興行」とあり仰々しい（30年１月１日「花岡席の幻灯会」鹿児島新聞）。

四方田犬彦は「一八八六（明治十九）年ごろ、幻灯が日本で流行したとき、すでに説明者が存在したと言う記録がある。したがって映画が公開される時点で、すでに観客は弁士の存在に当初からいかなる疑問も抱いていなかった」と記している（四方田犬彦『日本映画史１００年』Ｐ51。集英社新書）。

さきの玉川花遊はおそらくこの幻灯の説明者であろう。このほか、鹿児島太郎、東洋太郎、鮫島永嶺、湯地丈雄などの説明者と思われる人たちが、天文館定席や稲荷座などで幻灯の説明をしている。

日清戰爭大幻燈會
大鳥公使ノ談判ヨリ始メ平和終局ニ至ル迄デ
今晩八時ヨリ天文館ニ於テ開會ス
五月三十一日　東京至誠會員

図表９「日清戦争の幻灯会天文館定席」（明治28年5月　鹿児島新聞）

36年10月「最新式浮出写真応用幻燈会」が天神馬場の萬榮席で行われている。「学術参考家庭教育に資せんがため」とあり、幻灯の「映出写真目録」が載っているのは珍しいので記載しておきたい。

△第五回博覧会全景、各館建造物及出品物陳列実況　△本館及美術館電燈装飾夜景　△水族館　△動物園　△ウォーターシュート　△其他余興物一切　△北進事件連合軍激戦実況　△日露之夢、二少年立志談　△浪花百美人　△各国風景名所旧跡数百枚（36年10月30日「浮出写真幻燈会」鹿児島新聞）

また、36年11月、稲荷座で行われた活動写真興行では、鹿児島市内の「神社仏閣、西郷翁木像その他の景色を撮影し写真幻灯に変造して余興に加へる由なれば、観覧者にはひとしおの興あるべし」と、ご当地の実景写真が活動写真上映の幕間にスライドにして上映されている（36年11月1日「稲荷座の活動写真」鹿児島新聞）。こうした幻灯と映画の共存はその後も続くが、鹿児島において幻灯だけの単独興行が行われるのは、先に述べたように、明治30年代後半までである。

写し絵　写し絵は、江戸時代末期から明治の中ごろまで寄席などで興行されていた幻灯の一種で、4、5台の幻灯機を使い、代わる代わるスライドを何枚も映し出すので、人物が映画のように動いているように見えたという。中央では明治中ごろには衰え、紙芝居に転化していったという（加太こうじ『紙芝居昭和史』p6　岩波現代文庫）。

図表10は明治31年5月、稲荷座で行われた「改良活動大幻燈」の広告である（明治31年5月10日「改良活動大幻燈広告」鹿児島新聞）。熊本市の藤川治水は、この広告について次のように述べている。

この広告で興味をひくいくつかを挙げてみる。最初の箇条『此の幻灯は数台を使用する大仕掛』でわかるように、これは写し絵と思われる。その写し絵を活動写真に対抗するかのように「改良活動大幻灯」と謳（うた）っているのがおもしろいし、ときの流行の写し絵の呼び名もいろいろと工夫造語されたことを示している。さらに二条目の「写真映」、三条以下の「映画」と表記していることに注目してもらいたい。（中略）。なぜ、幻灯の映し出す映像が映画となったかと類推すれば、どうやら影絵から影画、映画と使われ、また、それが訓読みから音読みへと移行するなかで定着したと考えられる（『映画この百年―地方からの視点―』p26　熊本大学・映画文化史講座編　1995年）。

上映映画は「教育、衛生、征清、赤十字、仏教其他種々」とあり、

改良活動大幻燈廣告
一、此幻燈ハ數台ヲ以テ使用スル大仕掛
一、寫眞映ノ直徑ハ參間
一、映畫ハ教育 衛生 征清 赤十字 佛教其他種々
畫ハ運轉法ニヨリ其實景ヲ現ハス
一、映畫之種類ニヨリ、ヴワイオリン、オルガン、手風琴、フラジヨーレツト、タープルヲルガン、紙腔琴、龍笛等ノ樂器ヲ奏シテ之ニ和ス
時候柄追々惡疫流行ノ虞モ保証致難ク候得者本日ヨリ大門口稲荷席ニ於テ本會ヲ開始シ市内衛生費へ金五拾圓補助致度候間此主旨ヲ賛セラレ大人入場金七錢小人五錢ヲ吝ミ給ハス午後第六時半ヨリ續々御入來ヲ乞フ
但シ下足料及坐敷料ヲ要セズ
明治三十一年五月九日
入場ノ都合ニ依リ尚ホ五拾圓ヲ追補ス

図表10　「改良活動大幻燈広告」
（明治31年５月　鹿児島新聞）

同日の記事に上映は「教育上及び衛生上の進歩発達」を図り、「場代等の中より金一百円」を衛生組合に寄付するためであるとしている（31年5月10日「教育衛生大幻燈会」鹿児島新聞）。衛生組合は市内のコレラなどの伝染病流行に対処するために、明治20年代中ごろから30年代初期に各町に結成されている。当時の市民の関心を巧みに利用した興行である。「運転法ニヨリ其実景ヲ現ワス」というのは写し絵で写すということだろう。種々の「楽器ヲ奏シテ之ニ和ス」ともある。

広告、記事には「写し絵」とはどこにも記されていないので、幻灯と写し絵を厳密に区別していたのかどうかは分からない。また、鹿児島での写し絵の興行はこの1回限りだったようだ。

改良活動大幻燈（教育衛生大幻燈会）の興行主は鮫島永嶺という人で、興行は人気が盛り上がり稲荷座のあと天文館定席でも興行され、毎夜非常な大入りであった（31年5月17日「活動幻燈会」鹿児島新聞）。広告が2回、記事が3回も掲載されており、当時の興行としては異例でかなり話題になった。

同年12月に今和泉村池田尋常小学校で、幻燈家鮫島永領（永嶺か）が招請され幻灯会が行われたときの記事がある。噂は県下に広く伝わっていたらしく、「近村衆合夥しく、遅れたる者は戸外に群れを為すほどなりき。鮫島氏一行の幻灯は世上已に定評の如く、映画鮮麗説明精覈（せいかく）にして…。時々、運転画をもって興味を引き合わせて学問応用の如何に巧妙なるかを悟らしめ、その間奏演しつる一行独特の音楽はあるいは洋々として凱旋の饒歌（じょうか）となり、或いは塞上胡笳（こか）の悲しむが如く趣味を解さざる庶民も感に堪えざるものの如くなりき。閉会せしは十二時過」と記している（31年12月4日「池田村の幻灯会」鹿児島新聞）。

運転画というのは写し絵のことで、幻灯と交互に上映したようだ。上映に合わせて、説明と音楽の演奏が行われている。映画前史としての写し絵の興行は新しい活動写真の普及とともに姿を消していったが、説明や演奏は活動写真の弁士や楽隊へ引き継がれていったと考えられる。

パノラマ　パノラマは18世紀末、イギリスのロバート・バーカーという人が初めて製作したという。日本では明治23年に上野・浅草で公開されたらしい。「パノラマ館も映画館もともに観客を世界の中心に位置づけ、世界を視覚的に統御したいと思う人間の欲望を満足させる装置である」とし、映画の出現のさきがけをなすものだとされる（加藤幹郎『映画館と観客の文化史』p9　中公新書）。

鹿児島では明治32年6月に東千石町の旧新城屋敷跡で、「日清戦役における旅順口大激戦図」というパノラマが行われており、記事に「当地においてのパノラマ興行はまず稀（まれ）れなるをもって大入りならん」とある（32年6月10日「パノラマ興行」鹿児島新聞）。その後、日清、日露戦争に関するパノラマが照国神社境内、大門口下埋立地、川内太平橋涯などで行われている。旧新城屋敷跡の興行場はその後、高千穂座、中座、第一映画と受け継がれた。

活動写真興行のはじまり

活動写真の初興行　エジソンは明治26（1893）年にキネトスコープ（のぞき眼鏡式映写機）を発明した。日本ではそれが明治29（1896）年の11月に神戸で初めて興行された。シネマトグラフはリュミエール兄弟が、明治28年2月に特許権を得ている（田中順一郎『日本映画発達史』①p23、29、24　中公文庫。以下、著者名、出版社名は省略する）。スクリーンに映し出す点で、シネマトグラフが世界最初の映画とされる。これは１９１０年代には「シネマ」という略称で呼ばれるようになったという。

シネマトグラフは稲畑勝太郎により輸入され、日本では30（１８９７）年2月15日に大阪市で初興行された。稲畑はフランス人技師ジュレールを伴って京阪から中国地方などを興行し、さらに東京へ進出したという（『日本映画発達史』①ｐ38、44）。

同じころ、東京新橋にあった吉沢商店の河浦謙一もイタリア人ブラチャリーニからシネマトグラフを購入していて、これは同年3月9日に横浜市の港座で上映された（『日本映画発達史』①ｐ48）。最初期の巡業興行は稲畑一派と河浦一派の巡業隊により行われた。

鹿児島でシネマトグラフが初めて上映されたのは、30年12月4日である。8日の新聞に「目下、中福良通の新榮座において興行中なる活動写真の見世物は大入りにて毎夜札止めなり」と入場者は多かったようだが、他には関連記事も見られず、あまり話題にはならなかったようだ（30年12月8日「大入り」鹿児島新聞）。

図表11はその時の広告で、文面が不鮮明なところがあり再録すると次の通りである。

「仏国理学士リミュル氏発明原名シ子マドクラブ　理学応用電気作用活動大写真　欧米各国之珍事写真ニ取リ其写真器械之運転依自由ニ動日本ニ座シ外国ノ事ヲ見ルト毫モ異ナシ。十二月四日午後六時開会　当市花岡　新榮席」（30年12月4日「活動大写真　新榮席」鹿児島新聞）。

新榮席はさきに述べたように天文館・天神馬場交差点、現在の鹿児島銀行ＡＴＭのところにあった。ここが鹿児島の映画初上映の地で、12月４日が本県初の映画上映の日である。

さきの吉沢商店の港座での興行の新聞広告には「仏国理学博士リミエル氏発明　各国帝王大統領勲章拝受、電気作用活動大写真　原名シネマトグラフ　右は種々面白き活動写真数十種を殆んど原形と同様の大きさに御覧に入れ候…」とあり（『日本映画発達史』①ｐ48）、鹿児島上映の広告と似ており、稲畑一派の興行紹介記事などとは違っているので、鹿児島で初上映したのは河浦一派の巡業隊と考えられる。

藤川治水によれば、山口・九州での巡業興行は30年5月に馬関（下関）で、同年8月博多の教楽社で行われたという。藤川はこの巡業が稲畑勝太郎や技師ジュレールの巡業隊によるもので、熊本でも興行したのではないかと考えていたようだ（藤川治水『熊本シネマ巷談』ｐ22　青潮社）。筆者は河浦謙一の吉沢商店の巡業隊が下関、博多、そして熊本を経て、鹿児島までやって来たのではないかと考えている。

映画は「当初から（リュミエールの時代から）移動性の高い国際商品」といわれ（加藤幹郎著『映画館と観客の文化史』ｐ95）、シネマトグラフの発明から鹿児島で上映されるまで約3年近く、日本初公開から1年足らずでやってきている。伝播の速さに驚かされる。

その後、鹿児島では4年余り活動写真の興行が行われた形跡はない。この間、全国的にも活動写真の巡業興行は少なく、「輸入当時の映画は動く幻灯として珍しがられただけで、その将来性は余り重視されなかった。珍奇な見せ物としての興味が薄れるとともに人気がなくなり、人々はあまり寄りつかなくなってしまった」という。この期間は子供相手に、輸入映画に頼って

佛國理學博士リミエル氏發明原名シネマドクラフ
理學應用
電氣作用
活動大寫眞
歐米各國之珍事寫眞ニ取リ其寫眞器械之運轉依自
由ニ動ク日本ニ座シテ外國ノ事ヲ見ルト些モ異ナシ
十二月四日開會　常市花園
午后六時
新榮席

図表11　「活動大写真　新栄席」
（明治30年12月　鹿児島新聞）

命脈をやっと保っていた（吉田智恵男著『もう一つの映画史―活弁の時代―』ｐ１　昭和53年発行）。

戦争実写映画で人気回復　ところが、米西、英杜戦争の戦争映画が輸入されると人気を盛り返し、映画のもつ視覚、記録性は戦争の実写で発揮された。活動写真はそれまでの「新奇な見世物からマスコミの一部へと昇格」していった（佐藤忠男『日本映画史』①ｐ１０７　岩波書店）。

再び鹿児島で映画が上映されたのは34年8月で、**図表12**はその広告である。『北清事変実況』は吉沢商店が活動写真作者を現地に派遣し製作した戦争実写である（『日本映画発達史』①ｐ90）。戦争の実態を報道する活動写真は、それまでに経験したことのない驚きを観客に与えた。戦争実写が日本各地で興行されると活動写真の人気は高まった。さらに日露戦争が始まると、戦争の映画製作と興行で業界はにわかに活気づいた。

この興行で、稲荷座は鹿児島電燈株式会社と2千燭光の電気を特約していて、午後8時ころからほとんど立錐（りっすい）の余地もなく、観客はおよそ千余人に達し、拍手喝采、湧くが如くであった。このころはまだ木戸で下駄を脱ぎ、木札と引き換えに預けていた。「なほ、ついでに言い置く。下足番のことなり。今、少し機敏に手早く取りさばかなければ、多勢の観客は迷惑をこうむる者少なからず。注意こそ肝要なるべし」と大入りで混雑した様子を伝えている（34年8月31日「稲荷座の活動写真」鹿児島新聞）。稲荷座では10日間上映され、ついで天文館通りの大黒座（旧新栄座）に移り日延べして13日間興行している。活動写真は今度は鹿児島でも大いに話題になった。

35年2月に、東洋活動写真会の巡業隊が花岡屋敷の寄席萬榮席で興行している。萬榮席は天神馬場、現在のセントラルビルのところにあった。このときの上映作品は「東京大相撲、名優の芝居、能狂言、京都踊り、二四考狐火、日本体育会の生徒競泳」などで、これらは日本の技師が撮影し「米国エジソン会社へ送り原版の現像」を託してできたとある。上映には「活動写真発明者エジソン氏設計のとおり五千燭光の強力電気を応用して興行」された（35年2月7日「電気仕掛の活動写真」鹿児島新聞）。戦争に関する映画ではなかったが人気を呼び3月16日まで上映し、その後巡業隊は沖縄へ向かって出発するはずだとある（35年3月13日「(欄外)活動写真」鹿児島新聞）。

36年3月には京都活動写真協会の横田永之助が稲荷座で興行。同年7月には仏国人アントン・ヂャンセン、米国人アン・コーラという外国人技師による活動大写真が高千穂座で行われ、「来観者はほとんど千人に上り、紳士連も多く見受けられたり。両技師は初めに蓄音機を使い英米仏の軍歌などを奏して喝采を博した」（36年7月9日「高千穂座の活動写真」鹿児島新聞）。

東郷平八郎大将凱旋のニュース　38年、県教育会付属図書館は在京の赤星某氏から活動写真機の寄贈を受け、その試験映写が行われた。「写真機の使用は技術の熟練を経たる人でなければ、充分の結果を得ざるものにて、使用法については本県庁の小林氏が先般上京の時、多少練習するところありて試映したるが、何分にも初めてのこととて、瓦斯(ガス)

廣告
北清事變實況 米西、英杜 戰爭實況活動大寫眞會
當所電燈會社特約二千燭光電氣應用並ニ西洋奇術魔術ノ實異海水浴場ノ光景日本壮士ノ劍舞全怪物屋敷ト稱スル神變不思議ノ早業奇術其他數十種
八月廿九日ヨリ向十日間毎夜七時開場
大門口稲荷座ニ於テ
東洋活動寫眞會

図表12　「北清事変・米西・英杜戦争実況活動大写真会　大門口稲荷座」（明治34年８月　鹿児島新聞）

の不足、位置の不具合などより多少は鮮明を欠くところ」があったという。その後、「活動写真取扱方の研究」をして軽便に取り扱うまでになった（38年5月14日「活動写真の試映」鹿児島実業新聞）。初期の映写機の回転は手動式で、酸素ガスを燃やして光源にすることが多かった。発火の危険をともなったが、電気のない山間僻地でも興行できた。

同年12月、県教育会は付属図書館に県会議員を招いて、横田商会から購入した東郷平八郎大将凱旋行進のニュース写真を映写している。新橋停車場から海軍省門前までの市民大歓迎の実景は壮観で、「思わず萬歳を叫ばしめた」という（38年12月23日「教育会の活動写真」鹿児島新聞）。

このニュース映画は、巡業隊により日本の津々浦々で繰り返し上映され大評判を呼び、東郷元帥の功績は全国に知れわたった。ニュース映画という新しい映像メディアがつくり出した最初のスターかもしれない。

映画、正月興行となる　38年中ごろになると、毎月、市内の劇場、寄席のどこかで映画が上映されるようになった。それまで、正月興行は芝居と決まっていたが、稲荷座では39年に初めて正月興行に活動写真を上映した。写真は「東郷大将の凱旋実況、英国水晶宮における各国名犬の共進会、片岡艦隊樺太大攻撃」などの実写物であった（38年12月26日「稲荷座の活動写真」鹿児島新聞）。

44年4月、駒田好洋一派（中座）、横田活動写真会（稲荷座）が鉢合わせ興行、それに常設館世界館も興行を始めており、鹿児島市の興行界は映画の興行で沸き立った。活動写真は鹿児島でも定着していく。一方、映画の発達は寄席や劇場の観客を奪っていった。

巡業興行

駒田好洋の巡業興行　初期の映画興行はフィルムが少なく、1カ所で長く興行できなかったので、常設の小屋はなく、映写機と虎の子のフィルムを持って、各地の劇場や寄席などを借りて上映する旅から旅の巡業興行であった。新作もののフィルムの補給が少なく、大都市を一巡すると田舎の隅々まで興行して回った。こうした興行師のなかで有名だったのが、駒田好洋と横田永之助である。知られているように、駒田好洋は説明の文句に「頗る非常に」という言葉をしきりに使ったので、それが当時流行語になり、「頗る非常大博士」と自称していた。駒田巡業隊は「ピカピカに磨き上げたブラスバンドをもっていたから、一行は全部この金ぴか楽器を身に体して、颯爽と停車場前をスタートする。駒田自身はバンドの先頭に立って、背の高いスッキリした身体に燕尾服をまとい、シルクハットをかぶって指揮棒を振りながら、町の大通りを練り歩いた。この前代未聞の音楽隊の行進で、なにはともあれ、町中が湧き立つような人気」となった（『日本映画発達史』①p96）。

駒田好洋が44年4月に中座に来たときの新聞記事に「本日は正午より華々しく町廻りをなし、特別入場券を附せる風船球数百個を飛揚する」とある（44年4月8日「演芸界　頗る非常大博士駒田一派の活動写真」鹿児島新聞）。おそらく前記のような光景が鹿児島の町でも見られたのであろう。

横田永之助は駒田に比べ地道であったが、実業家の才能があり、巡業班を結成し全国を巡業する。横田活動写真班は36年3月に初めて稲荷座で興行し、その後、38年9月から44年にかけ5回以上鹿児島に巡業している。のちに横田永之助は日本活動写真の社長になる。
鹿児島にやってきた巡業班は駒田好洋一派、京都活動写真協会（京都横田商会）、東洋活動写真会、中央活動映写会、大阪敷島活動写真会、エム・パテー活動写真会、菱富活動写真会などである。

活動写真上映の模様　巡業隊は主に劇場で上映したが、寄席でも興行している。昔の新聞の投書欄には身近な話題が多い。35年2月末、萬榮座で活動写真が興行され好人気であった。「同座の座敷に昇る梯子段の勾配があまり急で、このためコロゲ落ちる人が、毎晩五、六名は確かにいる（怪我女）」という投書があった。1週間ほどして「怪我女さんへ申し上げます。萬榮席の梯子段はこの度作り替えました故、もはや落ちる気づかいはありません。なにとぞ心置きなくおいでを願います」と寄席は応じている。

36年3月の稲荷座の興行では、映写機を場内の一段高い所に据え、操作の模様が見られるようにしている。映写機や映写操作そのものが珍しく、これも活動写真興行の見せ物になっていた。このころになるとフランスなどから輸入される映画に、「美しく染色されたフイルムや、明るいレンズを使って浮き出して見えるような映画があった。着色活動とか、浮出活動（ステレオ・シネマトグラフ）」と呼ばれた（『日本映画発達史』①p109）。浮出活動写真が高千穂座で上映されたのは37年2月である。作品は『ハルランド鹿狩り』『倫敦（ろんどん）の大火』『古代劇魔屈探険』などで、『倫敦の大火』は消防夫の消火活動を実況したもので、全編を赤く染色していたので場内が真っ赤になったという。

映画の興行ではないが、図表13はエックス光線を使った見世物機械の広告である。横田永之助がアメリカに行った際、「X光線が珍しがられていたのを見て、これを土産として持ち帰り、京阪地方で見世物として興行し、思わぬ利益」を上げたという（『日本映画発達史』①ｐ98）。広告のエックス光線器はこの一種と思われ、鹿児島でも需要があったのであろう。人体の一部にエックス線を当て骨をスクリーンに映して見せるものであった。「御慰み用」とあり、軽便にして集会などの余興などに使いやすいようにしたとある。まことに物騒な見世物機械である。

記録映画から劇映画へ　明治期に鹿児島で上映された作品について大まかに述べておきたい。30年12月の鹿児島初上映されたときの作品名の記録はなく、34年8月の興行では先に記したように、北清事変実況など戦争写真が上映されている。36年3月の横田永之助の稲荷座興行では「北京列国連合軍戦争の部、太沽砲台落城の壮観、北京落城列国軍惣攻撃、空中飛行器試運転式、仏国巴里大博覧会、魔術競技会、勧善懲悪西洋演劇四幕、滑稽写真」が上映され、滑稽写真を除けばまだ実写物ばかりのようだ。40年のころまで同じような状態が続く。

41年9月、稲荷座では「世界第一佛国大鉄工所（最長尺）、壮絶快絶危機一髪、悲劇人生最後の曲、魔か神か恋人は仇（最長尺）、日比野雷風の剣舞、兄弟の再会、不思議の上着、その他数十種」が上映され、大鉄工所、剣舞以外は劇映画と思われ、この時期には鹿児島でも実写の記録物が減り、劇映画が多くなる時期であったようだ。

図表13　「軽便エックス光線器」
（明治34年７月　鹿児島新聞）

44年1月に開館した常設世界館の同月下旬の上映写真は次の通りである。

本日より写真全部差替左如

・新悲劇　親子の情　・西洋悲劇　命乞ひ、情の指輪　・教訓劇　父の財産　・写実物　蘭□見物、独逸軍隊検閲　・喜劇　眼鏡の行衛　・大滑稽　偽物帰郷、科学者の煩悶、鳥の生涯

実写物は2本で、ほかは劇映画である。明治の終わりには劇映画の上映が多い。**図表14**は明治期に鹿児島市で上映された主な上映作品例である。両新聞の芸能欄、広告からまとめたものである。句読点がなかったり、誤字、脱字、誤植もあると思われるが、記事、広告の作品名をそのまま記した。

ジゴマの上映　『ジゴマ』は44年11月に東京・金龍館で封切られた。この映画は「凶賊ジゴマと探偵ポーラン（ポーリン）を主人公とする活劇調のフランス探偵映画」である（永嶺重敏『怪盗ジゴマと活動写真の時代』p6『新潮新書』）。ジゴマは封切と同時に非常な人気を呼び、社会現象となるほどのブームを巻き起こした。『ジゴマ』が鹿児島の中座に来たのは45年7月で、駒田好洋一派巡業隊の興行であった。前宣伝では7月1日からであったが、座主が意図的に遅らせて3日から始め14日まで興行している。鹿児島市での上映作品は次頁の通りである。このころ流行していた中幕余興にオーケストラ式ストリング合奏も演じられている（45年7月2日「演芸界　中座」鹿児島新聞）。

戯画の活動デコ場のお芝居　　世界未曾有の珍獣舎

喜劇モスコーの大激戦とナポレオン崇拝者の夢

教訓劇老教師の徳行　　新馬鹿大将催眠術練習の巻

図表14　「明治期の主な上映作品例」

年号	年	月	日	上映館	記　　　　事
明治	30	12	4	新栄座	（作品不明）
明治	34	8	29	稲荷座	北進事変、米西・英杜戦争実況活動大写真会。西洋奇術魔術の実真、海水浴場の光景、日本壮士の剣舞など
明治	35	2	7	稲荷座	東京大相撲、名優の芝居、能狂言、京都踊り、二四考狐火、日本体育会の生徒競泳
明治	36	11	1	稲荷座	「当市内の神社仏閣、西郷翁銅像その他の景色を撮影し写真幻灯に変造して余興に加へる」
明治	37	2	16	高千穂座	天然色活動、浮出活動、疾走活動、発声活動、滑稽映画
明治	37	2	23	高千穂座	ハルランド鹿狩り及び倫敦大火、古代劇魔屈探険
明治	38	10	1	稲荷座	軍艦香取号進水式、日本大海戦、奉天、鉄嶺の大激戦、京都祇園祭、千弗の懸賞、探偵実話娘の仇討、ラインの瀧、阿弗利加探検隊遭難、愛犬の報恩、自転車乗盗難など
明治	38	12	26	稲荷座	東郷大将の凱旋実況、英国水晶宮における各国名犬の共進会、片岡艦隊樺太攻撃等
明治	39	1	9	稲荷座	奉天攻撃我軍中央部隊の突貫、有栖川宮殿下仏国巴里市民の歓迎実況等
明治	40	1	23	国分立馬場上前田医院跡	月世界旅行、英国ウエルス炭坑の瓦斯爆発、日本海の大海戦
明治	40	2	10	稲荷座	「三座（稲荷座・高千穂座・萬栄席）競争の有様。稲荷座は負けず劣らずの好況にて、毎夜映出せる滑稽画の客受けすこぶる宜ろし」
明治	41	2	5	中座	小供、花火美人、学生の初夢、人生一代の変遷、伊国美談犬の忠義、その他滑稽画等
明治	41	7	3	中座	米国大統領の選挙、赤子好きの兵士、乳母のストライキ、無鉄砲の船乗、魔神時計、印度象図、結婚場の騒動、竹田宮殿下慶事、犬の忠義、可憐の兄弟、海底探検、図工細工
明治	41	9	22	稲荷座	韓国皇太子の新橋御着光景、ナポレオンの一代、俳優片岡我当の忠臣蔵五つ目、東京大相撲、他数十種
明治	42	6	3	稲荷座	ネルソン一代記、コロンブス亜米利加発見史など
明治	42	9	23	稲荷座	伊国海軍大演習実況、実話孝行兵士、徳富蘆花氏の不如帰、オリバークロムウエル譚など
明治	43	1	29	稲荷座	小牛の破裂、入込女大賊、暗中マッチの飛行、愛犬の忠義、模範警吏、催眠術応用のポリス、西郷南洲翁一代記など
明治	43	4	2	中座	新派劇「月魂」二十二場、その他西洋写真多数。何れも全部彩色にて千尺以上のもののみ
明治	43	6	19	稲荷座	ネロ皇帝の伝、新馬鹿大将ヅボンの巻、オックスフォド対ケンブリッジ大学生短艇競漕、滑稽物語その他十余種
明治	43	10	8	稲荷座	日露戦争決死隊肥田五郎壮烈の忠死。入場料は一等二十銭、二等十五銭、三等十銭、小学生五銭にて六十歳以上の高齢者は無料なり
明治	44	3	18	世界館	孝女白菊、西洋悲劇敵愾心、その他珍写真多数
明治	44	4	8	中座	地球の魔、阿弗利加内地の大奇観、滑稽ハイカラ責め、悲劇小夜嵐、喜劇悪銭身につかず、大史劇羅馬の窟王子、老廃兵の最後、奇々妙々巴里の化物騒動
明治	44	4	13	中座	（駒田好洋一派）和訳「ハムレット」、同劇は藤沢紫水主宰の活動写真俳優養成所第一回卒業生試演。説明は時々原文の妙所を聞かせ、合せ方にはヴアイオリン、マンドリン、フリウトの三部をあわすれば一層感興を深くす。今晩のストリングは長唄秋の色草なり
明治	44	6	6	世界館	ピストル強盗清水定吉、恨みの一発、救いの神など
明治	44	8	16	稲荷座	田舎者の巴里見物、伊国火山島の風景、日本旧劇義士銘々伝高田馬場、新馬鹿大将運動犯の巻、西洋史劇海中大格闘、西洋人情劇チソパの情、西洋教訓劇父を思ふ子供の探偵、滑稽子供兵士のマラソン競争、西洋正劇正教徒の娘
明治	45	6	23	中座	名物男頗る非常博士駒田好洋。映画は俗悪なる恋愛物は一切用いず清新なる西洋物を選び中にも、世界の名探偵「ホウリンと兇賊ジゴマ」は三七五〇尺の長尺にて背景は全て欧米の名所旧跡以てせりと

名探偵ホウリン氏の苦心譚兇賊ジゴマ上中下三巻
外人の演じたる日本劇サムライ　大魔術百面相と七変化　その他数番。

鹿児島新聞は『ジゴマ』上映について「愈々一昨夜から開演された。八時頃にはもうスッカリ満員札止めの盛況。やはり活動写真は駒田だ。まずこれこそ斬新というほどの写真もないが、なにしろ映画がことごとく活動写真向きのものを選択し、場当たりのするようなもののみを映出するのであるから大当たりは受けあいだ。特筆すべきは『教訓老教師の徳行』これは文部省の認定をうけているというほどあってよい。次は名探偵ホウリン氏苦心譚凶賊ジゴマ上中下三巻。これは頗る興味あるもので如何にも活動写真式にできている」と記す（45年7月5日「駒田の活動写真」鹿児島新聞）。

一方、鹿児島実業新聞は「仰山な触込み、それというのも畢竟彼が商売上手の致すところで、現に今回、中座で興行するについても地方巡業模範隊だの俗悪なる日本物は用いず清新なる西洋物を選んで教育的だのと仰山に触れ込み、当地の士女はまだ見ぬ前から「頗る良いもの」と決め込んでいる。…映画中の『名探偵と兇賊』は僕には不幸にして直ちに教育的と断ずることは躊躇せざるを得ぬ。盗賊の手段と探偵の行動とはなるほどあんなものかと知識を得られぬでもないが、少女を掠奪（りゃくだつ）したり、劇場に火を放つところを見せ付けられるのは少々感心罷（まか）りならぬ。しかしこれは僕だけの偏見かもしれない」ともらす（45年7月5日「夜の鹿児島（3日）中座の活動写真」鹿児島実業新聞）。両新聞の論調はずいぶん違っている。

興行は満場大入り札止めとなった。11時30分に終わり、例によって下足場の混雑は非常なもので、「巡査自ら下足場に入って下足番を督励した」とある。

永嶺重敏によれば、当時は洋画、特に駒田巡業隊の映画は「教育的で高尚な映画」として歓迎を受けていたらしい（永嶺重敏『怪盗ジゴマと活動写真の時代』p89）。番組中の文部省通俗教育会とかの認定作品『教訓劇老教師の徳行』は、このイメージを保つための効果をもたらしたらしいが、観客の関心はジゴマ映画にあったようだ。

7月30日に明治天皇が崩御、改元して大正となる。

『ジゴマ』は人気を呼び、様々な輸入ジゴマ映画のほかに各種の本も出版される。また、国内でも『日本ジゴマ』、『女ジゴマ』などが製作され、ジゴマ熱が増長するにつれて映画からヒントを得たらしい小犯罪が頻発した。すると、警視庁は大正元年10月、ジゴマと名のつく一切の映画、演劇の興行を禁止した。

鹿児島でも「いよいよ右映画の映写を絶対に禁止することとなり、既に興行の許可あるものは二十日を限度として、同日以後は一切許可せざる様、各署へそれぞれ厳達」している（大正元年10月13日「ジゴマ禁止さる。悪感化多き活動写真」鹿児島新聞）。

また、次のような記事もある。「日本の活動写真界に兇賊ジゴマが現れてから鹿児島でもおおいに注意を払い、時には映画の検閲もやり、平素はその筋書をとって勧善懲悪のものでなければ映写させぬことにしているけれども、ともすれば筋書きをごまかして変な映画をやることがある。ことにメリー館という活動写真の常設館がもうひとつできるのだから、ますますやりきれない。鹿児島に不良少年がすこぶる多い事実について原因を調べてみたところ、芝居、活動のごとき見世物みたさのかっさらいが多数を占めていた。一面からいえば不良少年の製造元である。学校あたりでは観劇を禁止しているがどうも守られていない。警察でも活動写真が社会風教にあまり利益のないことを認めているが、されぱとて禁止することもできないので、映画や場内の取締まりをますます厳重にするそうだ」（元年12月19日「活動写真と曖昧女、鹿児島の新傾向」鹿児島新聞）。結局、鹿児島でのジゴマ映画の上映は10月の上映禁止で1回限りとなった。

地方の巡業興行　明治30年代後半になると、地方でも活動写真興行が行われる。例えば早い時期のものとして、種子島（36年）、川内（38年、今井座）、志布志（40年、有明座）、加治木町（41年、橋本座）などである。

38年5月、川内の花街、竹場にあった榮座では、壮士劇の共和団一座が日露戦争の芝居を演じ、毎晩、札止めの大入りの好人気。一方、新道通り今井座の活動写真は、初日はヤンヤと人気を博したが、映画に「欠点ありしや」2日目の晩からは打って変って不人気となり、気の毒なぐらいであったという（38年5月21日「川内時報」鹿児島新聞）。どんな「欠点」だったのか記事にはない。

国分八幡（鹿児島神宮）の「御田祭り」の記事に次のようなくだりがある。「停車場（隼人駅）から八幡まで宛然蟻の行列のように人がつづき、神社の広場前から華表のところまで人で埋めつくされ、小学校前の大通りの両側に各種の興行物が何れも仰山な看板を掲げて盛んに囃し立てる。見世物、眼鏡芝居、活動写真の何れも今日、明日の両日に儲けんと盛んに囃したてる…」（44年6月4日「国分八幡、雨中の御田祭」鹿児島新聞）。どんな映画なのか解らないが、明治末には田舎の祭りで見世物などと一緒に活動写真が上映されていた。

常設活動写真館の開館

初の常設館・世界館　映画観客数の増加にともなって、日本の映画制作や輸入映画も多くなり、定期的な興行が出来るようになる。そして36年10月、吉沢商店がわが国最初の活動写真常設館、浅草電気館を開館した（『日本映画発達史』①ｐ111）。常設館が本格的に各地に増えてくるのは日露戦争後の40年以降という。40年7月に全国2番目の常設館、大坂の千日前電気館ができる（『日本映画発達史』①ｐ124、ｐ127）。この年から浅草には次々に映画館ができ、寄席街から映画館街へと再編されていったという（永嶺重敏『怪盗ジゴマと活動写真の時代』ｐ21）。

鹿児島の初の常設館は、44年正月に開館した世界館である。横田商会が天神馬場の寄席・萬榮座を増改築したもので、同商会は全国各地で寄席を改装して常設の活動写真館にしたらしく、鹿児島でもこれに倣ったものであろう。

新聞は初めての常設映画館ができることを次のように伝えている。「日本内地の主なる都市及び支那、朝鮮、台湾などに六十有七ケ所の活動写真常設館を有する斯界の重鎮京都横田商会は、今般、萬榮座を増築して明年一月一日より年中一日の休みなく活動写真を開く由なるが、写真は七日目ごとに全部取替え、見料の如きも大人十銭、小人五銭、中銭なしとのこと故、学生、子供衆にはよき見物なるべし」（43年10月8日「興行界　萬榮席」鹿児島実業新聞）。

九州では40年9月に長崎市の電気館（福岡市興行協会発行『博多・劇場50年のあゆみ』ｐ27）、44年正月に熊本市の電気館（藤川治水『熊本キネマ巷談』ｐ27）、大正2年6月に博多の世界館が開館している（福岡市興行協会発行『博多・劇場50年のあゆみ』ｐ26）。

図表15は鹿児島興行界の年頭の挨拶と世界館の開館挨拶を兼ねたような広告である（44年1月1日「広告」鹿児島新聞）。中座の座主朝香増太郎は鹿児島市興行界の有力な興行師である。藤本喜三郎は世界館の関係者。

初日の模様を記事は「木戸を一時間ばかりにて締め切り、二日、三日とも客止めの大景気であった。映画は抱腹絶倒なるものを除きて、一つとして教育的ならざるものはなく、喜劇、悲劇種々ある中に、もっとも価値あるは義士の討ち入り」と記している（44年1月5日「興行界　世界館」鹿児島実業新聞）。場内の模様を「階下の土間は全部腰掛にて下足のまま出入り自由にして、階上及び階下の両座敷は畳敷なれども下足を包み携帯自由、観覧料は中銭なしで、座敷は大人十五銭、小人八銭、腰掛は大人十銭、小人五銭なので好況なるべし」とある。腰掛、下駄履きのままの入場、中銭なしは芝居見物にくらべ

広告

謹而奉賀新年

明治四十四年一月六日

鹿児島市劇場
中座々主　朝香増太郎

主任　水野正重

鹿児島市東千石町
京都横田活動写真会
鹿児島第五世界館
藤本喜三郎

各地常設館
主任監督員
横田商会々員中

図表15　「謹而奉賀新年、鹿児島第五世界館」
（明治44年１月　鹿児島新聞）

ると気軽に見物できたようだ（44年1月1日「横田商会活動写真本日より開演」鹿児島実業新聞）。

開館して1年半ぐらいのことであるが、ある新聞記者が子供を連れて天神馬場を歩いていたら、入ろう、入ろうと子供にせがまれ木戸をくぐる。大枚15銭をはたいた特等券の威力で「特等さん」と愛想良く迎えられたという。次のような記事もある。「世界館の特別席での出来事。二人の男はさも得意そうに小僧を呼んでビールを注文したが、そのビールがまだ到着せぬうちに映画が切れて場内がパッと明るくなると、件（くだん）の芸者の二夫人はものに怖（お）じけたような様子で男の耳に何ごとか囁（ささや）いてその場を立ち去り、向い側の婦人席にもぐりこんだ。すると男どもはさも悔しそうに、さも詰まらなさそうに、小僧の持ってきたビールの泡を吹き吹き吸っていた。世界館の特別席での出来事とてずいぶんひと目をひいた。芸者は西券芸者の…」。開館時の新聞広告には特別席、男女別席については触れていない。

これも、開館1年半後の模様を「世界館は以前、萬榮席といい蝋燭（ろうそく）の光淡く、張扇（はりせん）の音も冴えなかった寄席だったけれども、今では電光燦然（さんぜん）として楽隊の音も賑やかな活動写真の常設館となった」と伝えている（45年6月8日「夜の鹿児島　世界館のぞき」鹿児島実業新聞）。

永嶺重敏は「映画を日常的に鑑賞する習慣を身につけた映画観客層を生み出し、それらの映画人口に支えられて常設館は存在していた」といっている（永嶺重敏『怪盗ジゴマと活動写真の時代』p19）。常設館世界館の登場は、繰り返し行われた巡業興行を通して、明治末には映画が鹿児島市民の娯楽として定着したことを示している。

巡業隊の興行は、世界館の開館当初はあまり減らなかったが、大正2年正月に常設館メリー館が開館すると急速に減少し、4年以降は年に数回で、帝国館ができた6年以降は鹿児島市内ではほとんど行われなくなる。

世界館の改築騒動　世界館は先に述べたように寄席を改装したもので老朽化していた。2年末になって建物の売却広告を出し、正月の興行を終えると売却、解体移転したが、同館の建築工事はすぐには始まらなかった。やっと4年3月になって再建が決まり、9月7日には上棟式を挙げている。総坪数は110坪5合、定員1500人。外部は大坂礦鉄所製の煉瓦、コンクリート仕込みで、連鎖劇を上映するときのため地下に化粧室を設けた。「竣工のうえは市内目抜きの場所とて光彩をそえるであろう」と期待された（4年9月8日「世界館上棟式」鹿児島新聞）。

ところが、同10月になると世界館のもめごとを鹿児島、鹿児島実業の両紙が伝えている。再建にはおよそ次のような経緯があったようである。

世界館の再建工事に当たり、旧世界館主で地主の坂元礼助は、はじめ地元の建設業者と日活大坂支店長の二者と建築契約をした。しかし、関係者の間でごたごたがあり紛糾し、坂元礼助らは再建から手を引いている。この紛糾の「裏面にては日活と天活とが糸をあやつっている」との噂があった（4年10月7日「世界館の紛紜。活写は容易に見られざるべし」鹿児島朝日新聞）。天活は3年に創立され、大正9年に松竹キネマができるまで、天活と日活は日本映画界でしのぎを削り合っていた（『日本映画発達史』①ｐ214）。

新しく世界館の館主になった佐々木伊四郎（龍勢堂活版屋経営者）は次のように語っている。「建設は日活の写真部の主任と、工費は半々で持つという契約で着手したが、藤本はその後約束を履行せざるのみか、前後数十回の私からの交渉条件に一回も返事しませんでした。工費は一万八千円かかっています。十月五日開館のはずでしたが建築が不完全の点があるということでその筋の許可がなく、やっと十九日検査済みとなりました。非常出入口も八箇所設けてあり、これほどのものは只今の当地にはありません。写真は日活からはとらず、天活と特約しました」と語っている（4年10月21日「世界館愈々開演」鹿児島新聞）。世界館の再建には中央の映画界の動きが絡んでいたようである。

世界館は「煉瓦造りの浅草風の洋館で前に比べて頗る威風堂々」としていたという。4年末に発行された『鹿児島自慢』は「世界館の偉容は、近年繁華の副心となりかけた天神馬場界隈を圧倒して、日の暮元から客足を吸い込む楽奏の調べは、百二外城の春夏秋冬に文明の秋波をみなぎらせている」と述べている（東禾鳥『鹿児島自慢』ｐ156。日本警察新聞　大正4年発行）。

佐々木伊四郎は関西の人で、鹿児島に来て金生町に佐々木活版所を起こした企業家で、7年6月大阪旅行中に急死している（7年6月12日「佐々木伊四郎逝く」鹿児島新聞）。同館は妻の佐々木ハルがあとを継いだ。

世界館は4年10月に開館して、探偵活劇『名馬』を上映した。天活の一流の弁士市村洲樂などが派遣されており、新館で、呼び物の『名馬』とあって大人気であった。続編は1カ月ほどのちの12月初めに上映されている（4年12月2日「第7回プログラム」鹿児島新聞）。

新聞の演芸欄について　図表16、17は寄席、劇場、活動写真館などの興行の演芸欄である。前者は明治33年と明治42年の記事で、後者は44年1月、世界館が開館して5日目のものである。こうした演芸欄からその時代の興行の動向が分かる。

○芝居　神齋府赤穗秋津千壽一座の壯士演劇は一昨夜より大門口稻荷座にて開場大黑座は昨日より女芝居を開演する由又小川町榮座は熊本地方より浮かれぶし宮川一座が來着し昨夜祭文開場

○今夜の天文館　（前）奥州會津藤葉郡譽國家老堀主水の誠忠に依て國家の惡人を平ける段（中）神免二刀傳宮本武藏仇討穢き宮本七之助肥後國阿蘇明神より二刀の秘傳を授かる段（后）加賀藩勤鏡山實錄續き加賀家の老臣織田大炊借勝八丁見廻り火消の命を被られ義徳公の御名代大槻内藏之助を出火の場に於てはぢしめる段

●本日の興行界

▲松榮座浪花節　義士外傳美當一瑤伊東凞藥、日の下開山孝子與四郎東海道府中安藤文吾親分に出會伊東長環、義士本傳四十七士引上途中全入

▲明治座　前博多米市丸通し、中阿波鳴門切あてや琴責三曲入

▲中座　雪の曙義心錄四十七士傳泉岳寺引揚大石藏之介十八個條中開大序より大詰迄

▲稻荷座　自轉車曲乘十七段三人乘越自轉車、十三歲少年韓德求の乘廻り曲藝、芳子美人の五人乘、韓國山の奇術、福嶋流弼子板乘其他數十種にて四時開場煙火三發打揚けの相圖なり

図表16　「芝居。今夜の天文館」、「本日の興行界」
（明治33年10月　鹿児島新聞、明治42年１月　鹿児島新聞）

●演藝界

新年に入り各座共開場初日以來賑々敷客を呼び七日の如きは節句の事迚孰れも一層大入の盛況を呈したり

▲中座・・當地にて越年したる青年演劇會の一座背景道具其他一日以後著敷面目を改めたるの觀あり本日の藝題は沙翁原作小島孤舟飜譯「戀」にて第一向島、第二穗積子爵邸庭園、第三仝座敷、第四中央停車場、第五霧ケ谷古寺、第六仝鐘樓堂前、第七仝古寺、大詰仝鐘樓堂前雪子最後の場、二番目は「新粧られ石富」四場を演ず筈

▲稻荷座・・前狂言は「角力磯ケ田川留吉一代記」、中狂言は「累物語上下」、切狂言は「千本櫻忠信道行」にて重なる役割は千田川留吉花扇屋才兵衛（市雀）佐藤忠信「福壽郎」おさわ靜御前（佐久榮）吉五郎與右左門（家納）

▲明治座・・一番「朝顏血染の曙」大序より大詰まで二番「大盃洩戰強者內藤館の段」にて木戸一等三十錢二等二十錢三等十錢中錢要らず

▲世界館　八日より新映寫史劇木村長門守重成の悲壯凜凋たる面像を偲ばしめ悲劇斷腸錄、人は情、萬國スケート大會アントワープ動物園、喜劇動物學者、無我無中、强力男、留守中の稽古違ひなど也

図表17　「演芸界」（明治44年１月　鹿児島新聞）

この演芸欄は週に最低1回、多いときは複数回載っていることもあるが、火事など大事件があると載らないこともある。また、市内の全興行場が一度に載ることはまれで、外題が替わるときにはそのつど掲載されている。京阪や東京の大きな興行があるときには事前に紹介記事が載り、興行中には「稲荷座のぞき」とかいう劇評、評判記事が出たりする。また時には地方の興行場のことが記されていることもあり、興行史には貴重な資料である。

動く映像、写し絵や活動写真などに人々は驚き、魅せられた。映像文化が娯楽としての地位をまたたく間に築いた時代であった。

3　活動写真の発達

大戦景気と鹿児島

ヨーロッパが主戦場となった第一次世界大戦は、日本経済に好景気をもたらした。大正4年中ごろから日本経済は輸出の増加をきっかけに好況に転じ、8年ごろまで好景気が続いた。

鹿児島新聞は同7年の鹿児島経済界を「あらゆる方面より見て空前の好況を呈し重大なる記録を残した。大戦乱は却ってわが国に好影響を及ぼし経済界は大活躍をなし新事業随所に起こり、…鹿児島経済界も中央の好況を受けて空前の活況を呈し、企業の計図、会社の創立、増資など枚挙に遑あらず。然るに財界の好調はあらゆる物価をして意想外の暴騰を演じ、日常用品の騰貴は成金跋扈の反面に中流階級以下の民衆の生活を脅威し、ことに未曾有の米価暴騰は米騒動を引き起こした。…当市においては米価調節会が組織せられ、米商側の義侠と地方農民の犠牲により調節の効を奏し、一方、志士仁人の義金をあつめて廉売会がおこなわれ、旁暴動の不祥事なかりき」と述べている（8年1月1日「大正7年鹿児島経済史。一般財界の好調に乗じて、物価暴騰企業熱勃興す」鹿児島朝日新聞）。

大正4年ごろから好景気の影響が鹿児島にも及び会社が増え、花柳界も好景気で潤う。同8年ごろが絶頂で一番良かったらしい。市内には27軒の料亭があり、芸者衆が大門口（南検番）、天文館・御着屋付近（西券番）などに200人ほどいたという。芸の達者な人が多く、九州では博多、熊本、長崎と鹿児島の4市が競っていた。だが、大戦が終結すると反動で9年から景気が悪くなり、13年には料亭は13軒に減ってしまった。これ以上減るまいと十三日会という組合をつくったという。昭和18年には「お上から停止をくらい、紫明館、ひらの、青柳、いずみ、松本、玉むらの6軒」になっている（昭和26年6月26日「オイドンが世相風土記　大門口、花柳界」南日本新聞）。

山之口町天文館通りの形成

鹿児島座とメリー館　鹿児島座やメリー館が誕生したのは、電車が開通するなど鹿児島市の近代都市化が始まる時代であった。千日町天文館は日置屋敷の焼け跡を中心に分譲が進み、大正2年正月の鹿児島座とメリー館の開館を契機に、同地の盛り場化が急速に進んでいく。隣の東千石町の天文館通りは、そのころには南九州一の盛り場になっており、商店も石燈籠通りに引けをとらないものになりつつあった。

明治45年2月に鹿児島座建設の株式公募が行われ、2年元旦には開場した。鹿児島座は演劇を媒体として鹿児島に中央の文化を呼び込む。それに群がる市民は新しい街をつくってゆく。

鹿児島座が落成すると、壮麗な西洋風の玄関を仰ぎ見る往来の人々は誰も足を留めて、「まあ、奇麗な劇場だこと」と感嘆の声を発した。劇場の外観は西洋風で、内部は純然たる日本風であった。当時、地方の劇場はこうした和洋折衷が普通だったようだ。桟敷の取り方は普通の劇場と変わりはないが、中座、稲荷座などと異なるのは「尻上りに高くしてあることで見物に頗る便利だ。特等席や二階桟敷の欄間は風雅の極みを尽くし、特等席には数カ所に呼鈴が設けてある。天井よりは見事なる大電燈が垂れ爛々として昼を欺く光景は流石に大劇場である」とある（2年1月1日「鹿児島座落成」鹿児島新聞）。

鹿児島2番目の常設館メリー館は鹿児島座の向い側に開館した。「同館は観客千人近くを入れられ、客席も新式にあつらえ、特等席は全て椅子を備え付け、旧来の弊害を防ぎ観衆の便利を図る」と新聞は報じている（元年12月29日「メリー活動写真館」鹿児島実業新聞）。

演劇に比較すると、映画はまだ大人、インテリの娯楽ではなく、それに市民にはジゴマ騒動の影響などで、先に述べたように「メリー館という活動写真の常設館がもうひとつできるのだから、ますますやりきれない」と不安がる人たちもいた。メリー館の開館は鹿児島座とは比較にならないほど話題にならず、記事も少なく、その設立の経緯などについてはっきりしない。

開館して半年ほどの6月中ごろ、メリー館は突然「十日より増築に付き休業」との貼り紙をして閉館した。記者が「メリー館は毎夜大入りの盛況を呈しつつある折柄、突然に閉館したるは何か子細あらん」と探ってみると、休館はフィルム、器械などの使用料の滞納によるものであった（2年6月12日「メリー館の差押え」鹿児島新聞）。フィルム、器械などは世界館に引き上げられた。

このときメリー館の模様を「天文館通りは久方ぶりの鹿児島座の開場と、ビャホール・ロンドンの開業に非常な人出であるが、メリー館が潰れて、あの光りわたった建物が真っ黒く突き立っているので一層ものの哀れを感じる」と記している（2年7月22日「夜の鹿児島」鹿児島実業新聞）。この記事は7月22日のものだが、メリー館は他の映画会社と契約したらしく24日に営業を再開している。

3年7月ごろ、同館を根城(ねじろ)とする女スリが現れなかなか捕まらない。「館主田原十助の弟栄蔵が囮(おとり)を使ってやっと取り押さえた」とあり、また、13年の記事だが「現在の喜楽館は最初メリー館と銘打って2年に原田氏経営のもとに創設された。その後、長崎の松田氏が来て監督するにいたった」とあるので、記事中の田原十助という人がメリー館の創設者であろう。長崎の人といわれる。世界館、メリー館ともにはじめは大阪、長崎の県外資本で始められている(13年10月13日「移り行く巷の光」鹿児島新聞)。戦前の映画界に詳しい鹿児島市の人は「館主田原十助は長崎の人で、キリスト教関係者だったらしく、信徒にはロハで入場させることがよくあり、同館の経営者が代わったのは、放漫経営の結果だろう」と推測している。

3年8月突然「今回、メリー館は喜楽館と改称。長崎市東浜町、広瀬岩太郎が経営することとなりたる由」(3年8月16日「メリー館今回喜楽館と改称」鹿児島朝日新聞)とあり、このときメリー館は喜楽館となる。喜楽館は9月1日に開館した。先のメリー館は大阪杉本商会と契約していたが、喜楽館になって日本活動写真株式会社に変更。「日活は目下活動界のオーソリティーとして知られたるものだけに、映画は鮮明にしてフィルムも精選せられ非常に好評」だったという。開館の時の映画は「実写スペイン旧都アンダルシア、ブルマーの軽業、女書記、名画の行衛、最長尺大衝突、残る影、旧劇井筒女の助(三巻)」とある)。

4年10月末に、鹿児島の映画界に関する投稿記事が載っている。「世界館が復活して天活と特約した。

これで鹿児島キネマ界も、田舎芝居の格になったようだ。日活と天活の劇烈なる営業振りが、転々として鹿児島までやってきたのは面白い。どうしても世界館と喜楽館の軋轢（あつれき）競争は免れまい。入場料なども馬鹿に高いから大いに競争をやらせて5銭以下で見られるようにするのがよい。これまで喜楽館の一人舞台であったが、世界館が営業を再開したのは、どの点からみても鹿児島の活動写真界に喜ぶべきことで、接待の悪い、入場料の高い鹿児島もだんだんこれにより改良されてゆくならば観客のためには仕合せである（社外生投書）」と述べている（4年10月26日「鹿児島の活動写真」鹿児島朝日新聞）。

山之口町の寄席・常盤座（座主宮里新蔵）は大正元年に新築開館し、世界館が休館している間、常設活動写真館になっている。これは増えてきた映画観客に対応したものと思われる。また、鹿児島座、西田座などでも映画が時々上映されており、このころにはおそらく鹿児島市には常設の2館が営業できるだけの映画人口が育っていたと考えられる。

世界館が復活すると喜楽館と世界館は日本の映画界の影響をうけながら「軋轢競争」を展開する。

青少年問題と学生児童の観覧禁止　大正に入り都市化する鹿児島市は、青少年の不良化や犯罪が増え始める。「度し難き不良少年　東千石町某方の銭函の有り金十二円を窃取、二十日夜、世界館に入場し菓子だのラムネだの無闇に買い食い」といった記事が見え始める（元年10月22日「度し難き不良少年」鹿児島新聞）。同2年から3年にかけ「不良少年の出没」、「悪少年大金を持ち逃げる」、「不良少年、教育はどうするか」など、明治期に見なかった青少年の犯罪の記事が目に付くようになる。鹿児島で青少年問題が新聞紙上で話題になるのはこのころからだ。青少年の不良化の元凶として映画や芝居があげられている。

鹿児島市の訓育連絡教育会は2年6月に、学生の観覧を認定制にすることを正式に決めている。「最近、不良少年の横行はなはだしく、その悪感化をうける者が増加するとして、学校で認められた以外の観劇を絶対禁止する」というものであった。これに対する興行界や市民の反響は大きく続報が出ている。次の記事の見出しは「市内劇場大恐慌。学生児童の劇場の観覧認定制となる」となっている。

警察はこれをうけて9人の興行人を呼び、「美しき古薩摩の士風を破壊するごとき興行物などを子弟に見せることなく、かつまた一部不良少年のために、かわゆき児童をも巻き添えにするのはまことに忍びがたきことであると、義理と人情にからめて巧みに説得された。いずれも青菜に塩で、悄然と警察を出た。各劇場いずれも大恐慌で、なかでも活動写真はその大部分は学生児童を唯一の顧客にしているだけに悄気(しょげ)かたはひと通りでなく、営業を続けられるやいなやおぼつかなく、見当がつかない。次は場末の小芝居連で、これも学生、子供が常に多く入っているので打撃は免れない。七高生も閻魔帖につけられるので滅多に出かける者もなかろうから鹿児島座などもこたえるであろう。昨今は、どこにいってもよるとさわると、この噂ばかりである」(2年6月22日「市内劇場の大恐慌。学生児童の劇場の観覧、認定制となる」鹿児島実業新聞)。

9人の興行人というのは市内の劇場、寄席の鹿児島座、中座、稲荷座、明治座、常盤座、恵比寿座、西田座と、映画館の世界館、メリー館の経営者である。

先に述べたように、7月24日に再開したメリー館は、契約の解除とこの観覧の認定制のダブル・パンチをうけることになった。「それこそ本当の暗い運命に呪われたメリー館が再開していると聞き込んだので、どんな景気かしらとロハ覗きをやる。時刻が早いせいかも知れぬが、観客は場の四分の一にも満たぬくらい。これではとてもお話にならぬ。気の毒なことだ。映画は丁度、米国前大統領ル氏の亜米利加豹狩りの場だったが、鮮明で勇壮で説明までが従来とは変わって巧みにできて映画とうまく調子があっている。これで人気が薄いのは例の学生観覧禁止の結果なのだろう」（2年7月26日「夜の鹿児島」鹿児島実業新聞）。観客の入りは「場（観覧席）の4分の1に満たない」とある。このときの入場者は大人だけであったと思われるので、普段は入場者の4分の3ほどは子供たちであったのかもしれない。

続いて7月末の「観劇禁止の影響、大打撃を受けた活動写真」という記事には「鹿児島座の観劇に行くのは、学生では大部分が第七高等学校生で鹿児島座には多少影響はあったが、他の小劇場では取り立てていうほどの影響もなかった。ただミジメなのは活動写真館。これまでは一寸人気のあるフィルムや、替り目毎には必ず満員札止めの盛況を呈していたのが、その後は一回も満員を告げたことがないのを見ても、その不景気さかげんが想像されるではないか。学生で直接影響をこうむったのは活動写真を唯一の楽しみとする小学生であった。いまでも開館時刻ころ世界館やメリー館の前を通ると必ず数名の子供が羨（うらや）ましげに入場者の後影を見送っているのを見受ける。映画には良いもの、無害なものがあり、全部絶対禁止というのは寛厳（かんげん）宜しきを得たものではないので、いずれ問題が持ち上がるのは免れ難いところであろう」とある（2年7月27日「観劇禁止の影響、大打撃を受けた活動写真」鹿児島実業新聞）。

9月中ごろに「復活しかけた興行物。観劇禁止の箍（たが）が緩みだした」という記事が出ている。「夏休みも終わり、秋風立ち始めて朝夕は単衣のたもと涼しく、氷屋のノレンが何となく敗残の身を思わせようになると興行界は色めき立ってどうやらこうやら客足もしげくなってきた。なかにも活動写真は三十日の暑中休暇を経て当局監視のタガもゆるみかけたものか、学生の出入りが多くなって、また昔の繁昌に立ち帰り活弁先生も蘇生したように勢いたち必死となってさえずっている」（2年9月12日「演芸落書帳復活しかけた興行物」鹿児島実業新聞）。どうして禁止の箍が緩みだしたのかは分からないが、騒ぎはどうやらおさまった。新しい文化に魅入る子ども達の変容や、青少年問題への対応にとまどう大人たちの焦りがうかがえる騒ぎであった。

盛り場、山之口（千日）天文館へ拡大　鹿児島座は8年1月に焼失して再建が話題になったが再建はされず、跡地は分譲売却された。図表18はそのときの広告である（9年8月27日「地所競売広告」鹿児島新聞）。

日置屋敷は日置島津家の黒門や郡役所の石塀に囲まれ、反対側の旧日置次男家跡付近は当時すでに傾いたアバラ家が並び、東千石町に比べひっそりしたところであった（13年10月13日「移り行く巷の光①　鹿児島の六区」鹿児島新聞）。

先に述べたように、明治44年2月の日置屋敷の焼失後、急速に変わってゆくが、この地を興行地へ変容させたのは鹿児島座とメリー館によるところが大きかった。拙著『天文館の歴史』で引用したが、地元紙の名記者牧暁村は鹿児島座が焼

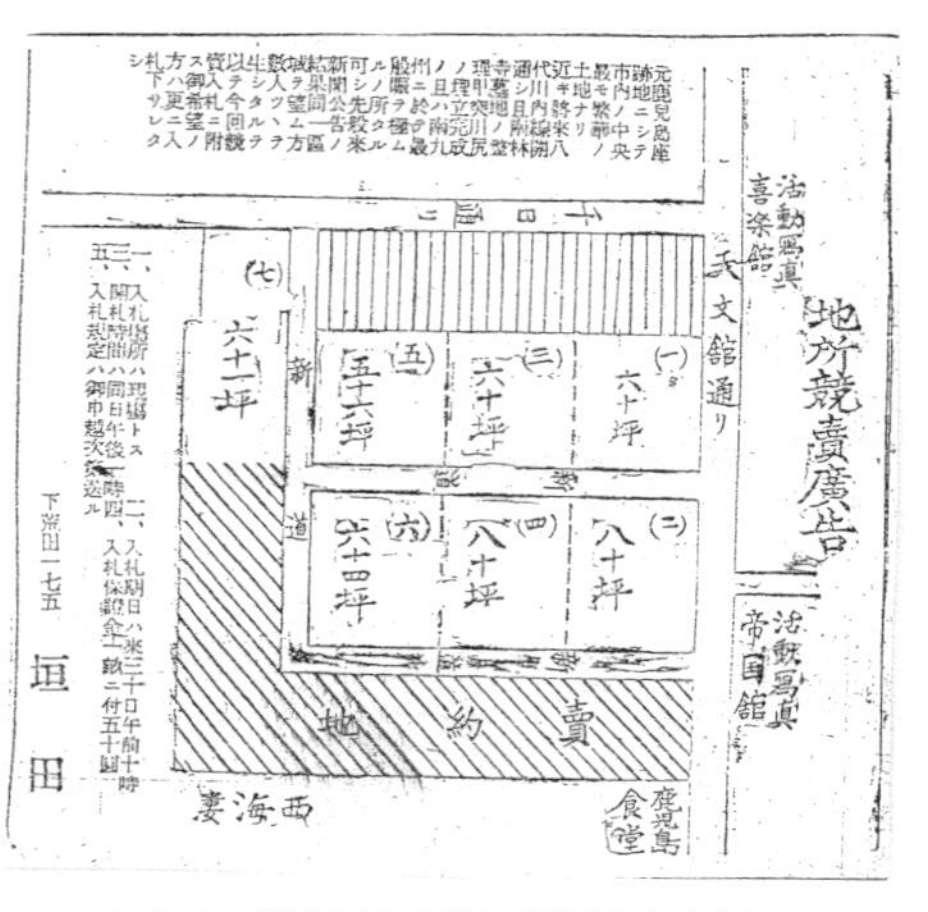

図表18　「（鹿児島座跡）地所競売広告」
（大正９年８月　鹿児島新聞）

失したとき「噫（ああ）、鹿児島座！」という記事を載せ、千篇一律の鹿児島の演劇、文化界に新風を吹き込んだことや、千日町天文館の形成と関わっていたことを的確に記している。

もちろん、メリー館も千日町の形成と大きく関わっている。鹿児島座がインテリ層、実業家、官僚などに親しまれたが、メリー館は子供や労働者層に受け入れられた。活動写真の興隆期と重なり、日常的、継続的にはメリー館が多くの観客を引き入れてゆく。

2年12月に鹿児島師範教諭の為藤五郎という人が次のような記事を書いている。

美妙堂前（現在の天神馬場鹿銀ＡＴＭ付近）の十字路を往来する人を見ると、天神馬場から御着屋方面、即ち東西に往来する人の数は、天文館通りを南北に往来する人の数に比しはるかに多数である。これしかし、これは昼間の光景であって、夜の人出は天文館通りの方が比類ないほど盛んである。これは云うまでもなく鹿児島座、メリー館ができたためであり、鹿児島座、メリー館ができた結果、それをねらって、そここの空地や、軒下に屋台店が出張り、しわがれ声で叫ぶさまざまな奇術師、それに子供だまし、田舎者だましのいかさま物を売る夜店が集まるからである。また、鹿児島座の付近から、中座へ通ずる界隈（現在の千日通り・文化通り）には、劇場行きの客をねらった小料理、すし屋、鋤焼屋、蕎麦屋、天ぷら屋などが多くなった。夜の明るさといい、にぎわいといい、それは鹿児島座、メリー館に負うところが多い。それだけに鹿児島座やメリー館の休日は寂寞の感を覚える。昼よりも夜をもって賑わう町となる（2年12月30日「鹿児島の美観⑫」鹿児島新聞）。

鹿児島座とメリー館が集客の要因となり、千日町天文館へ人が吸い込まれ、盛り場になってゆく模様を伝えている。中座は文化通りの戦後の第一映画劇場のところにあった。

石灯籠、納屋などは、江戸時代から鹿児島市第一の中心商店街であったので、この中心商店街への日常的生活の交通体系が形成されていた。それらのうち天神馬場、千石馬場は伊敷、原良、草牟田、新照院、田上、西田、武、西千石などの、城西の各方面からの徒歩通行者を中心に賑わう市内有数の通りであった。特に御着屋通りはこうした人たちであふれた。しかし、鹿児島座やメリー館ができ、夜ともなると客は天文館通りを南へ、現在の電車通りを越えて千日町天文館通りへと流れていった。高見馬場・石燈籠通りに電車が通るのは3年の暮れである。

ちょうど1年後の同地域の変わりようを記した記事がある。初めに述べたように、西本願寺別院ができると、門前から御着屋通りにかけて門前町として賑わっていた。特に12月初め、報恩講がある師走の街にはひとしおの賑わいを添えたという。通りにはズラリと大道商人の小間物雑貨、金物類などの露店が並び、地方からの客も加わり賑わった。ところが、大正2、3年ごろからこの賑わいが御着屋通りから天文館通りへ移っていく。その模様をとらえている。

「お着屋通りの賑わいの一部は天文館通りに流れていく。天文館通りの繁昌は昨年来、にわかに夜となく昼となく人出の賑わいが増してきた。『お着屋通りよりも、このごろは天文館通りの方がよっぽど賑やかになってきた』と御着屋通りの繁昌が奪われたかのように噂する連中がいる。昨今、師走の街の状況を見るにどうもその観がある。…もっともこの通りは明治座、鹿児島座、中座の三劇場並びに喜楽館の活動写真が開演中であるとないとでは、夜間の景気に大いに関係があるという。興行物はどうしても土地の繁栄に影響がある」（3年12月16日「師走の街　東千石町界隈の年末景気」鹿児島新聞）。世界館はこのころ再建中で、明治座は今のセピア通りの中ほどにあった。

鹿児島座、メリー館の開館は人の流れを千石馬場・天神馬場から天文館通りへ、電車通りを越えて千日町天文館通りへと変え、盛り場を拡大していった。この時代、興行のもつ集客力は大きかった。「興行物はどうしても土地の繁栄に影響がある」というのは頷ける。電鉄の開通も集客に拍車を掛ける。一方、それまでの中心街、御着屋通りの衰退がはじまった。

映画人口の増加

新しい活動写真の流行　大正に入るとこれまでの活動写真のほかに、キネトフォン、キネオラマ、キネマカラーなど新しい種類の映画が輸入され、作品も多様化して映画観客が増加した。いずれも一時的なものであったが、映画の面白さを発見させ、映画愛好者を増やしていった。筈見恒夫は「大正に入って活動写真の進出は、たしかに目覚しいものがあった。東京の興行物の中心であった浅草公園の殆どは、活動によって占有され、寄席や劇場が活動写真館に転向するのは言うまでもなく、市内の盛り場には次から次へ映画館が建てられた」と記している（筈見恒夫『新版　映画五十年史』p34。昭和22年10月　樗書房発行）。

エジソンは、大正2年初めに発声映画映写機キネトフォンを発表する。映画がものを言うというので評判になり、日本でも権利を買い日本キネトフォン株式会社が設立され、同年12月に東京の帝国劇場で発声映画を上映する（『日本映画発達史』①p211）。

鹿児島では3年11月に鹿児島座でこの発声活動写真が初めて上映される。「九州では過般、博多、熊本にて公演して好評を博した。ただ普通の写真と蓄音器を巧みに調和させたというにすぎないが、映写中の人物が発声して活動するというので、観客の興味が深いわけだ」と地元紙は解説している（3年11月25日「物言う活動写真（キネトホォン）今晩から鹿児島座で」鹿児島新聞）。映画は初日以来大入りの盛況で、2日目より、例の松井須磨子出演の『復活』のカチューシャの歌はひときわ好評を博した。「高等農林生徒は二十六日夜、一中、二中学並びに商業学校、水産学校は二十七日昼に総見物をなし、学生連の好評を博し」人気が高まった（3年11月28日「演芸」鹿児島新聞）。これを受けて「市内教育連絡会の決議により、小学生徒の活動写真観覧を厳禁するところであるが、目下、鹿児島座は興行中のキネトホン式は最新発明に係り教育上児童に一覧させる価値があるものと認定され、観覧希望生徒に対しては特に観覧を許可」するという騒ぎであった。日延べして12月1日まで興行された（3年11月28日「活動写真と児童」鹿児島新聞）。中山晋平作曲の『カチューシャの歌』は甘い洋風のメロディーがうけて全国に大流行していた。このときの映写種目は次の通りである。

・演説　実物を応用しキネトホンの原理を示す。
・演劇　住吉踊り松の家一派出演　　歌劇　セマドバヤシ
・喜劇　ボクトロと牛乳　　所作事　末広有楽座女優演出

・泰西大活劇　古塔全六巻、文豪ト翁原作「復活」松井須磨子出演
・喜劇　大学同窓会、思い違い　　旧劇　二十四孝十種香の場
・剣舞、尺八、バイオリン、義太夫などその他沢山

結局、「このディスク式トーキーによる発声活動写真は一九一〇年代にいくたびか試みられたが、いずれもが試作品の域を出ることがなかった」という（四方田犬彦著『日本映画史１００年』ｐ78　集英新書）。

キネマカラーは「色彩を赤と緑に分類し、赤と緑のフィルターを使って色を映画に再現」するものであった。日本でキネマカラー作品映画が初めて浅草で上映されたのは2年10月であった（『日本映画発達史』①ｐ２１５）。発明国のイギリスからキネマカラーの特許権を得て、製作、興行をする天然色活動写真株式会社ができた。その約2年後の4年11月に、世界館でキネマカラーが初めて上映されている。天活本社より弁士長森菊郎ほか数名が派遣され、「キネマカラー上映中は昼夜とも開館し、入場料は普通より五銭増しなり」とある（4年11月14日「世界館キネマカラー」鹿児島新聞）。図表19の広告の通り普通の活動写真のほか、『果物百種』、『流行の日本服』、『日本の秋色』のキネマカラーが上映されている。広告に「キ子マオラー」とあるのは誤植だろう。『日本の秋色』は日本最初のキネマカラーといわれる。

活動寫眞第五回プログラム
新寫眞十一月十六日取替
泰西喜劇 ドンミー誕生日 一巻
同 トンミー運命 同
泰西活劇 鬼博士 四巻
實寫キ子マオラー果物百種 長尺
軍神廣瀬中佐 同
實寫御ノ典第一報ヨリ第四報迄 同
實寫キ子マオラー流行ノ日本服 同
舊劇猩々御殿 二巻
實寫キ子マオラー日本の秋色 長尺
本社ヨリ派遣辯士長森菊郎出演
（但シ觀覧料値上ナシ）
天活特約常設
世界館

図表19　「活動写真第五回目プログラム世界館」
（大正４年11月　鹿児島新聞）

キネマカラーは製作に手間がかかるなど、種々の機械的制約があって、６年ごろには製作されなくなったという。

キネオラマはキネマとパノラマの合成語で、舞台に作られたパノラマに色光線を当て景色を変化させる装置で、東京などでも興行物として人気があった。４年５月末に窪寺霞山一行がキネオラマを鹿児島座の舞台に公開している。鹿児島ではこれが「当地初めての興行」とあって毎夜、満場大入りの盛況であった。その後のキネオラマの興行についての記事は見られない。

多彩なプログラム　大正初期には図表20のプログラムにある実写、旧劇怪談、滑稽、泰西活劇、新派など、各種の映画が同時に毎回上映されている。

日本物は旧劇（おもに歌舞伎を映画化したもの）、新派（現代劇）、西洋物は実写、滑稽、劇といった具合で、広い分野の映画を一度に楽しむことができた。実写はニュース、風景写真といったりしている。劇はイタリアの史劇やアメリカの連続活劇、ブルーバード映画などである。

旧劇で大衆に親しまれたのは尾上松之助映画である。明治42年に横田商会から日活に移り大正15年に亡くなるまでの18年間に約千本の映画に出演したという。日本最初の映画スターといわれる（『日本映画発達史』①ｐ229）。鹿児島新聞の死亡記事には「松之助逝く、享年五十三才。心臓病にて保養中であっ

活動寫眞　第卅八回目プログラム
來る二十三日より寫眞取替
◎實寫　エクレアー二十週報
◎舊劇怪談　佐賀の怪猫　全四巻
◎滑稽　サービンの夢
◎泰西活劇　自動車騒動　全三巻
◎新派　白菊草紙　全三巻
高等模範常設　世界館（電話一二四四番）

図表20　「活動写真第38回目プログラム世界館」
（大正５年６月　鹿児島新聞）

た日活重役、目玉の松チャン事、中村鶴蔵氏は十一日午前三時半遂に逝去した。彼の閲歴は人の知るところである」とある（大正15年9月12日「尾上松之助逝く、享年53才」鹿児島新聞）。

2年9月に上映された松之助映画の『忠臣蔵』について地元紙は次のように記している。「世界館で上映されている『忠臣蔵』を見た。場面は六十三、午後七時から十二時まで五時間を要する。その如何に長いフイルムかわかる。聞けば写真の完成に六ヶ月の長期間と多大の資金とを費やしたそうだ。俳優は尾上松之助一座二百余人で、場面、背景等は元禄時代そのままとの話。そのうち二、三晦渋（かいじゅう）を覚える箇所はあるが概して鮮明で、とりわけ義士討入りの場面の如きは真に迫っている。弁士は応援として島津鷺城、牧暮雪、島津秀子が乗込み熱心にやっておるが、余程の人気に投じたるものと見え当夜も札止めの盛況だった」（2年9月6日「世界館の忠臣蔵」鹿児島新聞）。鹿児島での松之助映画への人気がうかがえる。大正期、松之助映画を多く上映したのは喜楽館であった。

第一次世界大戦（大正3～7年）前ごろ上映される映画の70％以上は、輸入された外国映画であったという。日本で製作される映画は、旧劇は松之助映画、新派は『金色夜叉』、『不如帰』などに代表される旧態依然としたもので、日本映画の一律性に飽きた都会の若いファンやインテリたちは、泰西活動写真を見るようになる（『日本映画発達史』①ｐ２４７）。

外国映画は明治44年ごろから大正の初めには有名な舞台劇を映画に移したものがよく輸入された（『日本映画発達史』①ｐ１８９）。古代の名所旧跡を舞台にした『クオ・ヴァディス』（大正2年）、『スパルタコ』、『カビリア』（大正4年）などのイタリア史劇が上映され鹿児島でも人気があった。

『スパルタコ』は大正4年6月に、駒田好洋の従業20年特別記念興行と銘打って鹿児島座で上映。映写時間は「約四時間半、いまだ例なき長尺物」とある。新聞は映画の筋を詳しく伝えている（4年6月17日「羅馬史劇」鹿児島新聞）。『カビリア』は日本では5年5月、鹿児島では6年3月、世界館で封切られた。入場料は帝劇では5円、鹿児島では70銭（特等席）で上映される（6年3月7日「カビリア　世界一の活動写真が世界館に来たる」鹿児島朝日新聞）。フランスの活劇『プロテア』は、5年6月に世界館で上映される。新聞は4段の紹介記事を2日間載せている。「映出八時には満員の盛況を呈し、女主人公プロテアの苦心の冒険活劇は蒸すがごとき館内、千余の観衆をして暑さを忘れ活劇中に巻き込んだ」と上映の模様を記す（5年6月3日「えんげい　活劇プロテア」鹿児島新聞）。特にイタリア史劇や冒険活劇は、市民に熱狂的に受け入れられた。

滑稽・喜劇映画　滑稽物が鹿児島で上映されるようになるのは明治36年ごろからで、40年初め稲荷座、高千穂座、万栄座の3座がそろって滑稽映画を上映して毎夜かなりの入りを占めた。稲荷座は京都横田商会活動写真の『バック親玉金星旅行』『子供の結婚』などを上映し、「毎夜映出せる滑稽画の客受けすこぶるよろしかった」とある（明治40年2月10日「稲荷座の景況」鹿児島新聞）。

図表17の世界館のプログラムを再録すると「新映写史劇木村長門守重成の悲壮凛漓たる面俤を偲ばしめる悲劇断腸録、人は情け、万国スケート大会、アントワープ動物園、喜劇動物学者、無我夢中、剛力男、留守中の稽古違ひなど也」とあり、劇、実写が各2本、喜劇は4本である。当時、鹿児島の活動写真館のプログラムはほぼこのような割合に近い。喜劇は4本は多いと思われる。

サイレント映画の上映時間はスタンダードな回転数の場合「１分間＝60フィート（約18㍍）だから、１巻（９００フィート）は15分」であったという（千葉信夫『映像史』ｐ57、映人社）。滑稽映画の１タイトルの巻数は２巻が普通で、多くが１タイトル30分ほどの上映時間で、４本上映の時はほぼ２時間を要したことになる。鹿児島では、よく早回しをしたようだが、それでも滑稽映画がプログラムに占める時間的割合はかなり大きい。

先に述べたように、鹿児島では滑稽映画の人気があり、多くの観客を集めた。おそらく、滑稽映画は鹿児島の映画人口増加の要因の一つになったと考えられる。

鹿児島ではチャップリン映画を除けば、滑稽、喜劇は大正13年後半から少なくなり、昭和に入るとチャップリン喜劇以外はほとんど見られなくなる。チャップリン喜劇が日本に印象的に登場するのは４年ごろからで（『日本映画発達史』①、ｐ２６３）、鹿児島でチャップリン喜劇が上映されるようになったのは６年初めの『チャプリンとコンクリン』のころからである（大正6年1月26日「えんげい　喜劇チャプリンとコンクリン」鹿児島新聞）。

連鎖劇　大正初め、連鎖劇という奇妙な興行が全国的に流行する。連鎖劇は「実演と映画とを交互に繋ぎ合わせたものである。舞台の上で生身の役者が演じている途中、突如、場内が暗くなり、舞台上にスクリーンが降ろされて映画が投影され、舞台のプロットを継続（連鎖）させる」ものであった（加藤幹郎著『映画館と観客の文化史』ｐ２２２　中公新書）。映画は、舞台上では演出が難しい屋外シーン、大がかりなスペクタキュラーなシーンが必要なときに多く用いられた。

連鎖劇の興行は遅くとも明治38年ごろ始まったといわれる。全盛期は大正4年から6年ごろで、東京では「連鎖劇専門館ができるほど過熱」していた（加藤幹郎著『映画館と観客の文化史』ｐ２２３、２２５　中公新書）。ところが6年8月に『活動写真取締規則』が公布されると、警視庁は防災上問題があるとして管内の連鎖劇場の興行を一斉に中止した（『日本映画発達史』①ｐ２４６）。

4年8月、鹿児島座で水野観月一行が連鎖劇『かたおもい』を興行している。これが鹿児島初の連鎖劇上映のようだ。この時の記事には、連鎖劇の構成について説明し、「最近四、五年の流行に係り、東京、京阪地方にては珍しくないが、九州地方にては今回を初めとす」とある（4年8月22日「演芸界　鹿児島座連鎖劇」鹿児島新聞）。

熊本の大和座で興行していた新派の河本重徳一座が、鹿児島座で、鹿児島新聞に連載され人気を博していた『あだなさけ』を連鎖劇に仕立て興行することになった。河本一座の役者は36人とある。一派は6月25日に鹿児島に入り、27日から興行のかたわら連鎖劇の撮影を始めた。原作では東京の大川端の場面を田ノ浦の琉球人松の海岸に見なし、「女主人公のお俊が蔦葛を伝って松の根の下におりると、隠れていた塚原が短銃（ピストル）で狙撃する。お俊は海に飛び込んで逃げる」といった場面を撮影している（6年7月2日「炎天下に活動の撮影」鹿児島新聞）。8月4日には笹尾座という一座を加えて開演する。『仇（あだ）なさけ』は目下、鹿児島座に開演中の河本・笹尾一座の俳優が出演して磯庭園、琉球人松の付近、洲崎、鴨池、松原神社、山形屋入り口、熊谷酒店前、美妙堂時計店前、鹿児島新聞前、朝日新聞前、谷山慈眼寺付近などを背景として活動写真を撮影したるは既報のとおりである。同フイルムは八月二日午後、立派にできあがって鹿児島座に到着した。筋は新聞により何人も熟知のうえに、背景は市内および市付近を使っているのだから定めし大入りの盛況を呈することだろう。その証として当日の本紙を携帯ありたし」などと新聞は連日興行の模様を報道している（6年8月4日「仇なさけ連鎖劇。いよいよ今四日から開演」鹿児島新聞）。琉球人松付近の大立ち回り、松原神社の格闘などいずれも市民を喜ばせた。この琉球人松は戦後枯れてしまったが、その後も時たま話題になる名所で、この連鎖劇のせいで古い言い伝えとは別に市民の話題に上っていたのかもしれない。熊谷酒店は山形屋の北側にあった老舗で、平成19年に熊谷ビルになっている。

こうした「御当地映像の撮影と上映を集客に利用」する興行は他県でも行われていて、冨田美香は、「（京都では）撮影日時も公表され、ロケ地へ活動写真の撮影を見に出かけ、完成品を見に、劇場へも足を運んでいたことがうかがえる」と記している（冨田美香「古都から映画都市創生のトポロジー」、《日本映画は生きている③、観る人、作る人、掛ける人》ｐ１３７）。

大正6年8月、警視庁は管内の連鎖劇の興行を一斉に中止したが、鹿児島県内ではその後も続いている。例えば、同年12月、世界館の主催で「報恩興行として天活一劇団を招聘し、一日より鹿児島座において新派連鎖劇」を興行した（6年11月30日「天活連鎖劇。世界館の報恩興行」鹿児島新聞）。このときも「天神馬場の世界館など市内及び付近の目抜きの場所を撮影」して劇中で使ったとある。また、同年8月に川内太平座で興行中の「連鎖劇松勢会は近日枕崎大福座に乗り込むはず」とある。さらに13年12月には西之表でも行われている。「西之表劇場は年末中に落成して明治座と名付け、元旦より開業式を兼ね、熊本市の嵐三右衛門一派の連鎖劇を初興行する。劇場は町制が実施される西之表市街の繁栄策上、喜ぶべき文化的施設なれば、本社は特に精巧な幔幕（まんまく）を寄贈してその将来を祝福した」とある（13年12月24日「明治座の柿葺落。本社の幔幕を寄贈」鹿児島新聞）。その後も、大門口の南座（大正14年1月に開館）で、14年5月と15年9月に長尾逸郎一座と菊月入船一派が興行している。鹿児島では大正末まで連鎖劇の興行が行なわれている。

連続活劇　大正5年にアメリカ・ユニヴァーサル社の支社が東京に開設されるとアメリカ映画が多く輸入され、特に人気を博したのが連続活劇とブルーバード映画であった（筈見恒夫『映画五十年史』p35など鱒書房）。連続活劇は、探偵小説的な題材を2巻を1編として、12、13編から24、25編くらいの長尺に盛り込み、1編の終わりに必ず危機一髪という場面を作り、見物人に次の編に興味をつながせるように仕組んであった。第1編を見た観覧者は、大抵最終編まで見逃すまいと映画館に通うことになった。

日本でのアメリカ連続活劇の始まりは『マスター・キー』とされ、その後、『名金』、『カスリンの冒険』、『怪傑ロロー』などが続々と、7年ごろまで上映されたという。どこの映画館でもそのプログラムには、必ず連続活劇が加えられていた（『日本映画発達史』①p254）。

鹿児島で連続活劇が初めて上映されたのは4年10月で、東京で前年に封切られて評判の高かった『天馬』と『名馬』が喜楽館と世界館で上映されている（4年10月7日「探偵劇天馬」、同年10月20日「天覧の栄を得たる名馬」鹿児島新聞）。本格的上映は『ハートの三』（全30巻）で、「鹿児島座で初編八巻を上映し、残り二十二巻を世界館にて三月三日より向う三週間に分割して毎週六、七巻ずつ提供する。今秋は特別提供写真が多数につき開演時間を一時間早める」と広告にある。

『名金』の上映　次いで、9月に世界館の改築満1周年記念興行として『名金』が上映される。第1回は50巻のうち第1、2巻を上映した。「湧（わ）くが如く、満麑（まんげい）の人士を狂気せしめ大歓迎をうけたり。今週も必ずお見落としのないように」と広告している。第3回が終わると突然、『名金』の上映を中断し、桃中軒雲月の高弟という桃中軒福右衛門を呼び浪花節や、泰西活劇『護国の曲』などを19日まで興行している。中断の理由を「破天荒の好評を賜りたる名金劇は余りの長尺連続は反（かえ）って観客諸彦に倦怠の虞（おそ）れあり。茲に当館はあくまで、観客諸彦の嗜好に投ずる主意に基きて浪界の泰斗桃中軒福右衛門を遥々（はるばる）阪地より招聘し一入の異彩を添へんとす。希ふ（こいねが）諒（りょう）とせられ陸続の御来館を」と漢字の多い広告を出している。「観客諸彦に倦怠の虞れあり」というのは興行者の本音か、他に事情があったのか、作戦か分からない。10月20日から第4回を再開している。広告には「今週よりは中断なく上場する」とある。

映画は12月まで続く。最終回の第12回が12月15日より21日まで1週間、昼夜2回の名金会が行なわれる。「活動好きを操（あやつ）り来る、侠少女キチイ・グレース、快漢コロオ、野心宰相フレデリック・サッチョらの運命は如何に、その終局はいかにむすばれるか、活動狂の刮目して見んとするところなるべし」（5年12月15日「名金会」鹿児島新聞）と活動狂を誘っている。名金会では10巻が上映され、応援弁士として本社派遣の弁士長川島紅花、同弁士立花秋涛、それに世界館専属の主任弁士敷島美水、福山櫻雲、同春山狂天の5人が2巻ずつを分担している。（5年12月15日「世界館　天下一品世界無比名金　最終編十巻」鹿児島新聞）。

『名金』の上映はかつてない興行成績であった。図表21は世界館における『名金』の上映の模様をつ

図表21　「世界館の『名金』上映日程」

年号	年	月	記　　　　　事	
大正	5	9	天神馬場世界館は、改築開館後１年の自祝記念として来る15日より活動写真界に好評ある「名金」を映出する由。「名金」はエマーソン・ホーの原作に係り、大仕掛けにして変化に富む。全部50巻の長尺物なり。最初４巻もしくは５巻を出し逐次３ヶ月にわたり全部終了の予定なるが観覧料は自祝の意を兼ねて平常通りなり。	
大正	5	9	本日より「名金」と新派悲劇「朧の春」、日本喜劇「片羽島」など映出する。	第一　４巻（１～４巻）（９／15～９／21）
大正	5	9	22日よりは５巻より９巻まで引続き映出する由。巻を重ねるに従い好況に入り、キチィ嬢の監禁、快漢ロロオの活動、金貨半片のゆくえなどますます奇絶快絶の境地を展開しきたらんとする。「名金」のほか、旧劇「８畳返し妖術忍術太郎」、喜劇「或物語」、実写「シシリイ島の海岸」、滑稽「ボリダーの難」など	第二　５巻（５～９巻）（９／22～９／28）
大正	5	9	「名金」第一、第二を上場せしにご好評涌くが如く満覽の人士を狂気せしめつつ大歓迎を蒙り有難く報謝候。第三「名金」前週の続き５巻	第三　５巻（10～14巻）（９／29～10／５）
大正	5	10	来る６日より写真取替。	「名金」中断、浪花節上演（10／６～10／19）
大正	5	10	当館が呱々の声をあげしは将に昨年の本月本日にして名金も今週より愈愈中断なく上場せしむと共に新派惨劇大蛇の敵討は至るところに歓迎を博したる逸品なり。陸続の御来館を希上候。	第四　５巻（15～19巻）（10／20～10／26）
大正	5	10	全市涌くが如き人気集中したる名金劇はいよいよ大々的大活躍の真髄を発揮。第五名金　前の続き５巻	第五　５巻（20～24巻）（10／27～11／２）
大正	5	11	第六名金　50巻の内前週続き４巻	第六　４巻（25～28巻）（11／３～11／９）
大正	5	11	第七名金　50巻の内前週の続き４巻	第七　４巻（29～32）（11／10～11／16）
大正	5	11	第八名金　50巻の内前週の続き３巻	第八　３巻（33～35巻）（11／17～11／22）
大正	5	11	24日より左の通り写真全部取替　第九「名金」、50巻のうち前週続き５巻	第九　５巻（36～40巻）（11／24～11／30）
大正	5	12	第十名金　50巻の内前週の続き３巻	第十　３巻（41～43巻）（12／１～12／７）
大正	5	12	本夜より全部差替。好評を博しつつある名金は終編に近づきいよいよ佳境に入るべし。第十一名金　50巻の内前週の続き５巻	第十一　５巻（44～48巻）（12／８～12／15）
大正	5	12	名金会　数週にわたりて映写や好評を博したる「名金」は今週を持って愈々終結を告ぐべく今回は特に10巻を提供して名金会と称し説明応援のため本社より弁士長川島紅花、同立花秋涛来覽し、これに同館専属の敷島、福山、春山の３名にて２巻づつ分担し、15日より１週間の昼夜間２回映写説明すべしと久しく活動好きを操り来る侠少女キチイグレース、快漢ロロオ、野心宰相フレデリック、サッチョらの運命は如何に、その終局はいかにむすばるるか活動狂の刮目して観むとするところなるべし。	第十二　10巻（50～58巻）（12／15～12／21）

たえる記事、広告をまとめたものである。最後12回目の名金会の10巻を加えて、58巻となる。結局、途中13日間の中断があったが、9月15日から12月21日まで3カ月以上もかかっている。

鹿児島における連続活劇はその後も各館で上映される。鹿児島市では5年3月の『ハートの三』から

15年9月の野球活劇『プレーボール』あたりまでほぼ10年間続いた。

ブルーバード映画　ブルーバード映画は、ユニバーサル社傘下の独立プロ・ブルーバード社が製作した映画の総称で、およそ100本が製作されたという。一編の映写時間を50分程度とし、ロケーション撮影が多く、美しい田園風景をバックにした若者達の愛や悲しみ、喜びを主題にした明るい人情劇風な映画であった（『日本映画発達史』①p258）。日本の青鳥劇ファンは同社のマーク「ブルーバード（青鳥）」を見るだけで胸をわくわくさせたといわれるが（吉田智恵男『もう一つの映画史―活弁の時代―』p104　時事通信社）、アメリカ本国やヨーロッパでは、日本のような熱狂的な支持者を持つことはなかったらしい。フィルムもほとんど残っていないという。弁士の説明の一節「春や春、春南方のローマンス、題して『南方の判事』全五巻」という文句は後世に語り継がれている。映画は特に大正6～8年ごろ流行し、帰山教正『生の輝き』や、松竹蒲田映画などはかなり影響を受けているらしい（吉田智恵男著『もう一つの映画史』―活弁の時代―　p108　時事通信社）。

図表22は、鹿児島市で上映されたブ

図表22「帝国館上映の主なブルーバード映画」

年号	年	月	記事
大正	6	12	現代的人情劇「目覚めたる愛」
大正	7	1	人情劇「愛と犠牲と冒険」
大正	7	1	エラホール嬢出演人情劇「恋娘」
大正	7	2	人情劇「愛と犠牲」
大正	7	2	人情劇「娘の行衛」
大正	7	4	「紅晴」「グロリ」以上の傑作「魔の湖」
大正	7	10	大悲劇「恨の短剣」
大正	7	12	リジェスレーノルツ氏原作　審美劇「沼の少女」
大正	7	12	文芸品人情劇「青葉の家」
大正	8	1	人情劇「島の女」
大正	8	1	人情劇「人の力」（主任説明者花浦新暁）
大正	8	1	人情劇「孤児物語」
大正	8	1	人情劇「異郷」（5巻）
大正	8	1	人情活劇「暗の手」
大正	8	2	人情劇「島の女」（再映）
大正	8	3	人情劇「紅軍」
大正	8	4	人情悲劇「愚なる妻」
大正	8	5	青島劇「南方の判事」（5巻）
大正	8	5	青島劇「磯打つ波」（カーメルメーケー嬢出演）
大正	9	1	青島映画人情劇「森の朝」
大正	9	1	人情劇「迷の鍵」
大正	9	1	青島映画人情劇「錦繍の契」
大正	9	4	人情劇「左の手」（5巻）
大正	9	8	人情活劇「ノナの働き」
大正	9	1	青島映画人情劇「錦繍の契」（再映）
大正	9	9	青島人情劇「鷲」
大正	10	1	青島人情「情の国歌」
大正	10	8	人情劇「山の強敵」
大正	12	1	人情劇「青春の国」（6巻）

ルーバード映画と思われる作品を、広告や記事から拾ったものである。『南方の判事』は大正8年5月に上映されている。ブルーバード映画はすべて帝国館で上映されている。

後で述べるように、鹿児島市における活動写真の興行全体に占める割合は、大正2年の30％から8年には70％を超えて市民の娯楽の中心となっている。大正初期に発声、色彩、滑稽、史劇が鹿児島市民に劇映画の楽しさを教え、続いてやってきた連鎖劇、連続活劇、ブルーバード映画の人気は映画人口の増加の要因となった。また、これらの映画は大人の観客を増やし定着させ、鹿児島映画界を飛躍的に発展させることになった。特に連続活劇とブルーバード映画はその重要な役割を果たした。

イントレランスの上映　D・W・グリフイスの『イントレランス』がアメリカで製作されたのが大正5年、日本で封切られたのは8年3月である。鹿児島ではその年の10月10日から12日の3日間、世界館で封切られる。鹿児島朝日新聞は鹿児島上映の結果を次のように伝えている。

「沈滞していた鹿児島の演劇界が十月に入って俄かに活動しはじめた。先ず世界館は『イントレランス』という突飛な写真を掲げ、入場料二円と張り出し、麑城における活動写真界のレコードを破ったが、景気の勢いか、それともこれが却って好奇心に投じたのか入りは相当にあった。しかし、活動写真が単なる娯楽物であるならこの『イントレランス』はあまりに高尚で、あまりに複雑で、バビロン、キリスト、仏国中古史などと時代の色彩を持っているだけに普通一般の者にはあまりに難解で歓迎されなかった」（8年10月20日「秋の演劇界。だんだん緊張してくる」鹿児島朝日新聞）。時代と場所を異にする四つの話が「並行して、適当にカットバックされながら語られてゆくというきわめてユニークな手法」がとられていたという（猪

俣勝人『戦前編　世界映画名作全史』p25　現代教養文庫）。

映画は世界の映画人に大きな影響を与えたらしいが、「若い日本の映画人に与えた衝撃は大きかった」という（四方田犬彦『日本映画史１００年』p59）。鹿児島の若い活動狂にも大きな衝撃を与えたのだろう。

帝国館はこれに対抗してか、17日から「ニューヨークでは二十円の入場料で百二十日間満員を続けた」という『君国の為に』を4日間上映、劇場中座では連鎖劇『乃木将軍伝』が上演されるなど、『イントレランス』をめぐって、鹿児島の興行界は急に活気づいている（8年10月17日「帝国館の大写真　君国のために」鹿児島朝日新聞）。

『イントレランス』は東京の帝国劇場で10円という高額で上映されているが、鹿児島では1等2円、2等1円50銭、3等70銭であった。「これは写真の価格から言えば破格の勉強だ」と館主は語っている（大正8年10月7日「大写真イントレランス、世界館の特別提供」鹿児島新聞）。第一次大戦景気が最高潮に達したころのことである。

活動写真取締規則

世界館の上映差し止め　連鎖劇の最盛期の6年8月に警視庁は「活動写真取締規則」を公布したが、その後すぐに鹿児島県でも取締規則が出されている。「鹿児島市も喜楽館、世界館、帝国館の3館ができいずれも相当客足を呼んでいて、これと同時に営業上あるいは風紀上往々にして正しからざる風評を耳にするが、鹿児島警察署においても今後厳重なる取締をする方針にて、前記三館の興行主、活弁士三十余名を本署楼上に召集し、所長八木警視より下記のとおり厳重なる訓示」をしたという。その内容は次の通りである。

一、フィルムは検閲前日迄に取り寄せかつ説明の如きも正確にし、決して内容と相違せざるよう注意すること
二、臨監席と弁士説明席との間に呼鈴を設け臨監席より弁士に注意を与え得るようにすること
三、学生に対しては十分注意して入場を拒止するに努めること
四、非常口は何時にても使用できるようにしておくこと
五、場内にて販売する飲食物は定価表を観客の見易き場所に掲示すること
六、部外より透見し得る機械室には裸体のままにて従事すべからず
七、席は男女の別を厳重に区分すべし

このほかに「なお、弁士に対しては、従来観客の歓心をかわんがため猥褻なる言葉を使用するなどのことあり。また、興行関係者が婦女と醜聞を流すなどのことあり。これらは社会風教上、閑却すべからざる点にして、当局としては厳重なる取締まりをなす方針なれば、各自十分に自戒する旨諭達するなり」と付言されている（6年8月18日「活動写真館取締、今後厳重に励行するはず」鹿児島新聞）。

三では学生、子供たちの観覧を厳しく取り締まっている。警視庁の規則では「①フィルムを甲乙両種に分け、甲種フィルムは15歳以下のものには観覧させないこと」となっている。しかし、子供たちは活

動写真の大切な観客で、活動写真界は観客の減少に陥り、取り締まりの改正の声が高くなり8年には警視庁の規則①は廃止され、活動写真界は再び軌道に乗り発展していったという（永嶺重利「怪盗ジゴマと活動写真の時代」ｐ１７５　新潮新書）。鹿児島では「フィルムを甲乙両種に分ける規則」はなかった。

鹿児島の活動写真業界ではこの取締規則がどのように適用されるのか心配されていたが、大正6年9月に世界館で上映中の『紫の覆面』が差し止められる。その経緯を新聞は次のように記している。

「世界館では先週来、外国もの『紫の覆面』と題する連続活劇を映写し、好評を博し客脚をよんでいたが、この映画は全33巻の長尺物で、すでに28巻が上映され、あと5巻を去る13日の晩から見せるはずで、馴染みの観客は楽しみにしていて、ぞくぞく暑さにも負けず押しかけていた。ところが『紫の覆面』は警察側の注意で上映が差し止めになった。館主がそれを観客に告げると、ペテンを使うな、怪しからぬと騒ぎ立てる。フィルムを積み立てて悪意なきを示したが、観客はなおとやかく云っていた。このことについて世界館主人、佐々木伊四郎氏に聞くと、イヤどうもひどかったよ、全く弱りましたといって次の通り語った。なにしろあの写真は今度の1回で完結となるので、見物人の方も見落とすまいとしておられるし、私の方でも頼みにしていたんですから、それを今回に限って、突然、試験もせずに筋書だけを見て映出は許さぬ。筋がよくないというのですから私の方では困りましたよ。それではお客に対してもすみませんから、兎に角、試験映出だけは試みていただきたい。悪いところは切りすてるなりして上映させていただきたい。京阪その他各地ではどこでも無事に映したのですからというと、他県と当地とは事情も違うし取締の方針も違うというので、とうとう泣き寝入りでした。

（中略）今度のように差止をくうようでは、ウッカリ洋物は持ってこられません。途方にくれていますと流石の男も本当に弱っていた」（6年9月17日「世界館弱る。『紫の覆面』差止」鹿児島新聞）。

観客と館主側との上映中止のやり取りは、大人も連続活劇に夢中になっていることをうかがわせる。

また、上映差し止めの記事は珍しく、警察とのやり取りが記事になっているのも珍しい。


フィルムの検閲　大正8年の鹿児島市内の上映実態と映画の検閲の模様をまとめた記事がある。

「本県の活動写真はだんだんご愛顧が増えておる。鹿児島市内に四常設館があり、郡部に随時仮設するのが約百カ所位あって、いわゆる低級趣味者の歓迎を受けている。映画は日本物と西洋物とが半々位で、日本物は新派劇、西洋物は喜劇、実写物その他冒険物等が多い。昨年中に市内四館で開演した延日数が千九十五日、入場人員五十四万六千五百三十六人、観覧料十五万千四百五円。フィルムの長さは日本物百七十四万三千五百九十尺（528万3777メートル）、西洋物百三十八万四百三十五尺（4182万7181メートル）、合計三百十二万四千二十五尺（9465万7958メートル）であった」。同年1館が平均して274日開館し、1日の全館入場者は1995人で、1館平均499人が入場している勘定になる。

検閲の結果、「公安を害するとか、風俗を乱すとかいう理由で警察からフィルムの一部切除を命ぜられたのは千五百三十尺（4万6359メートル）」であった。

フィルムや筋書の検査は「警察部では二名の警部、鹿児島署では警部、警部補各一名でその衝（しょう）にあたり、郡部では所轄署長が検査をしているが是非の判断にはよほど骨が折れる」といっている。また、「当地では弁士三十三名中、尋常科を卒業せぬ者一名、卒業した者一名、高等小学校を卒へたる者二十四名、中等学校卒業五名、その他二名であった」と検査官は語っている（9年9月17日「だんだんご愛顧が増えてくる、本県下の活動写真。市四館の観覧者50万」鹿児島新聞）。

4　演芸から映画へ

山之口町天文館通りの発展

バー、カフェー街出現　図表23は鹿児島座焼失の時の「火事場見取図」である。千日通りを挟んで両側が焼失し、天文館通りに面する鹿児島座や、西券随一といわれた料亭西海なども焼けた。帝国館とロンドンの間の通りは判読しにくいが「新納屋通」で、この通りは現在もあり、その突き当りに鹿児島座（現在の森永パチンコ付近）があった。

蜂楽饅頭店と味の四季の間の高砂通りは日置屋敷焼失後にできたもので、藩政時代、二本松馬場が日置屋敷に突き当たる石塀に、薩藩の有名な書家で日置島津家に出入りしていた志賀登龍が書いたといわれる巨大な石敢当がはめ込まれていた。

中座と新聞社は火事の翌月に、憲法発布30周年を記念して「変装競争」という催しを行っている。図表24は中座に出演中の新派

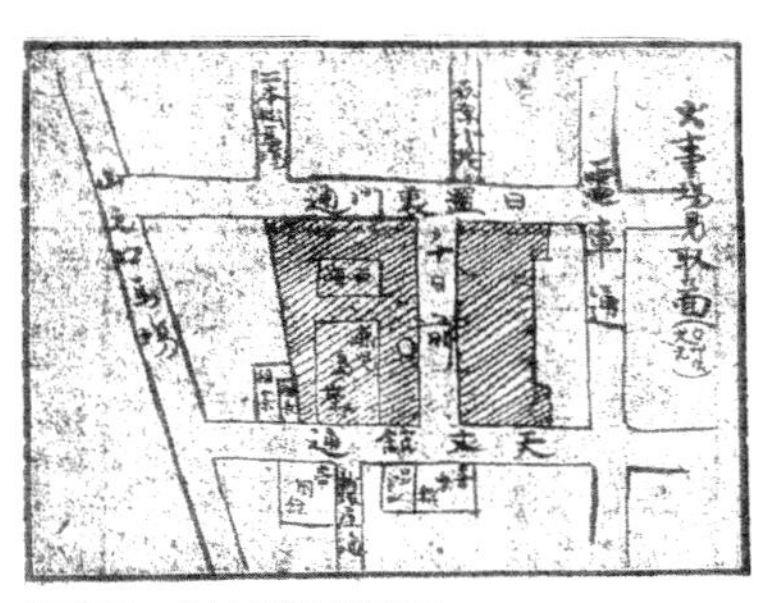

図表23　「火事場見取図」
（大正８年１月　鹿児島朝日新聞）

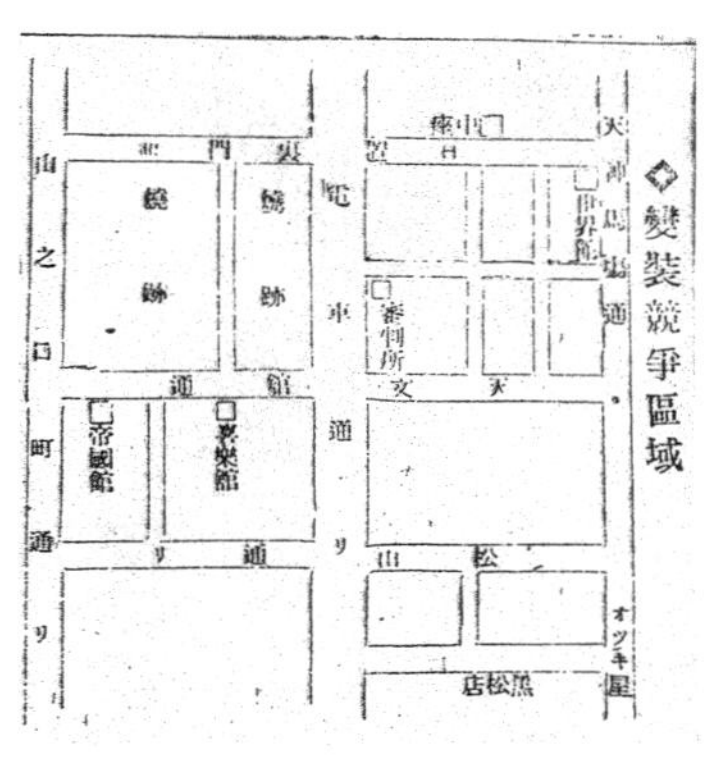

図表24　「変装競争区域」
（大正８年２月　鹿児島新聞）

劇聚美団の俳優12人が「ジゴマ変装団」に変装して歩き回る区域を示した地図である。城山どん広場の午砲を合図に、市民は変装者の写真が載っている新聞を手に、変装した俳優を捜し当てるというゲームである。変装は当時の流行りのようである。区域について「中座を中心とする日置裏門通り一帯、天神馬場の世界館の角より御着屋角、森永洋品店前より松山通り、山之口町の一画」と記事は説明している。「焼跡」は焼失した鹿児島座跡。地図には東千石町の世界館、中座、山之口町の喜楽館、帝国館も見える。日置屋敷が焼失してから8年しかたっていないのに、千日町天文館は東千石町天文館と一体となって盛り場を形成していることをうかがわせる。

9年にはバーとカフェーが急に増えた。「慌しく増加せる鹿児島のバア。白いエプロン化粧の女、糜爛した気分に満つ」といった扇情的な見出しの記事がある。鹿児島市のバーは大正7年ごろまではロンドン、朝日、ライオンのほかに無かったが、今や鹿児島食堂、八千代、ミカド、金生、ニコニコ、東洋、パリなど十余軒ほどになった。それに伊勢殿屋敷や加治屋町に新築中のものもあった。西券、南券の両券番が不景気なのにもかかわらず、「バーの囁きと賑やかなさんざめきは夜の深更を告げるのも知らぬ」といったありさまであった（9年8月15日「慌しく増加せる鹿児島のバア。白いエプロン化粧の女、糜爛した気分に満つ」鹿児島朝日新聞）。花街にくらべ、バーやカフェーの遊びは簡単で現代式で安い、これに遊冶郎たちはひかれて天文館のバーやカフェーに集まった。大戦に伴う国内のにわか景気は去り、鹿児島にも不景気の風が吹き出していた。

山之口町は映画館のほかに、バーやカフェーなど都市的な飲食店が増え歓楽街に成長してゆく。

天文館通りの交通規制　大正10年ごろには、山之口町天文館通りの喜楽館前付近に夜店を張る者が多くなり、交通の妨げになっていた。同年4月に、これらの夜店を帝国館の先から地蔵角の間に移すことになった（10年4月19日「天文館通り夜店禁止す」鹿児島新聞）。

さらに、千日市場などができて間もない11年5月末には「天文館通りはただでさえ通路隘路のところにもってきて、近頃は日に日に殷盛をきわめ、行人日夜ひきもきらない有様だが、そこにいくつも露店を出して人寄せをなし、いやがうえにも通行の妨害をなす。当署ではきたる八月に露店の営業許可の満期となるのを幸い裏通りの松山通りに変更許可のことに内議あり」といった状況であった（11年5月24日「天文館通り露店禁止、その代わりに松山通り」鹿児島新聞）。

7月には「今の鹿児島の夜の賑わいは一に天文館に集まったかの観あり。浅草の六区にも比すべく、三カ所の活動写真館、数十の飲食店、ビヤホール、千日市場などに吸い込まれ、吐き出された客で常に非常なる雑沓をきわめ、ことに夕方からはほとんど交通もできぬくらいの人出であるが、当署にてもこの情勢にかんがみ、当分の間、午後七時より十一時まで、電車停留所から地蔵角までの間の車馬の通行を禁止し、さらに交通巡査を配備して危険を防止する」こととした。鹿児島始まって以来の市街の一部に車馬通行の禁止を行った（11年7月9日「鹿児島の夜の賑いは一に天文館。危険を防止するため車馬の通行止」鹿児島新聞）。

後で述べるように千日市場、天文館市場、山之口市場ができたことで、特に昼間の集客力を増加させ天文館の発展を促した。いよいよ天文館通りは交通規制をしなければならない人出の多い盛り場となっていく。このころから浅草六区の賑いになぞらえ、この映画館街、飲食店街を「鹿児島六区」と呼ぶ人たちがでてきた。

大正10年の正月の賑わい　人々は暮れの正月の準備を済ませ、新年になると晴れ着を着て初詣でや盛り場などへ出かけた。遊び場はもちろん天文館、松原神社境内であった。松原神社境内の正月興行は鹿児島市民や県民にとって最大のイベントであった。天文館通り電停から境内にいたる映画館、露店の賑わい、サーカスとそれにくっついてくる諸見世物小屋の賑わいは人々をワクワクさせた。

大正10年の正月、鹿児島に初めて本格的なサーカスが来た。「日本サアカス団の一行は市内のここかしこに春をもたらして人寄せをした。松原神社横手の第一部は空中大飛行、猛獣使い、大曲馬団の合間には白い着付けの少女が黒馬に乗って駆ける。神社内の珍無類の曲芸は第二部。第三部は天文館通りの鹿児島座の跡に動物園を開いて、木戸口で褐色の蛇を右手につかみながら六、七匹の塊としてうねうねとうねらせながら客を呼びいれた。目白押しになった見物客が重なりあいながらひったくるように木戸札を買い争い、前の活動写真小屋の小旗や楽隊の音がこれを囃（はや）し立てていると言う熱気。ここから松原神社境内までの通りの両側には俄（にわか）の出店が並び、砂糖細工の小鯛だとか、鋳型煎餅（いがたせんべい）を焼いて小笹の先につけては売りさばく。正月の小店にはつきものになった運試しの小車盤（おくるまいた）の賭物にも人々がポンポンと金をはっては引き札を買う。サアサア、はったはったと叫びながら小車盤が回るたびに当たりの人に商品の敷島煙草を投げ出す。これが神社境内まで五軒も六軒もある賑わいだった」（10年1月3日「二日の盛り場の雑踏」鹿児島新聞）。

翌年になると山形屋、明治屋の他に、春田呉服店など洋館構えの商店が増える。前年から正月の二日商いは4日にすることになった。「照国廟頭の年始会が崩れて服装正しき男たちは、蜘蛛の巣の如く散りはてし頃よりここかしこの街々に廻礼の客ようやく繁く入り乱れて『お芽出とう、今年も相変わらず…』など交わす言葉も屠蘇の香に匂ふて見るもの聞くものいずれも嬉しきお正月気分がヒシヒシと満ち溢れてくる。…名物の破魔投は段々と寂れて、この一、二年、男の子供に凧揚げが流行りだして、街々の広場や郊外の田圃に頻りと凧の糸を曳いているのを見受ける。運動熱の勃興から照国廟、鴨池などではしきりに野球や庭球の試合を戦わして男の子の覇気をこれ見よとばかり。それに引きかえ、女の子は白粉に紅も今日ばかりは艶めく。手鞠、追羽根に嬉々として打ち興ず。天文館通り、元の鹿児島座付近のプカプカドンドン。活動写真の帝国館、喜楽館、太陽館、それに世界館は昼夜二回の興行。今日をかき入れ日とばかり囃し立ている。鳥打帽の丁稚小僧さんから、子供の手を引いた職人風のお父さんらしい人が続々と詰めかけ相変わらずの大賑い。お定まりの松原神社の境内は矢野動物団の曲馬団や動物、各種の見世物、眼鏡芝居など耳を聾するばかりの楽隊の音に雪崩のように打って来る見物人や野次馬連を呑吐してどこも大入り満員の盛況である。人口十万の鹿児島市にはこれはまた名ばかりの劇場中座では少女歌舞伎の情けない正月興行。かかる時にこそ、新しき劇場建設の必要が思われるのである」（11年1月2日「松の内気分の街々。威勢のよい二人挽きの廻礼客、凧揚げが年々流行の傾向、相変わらず活動写真や見世物の賑い」鹿児島新聞）。

天文館の活動写真や、松原神社のサーカス、見世物、沿道の露店は、市民の正月娯楽定番の楽しみであった。大正10・11年ごろから男の子の遊びは、伝統の破魔投げがだんだんと寂れて、凧揚げ、庭球、野球など新しいスポーツへと変化していくのが注目される。

私設市場　大正7年、全国に米騒動が起こり、その対策として、米だけではなく日用品の価格調整と消費経済の改善を目的として、公設市場が全国に設けられた。鹿児島県内では、先に引用した記事にあるように米騒動は起こらなかったとされるが、鹿児島市では公設市場が同10年2月に現在の市役所本館(当時は専売支局分工場の煙草工場）と別館の間あたりに設けられた。

電鉄は近くに普通停留所を設けるが、「名山堀」とせよという県庁の命令に市場側の意も酌み「名山堀公設市場前」とすることで落ち着いた(10年2月19日「呼び名をば名山堀公設市場前とした普通停留所」鹿児島新聞)。

陳列の200余種の品が、全て市内の商店より安いとあって市民に好評であった。閉場間際に、近くの専売局の女工連が押しかけ、身動きできぬ混雑であった。「かかる廉売は市が公設市場を設けた社会政策の目的を達成しえるのみでなく、早くも市内の商品価格に影響を及ぼし、鹿児島食肉販売組合では豚肉の値下げを協定したような次第で、市民の利用多ければ多いだけその効果を挙げることと思われる」といった状況であった(10年2月2日「待ちに待った公設市場開く。米2銭安をはじめとし諸物品とも破格廉売」鹿児島新聞)。

この繁盛を見てか、翌11年に民間経営の私設市場が市内に次々にできた。天文館通りを挟んで、鹿児島座跡の一部に千日市場と、新納屋跡の飲食店街を潰して天文館市場が、山之口町通りの永井弁護士宅跡にも山之口市場ができた。のち私たちがスーパーマーケットに感じた新鮮さや、便利さがあったのであろう。これにも買い物客が群がり、ますます天文館の集客力が高められていった。

南林寺墓地の移転　南林寺付近は「南林晩鐘」といわれ、古くから鹿児島八景の一つに数えられた。同寺の南側には大小の脇寺、名家の帰依寺なども多く並んでいて、参拝客で賑わっていた。曹洞宗福昌寺の末寺で本山に劣らない名刹であり、山号を松原山、寺号を南林寺といい、この寺の追出鐘（おんだしのかね）、六月灯は城下の人々にとって身近なものであった。

墓石は20万基とか、12万基とかといわれた。松原、山之口、船津の3町にまたがり、墓地面積は約3万9千坪（13町）であったという。

明治末期には旧鹿児島市は市域が飽和状態になっており、市の中心部近くにある広大な南林寺墓地は街の発展の障害だとされた。明治44年8月に同墓地を郊外へ移転し、跡地を市街区にすることに決定した（44年8月10日「市新墓地決定」鹿児島新聞）。移転先は草牟田町、鹿児島郡中郡宇村（現在の郡元墓地）、冷水町興国寺墓地（拡張）などであった。草牟田墓地は大正2年4月に工事終了し、埋葬は3月から許可されている。南林寺墓地は2年9月には埋葬が禁止され、8年4月に廃止された。予定より遅れたが、10年度中にほぼ移転が終了した（大正13年版『鹿児島市史』ｐ３６８）。

墓地跡と清瀧川沿岸を整備して造成された土地などを加えて、約15町歩の「南林寺墓地跡市街計画」が、11年11月に決議され（11年11月30日「南林寺新道路討議」鹿児島新聞）、区画工事は12年6月に終わる。13年6月に南林寺町と「由緒を尚（とうと）んで」命名することに決まった（13年5月15日「南林寺」に決定。参事会で市の案は否決。由緒を尚（とうと）んで命名」鹿児島新聞）。

墓地跡であったので、希望者は少ないだろうと予想されたが、実際は希望者が多く抽選で入居者を決めなければならなかった。市の中心部にあり、盛り場にも近かったことや、墓参りのためのアクセスが古くからあり、市民には身近なところであったのだろう。

天文館に私設市場ができると興行物観客、夜の遊客の他に日常の買い物客も集まるようになり、ますます賑やかになっていった。また、南林寺町の誕生は天文館の奥行きを広げた。その後、天文館通りから続く通りには商店や飲食店が増え、14年ごろには「銀座通り」と名付けられた。また15年12月には銀座通りを中心に「中券」ができ（15年12月17日「ごたごたの末中券番の許可。西・南券番と同一花代にて。芸妓送りも近く解決か」鹿児島新聞）、市内の券番は三つになった。14年正月には、南林寺町大門口に南座（現在の松原小学校プール付近か）が仮興行を行い、４月に柿落（こけら）としをして中座と競っている。

墓地移転は鹿児島市街地の南進という都市構造の変化に伴い行われたものであったが、由緒ある美しい景観を失った。

鹿児島シネマ街の出現

帝国館・太陽館できる　大正６年に帝国館、８年に太陽館ができ、市内の活動写真館は４館となる。帝国館は正月に開館した。「鹿児島のキネマ界」という記事に「名金の映写が終了して以来やや沈滞気味であった鹿児島のキネマ界も帝国館の開館により新春早々からめざましい活躍を見るにいたった。建物が大きく館内の設備が整っている。まずいながらもピアノがあるなど頗る人意をつくしている。それよりまずこの館が斯界切っての策士、敏腕家として名声隆々たる小林喜三郎の系統をふんでいることを忘れてはならない」とある（6年1月31日「鹿児島のキネマ」鹿児島新聞）。

帝国館の場所は、鹿児島座の前、新納屋といわれた魚市場跡隣だった。同館は昭和20年の空襲で焼失するまで続く。開館時の敷地は283坪、定員は1468人とあり、鹿児島ではこれまでで最も大きな常設館である（5年7月7日「活動常設館新設」鹿児島新聞）。中尾正幹、末広虎治郎、有川某氏などの合資会社で、建設出願者は中尾平吉になっている（5年7月8日「活動写真館さらにふえる　帝国館建設許可」鹿児島新聞）。これに先立ち、金生町にあった第百四十七銀行（現在の鹿児島銀行本店）が新築されることになり、旧建物は取り除かれることになった。同館はこの建物を移築したもので、「同建物は活動館式にできており、多くの工を施す要がなく今秋には開館の運び」となった（5年6月11日「銀行から活動写真へ。活動写真館新設」鹿児島新聞）。

大正8年12月には太陽館が喜楽館隣りに開館する。電車を下りて地蔵角に向かって天文館通り左側に太陽館、喜楽館、帝国館の3館が並ぶことになった。「劇場鹿児島座が焼失して以来、市の興行界はとにかく寂寥（せきりょう）が感じられる。同座の復活はむつかしかろうという噂だが、常設写真館が喜楽館隣りの商品館跡に創設されるという。鹿児島キネマ界の繁昌、活躍は素晴らしく常設館が四つになる。反対に劇場の衰退は鹿児島の演劇界が思いやられる」と地元紙は記している（8年2月8日「常設活動がまた一つ出来る。麑城キネマ界の繁盛」鹿児島新聞）。映画が発展する反面、演劇が後退していく大正8年ごろの興行界の状況を伝えている。

太陽館ははじめ「市内の田中善蔵氏外数氏の共同経営で設立」されることになっていたが、後に「原田斌、蓮見万蔵氏が中心となり、組合組織にて建築」された。「一切の費用は４万円」を要した。主任弁士は元世界館に居た宮崎明男で、女の声色弁士も２人おり相当な人を得たりとある（８年12月４日「太陽館落成式」鹿児島新聞）。大正８年から昭和２年までの８年間は、天神馬場の世界館、天文館通り太陽館、喜楽館、帝国館の４館の時代であった。

大正９年６月から鹿児島市はこれまでの税制を改正して、興行観覧税、宴席消費税の特別税を徴収するようになった。新聞は早速、税の徴収状況を調べている。**図表25**は６月１日から６日までの活動写真館の観覧者数と鹿児島市に納入された税額である。観覧者数をみると、太陽館はこの期間１日休みがあったが、１日平均どの館も３１９人以上の入場者があった。納税額は合計１６５円余り。新聞はこれをもとに、４館の年間合計入場者数を54万人、納税額を約１万円と算出している（９年６月11日「活動写真を観る人、市内４常設館で年54万、この観覧税が約一万円」鹿児島新聞）。『鹿児島県統計書』に映画入場者数が載せられるのは大正11年以降だが、その年の入場者は53万余りで、先の算出はおおむね妥当である。

ムービーパレス　図表26は大正13年に東千石町側から写した写真である。橋口榮生堂とある付近が現在のタカプラの正面玄関付近である。高島屋百貨店のビルは昭和11年にできている。手前を電車が高見馬場の方へ走っている。奥に並んでいる円形の飾りの洋館が映画館である。新しい映画館はムービーパレ

図表25　「大正９年６月１日～６日　鹿児島市の映画観覧者数」

館　名	観覧者数（名）	一日平均観覧者数	観覧現金額	備　考
喜楽館	3008	501	54円26銭	
世界館	2376	396	42円39銭	
太陽館	1597	319	29円54銭	５日間
帝国館	2087	347	38円89銭	
合計	9068	391	165円 8銭	
１ケ月計	45330		825円30銭	推　計
１ケ年間	543960		9903円60銭	推　計

図表26　「鹿児島の六区と電車通り」（大正13年10月　鹿児島新聞）

ス（映画宮殿）といわれるほど豪華に見えた。映画館の前には映画の絵看板や、俳優の名前を記した幟（のぼり）が立ち、人が群がっている。

この写真は「移り行く巷の光」いう連載記事に載っているものだが、「今は南九州の大都として人口十二万余、目まぐるしいばかりに、はげしい変転の渦をまき文明、繁栄を象徴する光の巷は時の流れに伴われて動いた」と記しているが、街に街灯、ネオン、商店の照明が増え鹿児島市の街に光が満ち始める時代であった（13年10月13日「移り行く巷の光①鹿児島の六区」鹿児島新聞）。こうした時代の鹿児島の六区に人々は「モダン」を感じたのであろう。

1920年代は、現在私たちがごく当たり前に生活している現代都市の設備や環境がつくられ、それを使うライフスタイルが生まれた時代であった。

演芸から映画へ

興行資料について　本県の統計書は、明治12年の『鹿児島県治一覧概表』に始まり、翌年から同25年まで『勧業年報』となる。次いで明治26年からは昭和14年まで『鹿児島県統計書』が発行されている。昭和15年から昭和22年までは刊行されず、戦後の23年12月と28年３月に『鹿児島県統計年鑑』が発行され、35年以降は毎年発行されている。戦前の統計書は県立図書館等にも保存されていない年度があり、図表28などで空欄になっているのは資料が得られなかった年度である。

興行関係の資料が掲載され始めるのは明治26年からで、図表27は明治26、27年の「諸興行」に関する資料である。両年の興行種目は11種または16種に分けられ、古い時代の鹿児島で盛んであった興行種目が分かる。はじめは奉納、営業、其他に分けられているが、明治28、29年になると奉納の項はなくなり、営業と非営業に分けられ、明治30年以降は営業だけになっている。

戦前は、興行は警察の取り締りの対象として「警察」の項に入っている。統計区域に

第二四三　諸興行　二十六年

種目	奉納 度數	奉納 日數	營業 度數	營業 日數	其他 度數	其他 日數
演劇	三三	七〇	三〇七	一、〇五三	二〇	三八
相撲	二六八	二六九	一〇	二七	一二五	一三一
淨瑠理	—	—	—	—	二	二
新內節	—	—	—	—	四三	四三
軍談祭文	—	—	九四九	一、二九七	一	一
諸踊	六五九	六五三	四八七	六三〇	一五三	一六三
諸見世物	—	—	四九五	一、五三八	二〇	三九
競馬	一	一	七	一九	六	六
馬寄	—	—	—	—	一七	一七
歌舞音曲	六	六	—	—	九	九
擊劍	一	一	三六	七九	—	—
總計	九七〇	一、〇〇〇	二、二九一	四、六三〇	四六七	四四八

第二四五　諸興行　廿七年

種目	奉納 度數	奉納 日數	營業 度數	營業 日數	其他 度數	其他 日數
相撲	二七五	二七五	五	一八	九二	九五
演劇	—	—	二五四	一、二四七	九	二九
輕業	—	—	一〇五	三八九	四	六
軍談祭文	—	—	一五四	一、三五七	一〇	二三
覗目鏡	—	—	一一九	二五三	三三	五三
觀セ物	二	二	一八〇	三七六	二七	三二
淨瑠理	—	—	二	八	二	二
講談	—	—	一	三〇	—	—
新內	—	—	一	三〇	六	一七
諸踊及俄	三四八	三三一	二四	一五二	六一	六三
手品	—	—	二一	三九	三	三
幻燈	—	—	八一	一五七	一八	二八
歌舞音曲	二	二	六	一七	四	六
馬寄	一二	一二	—	—	一九	一九
競馬	—	—	二二	五五	八	六
烟火	五	七	—	—	一	一
合計	六四四	六二九	九七五	四、一二八	二九七	三八五

図表27　『明治26、27年の諸興行』
（『鹿児島県統計書』）

ついてみると、明治26、27年の資料は県全体だけである。同28年から36年までは警察署ごと、同37年からは市郡別になっている。なお、当時の鹿児島警察署の所轄区域は鹿児島市と、谷山を除く同市周辺の鹿児島郡であった。（鹿児島警察部『鹿児島警察誌』p57　昭和6年12月発行）。

『鹿児島県統計書』が保存されていない年度については『鹿児島県警察統計書』を利用した年度もある。どちらも不明の年度は空欄になっている。しかし、県全体については、例えば大正10年は両統計書ともないが、翌11年の合計欄に数年分さかのぼって記録されているのでそれを用いた年度もある。

興行の流行の実態を、よりはっきりつかめるのは入場者数と考えるが、統計書には、明治26年から昭和14年までの期間を通して記録されているのは興行日数だけであるので、興行日数で次の資料を作成した。**図表28**、29は鹿児島市郡、**図表30**、31は鹿児島県である。また、大正10年（あるいは11年か）の統計書から興行の分類が変更されているので、前後を二つの図表に分けた。

大正11年以降の統計書には入場者数が記載されているので、**図表32**に鹿児島市、**図表33**に鹿児島県の興行場入場者数を示した。

大正11年以降は興行区分は劇場、寄席、活動写真の三つの区分になっているので、これ以前の興行区分もこれに合わせた。明治29年～大正9年までは、演劇のほか、角觝（すもう）・軍談・講釈・祭文、軽業、浄瑠璃・新内、幻燈、その他に項分けしてある。このうち演劇、角觝（すもう）を除き、残りを「寄席・その他」とし、大正11年以降の寄席と同じとみなした。その他は明治26年から28年の区分などを参考にして、寄席芸とあまり変わらない芸能が多いと考えた。

4　演芸から映画へ（大正９～11年）

図表28「明治28～大正９年　鹿児島市郡の諸興行日数」

年	地域	演劇	寄席芸その他						活動写真	合計
			軽業	軍談祭文講談	浄瑠璃新内	幻燈	その他	合計		
明治28	鹿児島警察署 谷山警察署	96	11	615	40	14	30	710	—	806
		11.9						88.1		
29	鹿児島警察署 谷山警察署	274	—	508	29	2	169	708	—	982
		27.9						72.1		
30	鹿児島（市郡）	247	56	549	73	75	59	812	—	1,059
		23.3						76.7		
31	（欠）									
32	鹿児島警察署 谷山分署	480	34	410	0	29	514	987	—	1,467
		32.7						67.3		
33	（欠）									
34	（欠）									
35	鹿児島警察署 谷山分署	408	2	822	0	16	598	1,438	—	1,846
		22.1						77.9		
36	鹿児島警察署 谷山分署	338	0	532	159	76	410	1,177	—	1,515
		22.3						77.7		
37	鹿児島市 鹿児島郡	240	25	195	45	6	764	1,035	—	1,275
		18.8						81.2		
38	鹿児島市 鹿児島郡	260	0	307	0	32	229	568	—	828
		31.4						68.6		
39	鹿児島市 鹿児島郡	201	0	453	0	—	323	776	65	1,042
		19.3						74.5	6.2	
40	鹿児島市 鹿児島郡	330	0	643	0	—	184	827	114	1,271
		26.0						65.1	8.9	
41	鹿児島市 鹿児島郡	236	0	589	0	—	344	933	82	1,251
		18.9						74.6	6.5	
42	鹿児島市 鹿児島郡	302	0	353	0	—	553	906	124	1,332
		22.7						68.0	9.3	
43	鹿児島市 鹿児島郡	122	0	9	0	—	765	774	86	982
		12.4						78.8	8.8	
44	鹿児島市 鹿児島郡	786	0	399	0	—	459	858	426	2,070
		38.0						41.4	20.6	
明治45 大正１	鹿児島市 鹿児島郡	828	6	48	0	—	984	1,038	435	2,301
		36.0						45.1	18.9	
2	鹿児島市 鹿児島郡	710	0	10	0	—	886	896	729	2,335
		30.4						38.4	31.2	
3	鹿児島市 鹿児島郡	253	0	472	—	—	178	650	512	1,415
		17.9						45.9	36.2	
4	鹿児島市 鹿児島郡	431	5	229	—	—	157	391	290	1,112
		38.8						35.2	26.0	
5	（欠）									
6	（欠）									
7	鹿児島警察署 谷山分署 （警察統計書）	196	0	215	—	—	137	352	1,172	1,720
		11.4						20.5	68.1	
8	鹿児島警察署 谷山分署 （警察統計書）	52	0	82	—	—	278	360	1,145	1,557
		3.3						23.1	73.6	
9	鹿児島警察署 谷山分署	95	0	0	—	—	974	974	1,334	2,403
		4.0						40.5	55.5	

（各年度の下段は％。以下同じ）

図表29 「大正10〜昭和14年　鹿児島市郡の諸興行日数」

年	地域	劇場	寄席	活動写真	合計	出　典
大正10	（欠）					
11	鹿児島市 鹿児島郡	199	185	2,259	2,643	県統計書
		7.5	7.0	85.5		
12	鹿児島警察署 谷山分署	174	164	1,777	2,115	県警察統計書
		8.2	7.8	84.0		
13	鹿児島警察署 谷山分署	135	87	1,808	2,030	県警察統計書
		6.6	4.3	89.1		
14	鹿児島警察署 谷山分署	495	102	1,464	2,061	県警察統計書
		24.0	4.9	71.0		
昭和元	鹿児島市 鹿児島郡	643	60	1,278	1,981	県統計書
		32.5	3.0	64.5		
2	鹿児島警察署 谷山警察署	516	95	1,763	2,374	県警察統計書
		21.7	4.0	74.3		
3	（欠）					
4	鹿児島市 鹿児島郡	572	102	2,761	3,435	県統計書
		16.7	3.0	80.3		
5	鹿児島市 鹿児島郡	260	165	2,986	3,411	県統計書
		7.6	4.8	87.5		
6	鹿児島市 鹿児島郡	262	193	3,162	3,617	県統計書
		7.2	5.3	87.5		
7	鹿児島市 鹿児島郡	259	221	3,068	3,548	県統計書
		7.3	6.2	86.5		
8	鹿児島市 鹿児島郡	281	198	3,233	3,712	県統計書
		7.6	5.3	87.1		
9	鹿児島市 鹿児島郡	257	187	3,272	3,716	県統計書
		6.9	5.0	88.1		
10	鹿児島市 鹿児島郡	281	183	3,210	3,674	県統計書
		7.6	5.0	87.4		
11	鹿児島市 鹿児島郡	286	195	3,718	4,199	県統計書
		6.8	4.7	88.5		
12	鹿児島市 鹿児島郡	275	202	3,957	4,434	県統計書
		6.2	4.6	89.2		
13	鹿児島市 鹿児島郡	275	196	4,101	4,572	県統計書
		6.0	4.3	89.7		
14	鹿児島市 鹿児島郡	971	886	4,547	6,404	県統計書
		15.2	13.8	71.0		
15	昭和15年より22年まで統計書なし					

図表30 「明治26～大正９年　鹿児島県諸興行日数」

年	演劇	寄席芸その他						活動写真	合計
		軽業	軍談講釈祭文	浄瑠璃・新内	幻灯	その他	合計		
明治26	1,095	－	1,297	0	－	－	1,297	－	2392
	45.8						54.2		
27	1,247	389	1,387	38	157	－	1,971	－	3218
	38.8						61.2		
28	1,046	307	894	49	59	－	1,309	－	2355
	44.4						55.6		
29	930	92	795	42	41	361	1331	－	2261
	41.1						58.9		
30	969	86	923	788	121	489	2,407	－	3376
	28.7						71.3		
31	（欠）							－	
32	1,162	97	797	16	64	1,053	2027	－	3189
	36.4						63.6		
33	（欠）								
34	（欠）								
35	1,242	56	1,106	－	43	921	2,126	－	3368
	36.9						63.1		
36	1,274	78	679	180	91	901	1929	－	3203
	39.8						60.2		
37	788	54	320	45	83	1,434	1936	－	2724
	28.9						71.1		
38	852	36	369	0	72	762	1239	－	2091
	40.7						59.3		
39	815	0	597	0	－	713	1,310	159	2284
	35.7						57.3	7.0	
40	1,026	7	801	17	－	386	1,211	222	2459
	41.8						49.2	9.0	
41	1,144	85	731	13	－	860	1,689	194	3027
	37.8						55.8	6.4	
42	1,277	77	431	1	－	1,156	1,665	246	3188
	40.1						52.2	7.7	
43	777	17	32	0	－	1,120	1,169	131	2077
	37.4						56.3	6.3	
44	2,177	18	481	0	－	1,322	1,821	591	4589
	47.4						39.7	12.9	
45	2,143	41	346	0	－	1,765	2,152	662	4957
	43.2						43.4	13.4	
大正元	2,143	2	346	0	－	1,765	2,113	662	4918
	43.6						43.0	13.4	
2	2,182	0	245	0	－	2,303	2,548	937	5667
	38.5						45.0	15.5	
3	1,930	5	767	－	－	998	1,770	965	7665
	25.2						23.1	12.7	
4	1,505	14	325	－	－	1,253	1,592	471	3568
	42.2						44.6	13.2	
5	1,842	29	742	－	－	689	1,460	1,011	4313
	42.7						33.9	23.4	
6	1,814	7	878	－	－	898	1,783	1,575	5172
	35.1						34.5	30.4	
7	2,163	7	550	－	－	311	868	1,840	4871
	27.4						17.8	37.8	
8	2,552	31	526	－	－	454	1,027	1,780	5359
	47.6						19.2	33.2	
9	2,999	12	424	－	－	1,115	1,551	2,666	7216
	41.6						21.5	36.9	
10	（欠）								

図表31　「大正10～昭和14年　鹿児島県興行日数」

年月日	劇場	寄席	活動写真	合計	出典
大正10	4,181	411	3,725	8317	県統計書
	50.3	4.9	44.8		（大正11年より）
11	2,809	505	4,425	7,739	県統計書
	36.9	6.5	57.1		
12	2,680	613	4,060	7,353	県警察統計書
	36.5	8.3	55.2		
13	2,384	585	3,983	6,952	県警察統計書
	34.3	8.4	57.3		
14	3,429	567	4,453	8,449	県警察統計書
	40.6	6.7	52.7		
昭和元	3,289	844	4,398	8,531	県統計書
	38.6	9.9	51.5		
2	2,786	882	5,042	8,710	県警察統計書
	32.0	10.1	57.9		
3	2707	808	7638	11,153	県統計書
	24.3	7.2	68.5		
4	2,454	577	7,220	10,251	県統計書
	23.9	5.6	70.5		
5	1,966	699	7,711	10,376	県統計書
	18.9	6.8	74.3		
6	2,441	566	7,453	10,460	県統計書
	23.3	5.4	71.3		
7	2,117	492	8,458	11,067	県統計書
	19.1	4.5	76.4		
8	2,208	465	8,698	11,371	県統計書
	19.4	4.1	76.5		
9	1,424	673	9,336	11,433	県統計書
	12.5	5.9	81.6		
10	1,381	602	10,631	12,614	県統計書
	10.9	4.8	84.3		
11	1,354	775	10,400	12,529	県統計書
	10.8	6.2	83.0		
12	1,502	714	10,807	13,023	県統計書
	11.5	5.5	83.0		
13	1,479	775	11,205	13,459	県統計書
	11.0	5.8	83.2		
14	958	679	10,252	11,889	県統計書
	8.1	5.7	86.2		
15	昭和15年より22年まで統計書なし				

4　演芸から映画へ（大正９～11年）

図表32　「大正10～昭和14年　鹿児島市興行場入場者数」

年	地域	劇場	寄席	活動写真	合計	出　典
大正10	（欠）					
11	鹿児島市・郡	93,594	8,505	533,801	635,900	県統計書
		14.7	1.3	84.0		
12	鹿児島警察署 谷山分署	92,990	3,132	509,168	605,290	県警察統計書
		15.4	0.5	84.1		
13	鹿児島警察署 谷山分署	33,245	73,308	419,283	525,836	県警察統計書
		6.3	14.0	79.7		
14	鹿児島警察署 谷山分署	186,353	86,806	421,267	694,426	県警察統計書
		26.8	12.5	60.7		
昭和元	鹿児島市・郡	201,440	12,022	376,308	589,770	県統計書
		34.2	2.0	63.8		
2	鹿児島警察署 谷山分署	175,463	23,578	439,127	638,168	県警察統計書
		31.5	3.7	68.8		
3	（欠）					
4	鹿児島市・郡	178,083	53,271	775,142	1,006,496	県統計書
		17.7	5.3	77.0		
5	鹿児島市・郡	96,368	57,797	1,151,854	1,306,019	県統計書
		7.4	4.4	88.2		
6	鹿児島市・郡	98,412	59,494	1,161,299	1,319,205	県統計書
		7.5	4.5	88.0		
7	鹿児島市・郡	105,967	63,534	1,176,892	1,346,393	県統計書
		7.9	4.7	87.4		
8	鹿児島市・郡	102,212	59,382	1,592,723	1,754,317	県統計書
		5.8	3.4	90.8		
9	鹿児島市・郡	101,132	58,763	1,676,987	1,836,882	県統計書
		5.5	3.2	91.3		
10	鹿児島市・郡	102,300	58,923	2,816,152	2,977,375	県統計書
		3.4	2.0	94.6		
11	鹿児島市・郡	107,414	63,877	3,010,504	3,181,795	県統計書
		3.8	2.0	94.6		
12	鹿児島市・郡	117,645	29,880	3,134,690	3,282,215	県統計書
		3.6	0.9	95.5		
13	鹿児島市・郡	113,189	29,662	3,076,341	3,219,192	県統計書
		3.5	0.9	95.6		
14	鹿児島市・郡	4,216	59,875	1,589,170	1,653,261	県統計書
		0.3	3.6	96.1		
15	昭和15年より22年まで鹿児島県統計書なし					

図表33 「大正10～昭和14年　鹿児島県興行場入場者数」

年	劇場	寄席	活動写真	合計	出　典
大正10	624,861	92,523	905,791	1,623,175	県統計書
	38.5	5.7	55.8		（大正11年より）
11	442,350	65,159	968,325	1,475,834	県統計書
	30.0	4.4	65.6		
12	608,042	75,248	1,062,301	1,745,591	県警察統計書
	34.8	4.3	69.9		
13	493,205	166,773	983,598	1,643,576	県警察統計書
	30.0	10.2	59.8		
14	944,843	171,948	2,403,080	3,519,871	県警察統計書
	26.8	4.9	68.3		
昭和元	769,514	138,597	1,211,583	2,119,694	県統計書
	36.3	6.5	57.2		
2	571,463	426,451	1,606,317	2,604,231	県警察統計書
	21.9	16.4	61.7		
3	585,081	170,389	1,496,734	2,252,204	県統計書
	26.0	7.6	66.4		
4	538,921	152,207	5,398,402	6,089,530	県統計書
	8.8	2.5	88.7		
5	356,071	143,564	2,378,058	2,877,693	県統計書
	12.4	5.0	82.6		
6	426,295	122,758	2,367,734	2,916,787	県統計書
	14.6	4.2	81.2		
7	449,457	120,511	2,559,001	3,128,969	県統計書
	14.4	3.8	81.8		
8	436,862	105,043	2,783,478	3,325,383	県統計書
	13.1	3.2	83.7		
9	422,749	233,334	3,549,945	4,206,028	県統計書
	10.0	5.5	84.5		
10	326,786	184,203	4,075,207	4,586,196	県統計書
	7.1	4.0	88.9		
11	504,204	300,261	4,571,622	5,376,087	県統計書
	9.4	5.6	85.0		
12	381,048	170,502	4,726,762	5,278,312	県統計書
	7.2	3.2	89.6		
13	374,451	175,571	4,612,525	5,162,547	県統計書
	7.3	3.4	89.3		
14	282,521	136,678	2,754,455	3,173,654	県統計書
	8.9	4.3	86.8		
15	昭和15年より22年まで統計書なし				

大正初期の興行物　大正2年ごろの興行の区分がどのように行われていたか、その一端を推測できる記事がある。警察は興行物を取り締まり上「歌舞伎、芝居及び新派劇を演劇とし、その他の角力、奇術、浪花節身振り芝居、浪花節、軍談、活動写真、見世物興行、手踊り剣舞、仁輪加、覗眼鏡などを寄席芸としている。興行場を劇場と寄席の二つに区分して、興行種別、度数、日数に統計を立ててある。上は歌舞伎、新派芝居から下は『いらっしゃい、いらっしゃい』の見世物興行にいたるまで、いちいち警察の許可を得なければ興行することはできぬことになっている」と記している。

浪花節身振り芝居は浪花節の節に合わせて演ずる演劇で節劇ともいった。大正期に全国で流行した。また、このころの遊技場の区分と、流行の傾向について次のように記している。「遊技場は、昨年は前年度に比し減少した傾向がある。遊技場の区別としては先ず室内射的、空気銃、大弓、半弓、楊弓、球戯、投扇競、吹矢、釣魚、玉突き、輪投げ、弩弓（どきゅう）、小銃射的などに区別してあるが、今日、市内に現存せる物は空気銃七ヶ所、揚弓二ヶ所、弩弓一ヶ所、吹矢一ヶ所。釣魚も一ヶ所あったが昨年に廃業した。玉突き七ヶ所が昨年六ヶ所に減じた。輪投げは二ヶ所ある」（3年2月28日「大正二年の統計上から見た鹿児島市。興行と遊技場」鹿児島新聞）。

弓の遊戯が多いが、楊弓（ようきゅう）場は小さな弓を用いて的に当てる遊びで、美女を店頭に立たせ客を呼んでいた。投扇競は投扇興（とうせんきょう）だろう。台の上に銀杏形の的を立て、1メートルほど離れた所にすわり、開いた扇を投げ、落ちた的と扇の落ちた形を採点して優劣を競う遊びという。浅草伝法院では昭和50年代末に復活し、今でも催しが開かれているという（平成24年6月22日夜、NHKBS「新日本紀行」）。明治ごろまでは鹿児島でも行われていたようだ。鹿児島では古い遊技が大正に入るころから次第に消えていった。

寄席、劇場の衰微　図表34は大正初期の鹿児島市の興行場一覧である。稲荷座は花街大門口にあり鹿児島で最も古い劇場であるが、大正2年に老朽化や鹿児島座の開館で観客をとられ廃業した。常盤座は大正3年ごろに閉館する。明治座は明治36年10月に、伊勢殿屋敷の中央部、今のセピア通りの中ほどにあった旭座を、鹿児島に馴染みであった秋津千尋という壮士芝居の役者が借り受け明治座と改め、壮士芝居の常設劇場としたものである。当時は相当人気の劇場であったが、大正に入ると千日町天文館の映画街に押され、寂れる一方であった。明治座は大正5年に廃業する。解体されて、加治木町湊町に移築され（5年7月20日「明治座移転」鹿児島新聞）、同年11月に加治木座として開館している。加治木劇場は戦後も映画などを興行していたが、残念ながら昭和33年7月に火災で焼失した（「加治木郷土誌」p280　昭和41年3月発行）。

恵美須座は旧恵美須町行屋通りにあり、上町最後の寄席であったが大正5年6月に廃業した。

図表34　「大正期　鹿児島市の寄席・劇場」

館　名	期　　間	比　定　地	備　　考
稲荷座（劇場）	明治15年頃～ 大正２年	南林寺町（料亭ひら付近か）	座主は青柳楼の経営者青柳仲三
明治座（劇場）	明治36年10月～大正５年	東千石町（旧伊勢屋敷）セピア通り中程	新派俳優秋津千尋が旭座を借受け、新派劇常設館明治座に改称。加治木町へ移転
中　座（劇場）	明治40年２月～昭和16年10月	東千石町（旧新城屋敷）旧第一劇場付近	高千穂座を改称。入場定員は1,200。昭和16年10月焼失
常盤座（寄席）	明治43年以前～大正３年頃	旧山之口町	大正元年11月23日、改築し劇場へ
恵美須座（寄席）	明治43年以前～大正５年６月	上町　旧恵美須町行屋通	旭席の後身か
鹿児島座（劇場）	大正２年～大正８年１月	千日町　森永娯楽センター付近	株式会社（資本金10万円）。当時九州を代表する劇場。定員1,250名。大正８年１月焼失
西田座（寄席）	大正２年１月～大正６年末	西田本通り　土橋病院前付近	大正元年12月末新築落成。大正６年11月国分本町へ移転、同地区の倶楽部となる
南　座（劇場）	大正14年正月～昭和20年	南林寺町大門口　松原小学校東端角付近か	中座と対抗。空襲で焼失。

西田座は大正元年12月末に西田通り（土橋クリニック前付近）に落成した。新・旧派劇、節劇、浪花節、映画などを興行し、川外地域の人々には身近な劇場であった。しかし、大正６年11月に国分本町の有志に買い受けられ倶楽部（国分座）となった（６年10月14日「西田座は国分へ」鹿児島新聞）。

当時、歌舞伎や新劇を上演できる劇場は鹿児島座と中座だけで、他は劇場と呼ばれることもあったが実態は寄席であった。大正６年末には寄席は西田座を最後に鹿児島市から姿を消した。

鹿児島座は同８年１月に焼失したが、同14年正月に大門口に南座が落成する。中座は昭和16年10月に焼失して、劇場は南座だけとなったが、これも昭和20年の空襲で焼失した。

映画と演劇の交代　先の「鹿児島県統計書」の資料により、映画を中心に本県の興行の変遷を見てみたい。県都である鹿児島市と県全体では変遷にずれがある。

図表28は先に述べたように、明治28年〜大正９年の鹿児島市郡の興行日数である。鹿児島市の幻灯の統計が県統計書に記載されるのは明治27年から38年まで、39年からは活動写真の資料が記載され、全興行中６・２％を占めている。

43年までは「寄席・その他」の興行が圧倒的に多いが、44年から大正４年ごろまでは映画を加えた３部門の差はさほど大きくない。映画は明治43年までは10％以下で、44年に急に20％を超える。これは常設館世界館の開設によるもの。大正４年までは40％以下で、肝心の５、６年の統計が無いが、映画人口は両年度に急増し、大正７年にはいきなり映画が68・１％となり、第１位の興行物となっている。同年以降は常に映画が首位を占め、同年から９年は55％から73％の間を、図表29のように11年から昭和２年には64%から80%台の間を変動し、昭和4年から14年は常に80%以上を占めている。このように大正6、7年に他の全ての興行を圧して映画の時代に突入した。その要因については先に述べてきた。

鹿児島市の演劇と寄席・その他の関係を見ると、明治28年から大正9年まで寄席・その他がずっと上回っている。大正4年に演劇が少し多いのは松井須磨子らの鹿児島座興行によるものであろうか。同11年から昭和14年までは演劇が差は少ないが常に上回っている。大正10年の資料が欠けているが、同11年ごろから寄席・その他の衰退が著しく、映画の影響が演劇より寄席・その他の興行に対して大きかったようだ。

図表30は明治26年～大正9年の鹿児島県諸興行日数で県全体の興行の変遷を示したもので、明治43年まで寄席・その他の割合が50%以上を占め、最も一般的な興行であった。明治44年から大正4年の間は、演劇と寄席・その他が年毎に入れ替わっている。

大正5年から9年までは演劇が首位を占めるが、図表31のように11年になって初めて映画が57・1%となり、最も盛んな興行となった。昭和2年まで50%台、3年は68・5%だが、それ以降から8年までは70%台、14年までは80%台となっている。鹿児島市に5、6年遅れたが、大正11年以降、映画は県内各地でも圧倒的な娯楽となってゆく。

東京では「一九〇九(明治四二)年には、映画と演劇の興行での交代は決定的」となった(千葉伸夫『映像史』p48)。鹿児島市では大正6、7年、県全体は同11年に、映画と演劇・寄席芸の興行での交代が行われ映画の時代へと移行した。映画館は伝統的な芸能を興行する寄席や劇場を衰退させていった。

5　無声映画の全盛期

無声映画全盛期の映画界

柿本寺停留所に映画館　大正13年3月、伊敷線が分岐する柿本寺（現在の加治屋町）停留所前に「活動写真常設館建設場」という板囲いが出現した。元県会議員が発起人となって計画された株式会社「大麑館」の建設予定地であった。鹿児島市の中心市街町から外れたこの地を選んだのは「新照院、西田、加治屋、高麗町、荒田、武町方面の客足をここで食い止め、今後ますます発展せんとする当方面の門戸にする」という狙いであったという（大正13年3月14日「柿本寺停留所付近に活動写真館。ファンを彼処で食い止める計画」鹿児島新聞）。

柿本寺停留所は、武や伊敷方面の電鉄沿線を拡張する結節点であった。興行地の天文館集中から踏み出す企図であったが、どのような経緯があったのか活動写真館の建設は実現しなかった。

麑城優秀映画投票　大正12年ごろから昭和4、5年ごろのトーキー勃興期までの間は、無声映画の黄金時代といわれる。関東大震災後の文化の変化や大正デモクラシーの高まりの中で、京都を中心に映画は革新期から成長期へと入り、優れた作品が生れた。

同13年暮れ、鹿児島新聞は「麑城キネマファンの映画観賞眼は日を追って進みつつある」として麑城優秀映画投票という企画を行い、市民の話題になる（13年12月2日「本年の優秀映画は何となにでしたか。興味ある読者の懸賞投票計画」鹿児島新聞）。映画ファンを納得させる優秀な作品が供給されるようになり、鹿児島でも作品の出来映えを鑑賞する人々が多くなった。本県でも無声映画の絶頂期と思われる時期であった。

図表35は麑城優秀映画投票の結果の一覧である。13年は外国映画と日本映画の2部門であるが、14年から日本映画を現代劇と時代劇に分け3部門にしている。キネマ旬報ベストテンが開始されたのも同年からで、新聞の企画もこれにヒントを得たものであろうか。アカデミー賞の創設より3年早いという（田山力也『映画小事典』p34　ダヴィッド社）。キネマ旬報ベストテンでは同年は洋画だけが選出され、15年から日本映画も対象になっている。投票結果は、外国映画についてはキネマ旬報ベストテンとほぼ一致し、日本映画については鹿児島らしい評価になっているのではないか。

トラストの結成　11年の暮れ、突然喜楽館の買収の記事が出て市民を驚かせる。これがトラスト結成の発端であった。買収したのは帝国館の経営者の末弘虎治郎、中尾平吉であった。喜楽

図表35「大正13年～昭和３年　鹿児島市上映優秀映画投票」

年	部門	1位	2位	3位
大正13年	外国映画	オーバーザヒル	ノートルダムのせむし男	ダニエルブーン
	日本映画	カルメン	実録忠臣蔵	籠の鳥
14年	外国映画	冬来たりなば	シラノ・ド・ベルジュラック	幌馬車
	日本映画	大地は微笑む	夫婦船頭	嘆きの孔雀
	日本時代劇	荒木又右衛門	月形半平太	鬼鹿毛
15年	外国映画	ダグラスの海賊	海の野獣	オペラの怪人
	日本時代劇	忠臣蔵	水戸黄門	蜘蛛
	日本現代劇	カラーボタン	日輪	お坊ちゃん
昭和２年	外国映画	曲芸団	ドンファン	戦艦くろがね号
	日本時代劇	尊皇攘夷	忠臣蔵	王政復古
	日本現代劇	慈悲心鳥	受難華	久遠の造
３年	外国映画	つばき	ベン・ハー	サンライズ
	日本時代劇	維新の京洛	大岡政談	木村長門守
	日本現代劇	結婚二重奏	地球は廻る	空の彼方へ

館は元日興行から帝国館の分館として、館名を変えず「相変わらず松之助が主演とする日活もの」を上映している（11年12月31日「喜楽館の買収、帝国館で経営」鹿児島新聞）。翌12年は不景気で、鹿児島のキネマ界は「市内４カ所の活動写真館は相変わらず競争を続けているが、不景気のため客足がめっきり減り、このままでゆけば４カ所は無理だろう」といった状況であった。世界館では「弁士十数名を変装させ町廻りをなし、一般市民に主任弁士春山暁天を識別」させる二番煎じの催しを行ったりして観客寄せに努力しているが、いっこうに観客は増えなかった（12年２月28日「グッと客足の減った四つの活動写真館。世界館では人気取りの弁士探し」鹿児島新聞）。世界館は12年７月に休館し、「天神馬場一帯を淋しく」していたが、翌年４月に再開される。当時、世界館は白川博徳と佐々木ハルが経営していた。

14年１月に鹿児島のキネマ界を揺るがす事件がおきた。「麑城のキネマ界は暗々裏に活動写真そのもののごとき大乱闘」と新聞は書いている。まず、帝国館の中尾と喜楽館の末広が太陽館の問覺と握手し、密かに世界館の買収に取りかかっていたらしく、世界館主の白川は３人の術中に落ちて易々と金２万円也で世界館の建物、映画会社の特約権利まで一切を手放してしまった。麑城キネマ界の全ての興行権が３人に握られた。４月には鹿児島共営キネマ株式会社が設立されることになった。世界館を手放した白川はそんな計画があることはつゆ知らず、売買の契約後にこれを知って大変悔やんだという（14年１月13日「背負い投げ喰った、世界館孤守の白川君、買収されてキネマ会社計画」鹿児島新聞）。

世界館が帝国館に買収され、市内映画館のトラストが成立した。経営権を一手に握り経営の安定を図ろうとするものであった。14年２月に４館は、問覺義雄が共営館主となって鹿児島共営キネマ株式会社を資本金50万円で創立し、各館の経営はすべて問覺によって行われることになった。営業方針を一変し、新派（現代劇）を帝国館に、旧派（時代劇）を太陽館で上映することにした。世界館は支配人その他を変更し、学生館と命名して専ら教育映画だけを上映することにした。喜楽館については、記事は触れていないが、マキノ・東亜封切館となっている。学生館は県社会課では興味をもって迎えられ「学生連絡会の協議によって活動写真見物が禁止されていた学生のため大いに祝福すべきことだ」と言っている（14年2月6日「世界館を廃し、新たに学生館、麑城キネマ王になった問覺君」鹿児島新聞）。世界館は同年4月から教育映画公開所・世界館として5月まで3回ほど興行するが、入場者が少なかったのか同月の末には休館となっている。

共営シネマの偽装解散　同年暮れになると、「麑城共営キネマが分列して、帝国、喜楽、太陽、世界の四館が各々陣容を整え来るべき新春興行より火花を散らす」と共営シネマの解散が報道される（14年12月24日「共営破れて新春より火花、東亜駆逐されて松竹来たり。マキノ世界館に現る」鹿児島新聞）。しかし、これは映画ファンの不評に対する偽装解散であった。

実は「四活動常設館が共営キネマとなってからは大分評判が悪く、欠損も相応にあったので、表面は解散したようにして精算してみたが、欠損が何時はつるとも思われないので、遂に銘々出しあって、解決をつけ」トラストは崩壊し、帝国、喜楽、太陽の3館がそれぞれ独立することになった。帝国館は中尾・末弘、喜楽館は田中、太陽館は問覚の経営となった。市内の映画館入場者数は87頁の図表32の通り、大正11年の入場者数は53万3千人で、以下、12年50万9千人、13年41万9千人、14年42万1千人、昭和元年37万６千人と急激に減少している。特に13年は前年に比べ９万人の減少となっている。再び50万を超すのは昭和３年か４年である。強引な映画館トラストの結成の背景には、こうした急激な観客の減少があったようだ。トラスト崩壊後の配給は帝国館が日活、マキノ、フォ社、喜楽館は松竹、東亜、フォ社、太陽館は帝キネマ、ユ社という契約になった（15年５月19日「キネマ三館、競映戦始る。忠臣蔵は来週から上映。世界館またも休館」鹿児島新聞）。

帝国館の焼失　帝国館が15年８月に全焼する。24日午後３時過ぎ突然発火。約40〜50人の入場者があったが、すぐ非常口を開放して避難させた。周囲の天文館市場、喜楽館、太陽館、千日市場などへの延焼が心配されたが、５時に建物の外郭だけを残して鎮火した。出火の原因は映写室でフィルムに引火したものらしく、損害は「建物の外、フイルム七十巻、ピアノなどを合せて五万円」（15年８月25日「帝国館全焼。消火中数名の軽傷者。入場者は無事」鹿児島新聞）。

休館中の世界館は帝国館の所有であったので、９月15日から帝国館仮営業所として開館する。帝国館は再建され昭和２年７月に開館する。映写機も２台新輸入品を購入し、観覧席の椅子なども新調して、定員は２千人近く、九州一のキネマ館といわれた（昭和２年７月５日「帝国館が開く。開館早々に両読者優待。六日昼は披露招待」鹿児島新聞）。

ところが、２カ月後の９月、また天文館市場からの出火で類焼する。帝国館の坪数は階上70坪、階下130坪で、損害は７万８千円、火災保険金は５万円であった（２年９月15日「天文館通りの大火。またもや帝国館もその災厄に遭う」鹿児島新聞）。再び世界館が仮営業所となる。昼夜兼行で復旧工事を急ぎ、同年11月

29日には開館する。復興が早かったのは建物が鉄筋コンクリートで、これが焼け残ったことが大きかったらしい。

昭和館の開館　太陽館が昭和2年5月に閉館し、9月には帝国館が再び焼けて、市内の映画館は喜楽館と世界館の2館だけとなっていた。同年10月に白川博徳が太陽館跡の権利を買収、改築して昭和館を開館した。ローヤル機2台を購入、解説は京阪花形弁士2人と、博多より数人の弁士を雇い入れた。奏楽は問覚楽長であった（2年10月4日「昭和館と名乗り、六日から開館。期待される第一回の大公開」鹿児島新聞）。その後、昭和館は佐々木ハルの経営になったが、昭和6年10月に、喜楽館跡に移転して興行することになる。

「ファンの便り」　13年中ごろから、鹿児島新聞に「趣味のキネマ欄」という映画についての読者の声を発表するコーナーが登場する。例えば、ファンからの弁士への批評に弁士は「23日のお客さんにお答えします。なるほど誌狂（弁士）は早口のところもあります。ですが、早口説明はわれわれ説明者仲間では、キザミといってかなりの熟練した部類なのです」などと説明している（大正13年8月29日「趣味のキネマ読者の声」鹿児島新聞）。

その後も同欄は断続的に続き、昭和に入ると「ファンの便り」となっている。「『ダグラスの海賊』を見に行って一番驚いたことは説明者の悪いことだ。反省せられよ。徒（いたずら）にアクセントをつけ、声を作るのが上手でもあるまい。私は外国映画に山本氏を迎えるということが偽りでないことを望みます」といったふうで（昭和2年8月11日「ファン便り」鹿児島新聞）、上映映画の要望、映画批評、映画館の従業員への注意、上映の本数を少なくし良い作品を上映してほしいといったものである。

山本氏というのは鹿児島出身の弁士山本陽逢である。初め帝国館にいたが、のち関西で名を得る。キネマ解説界の新興芸術派の新人として中央でも注目され、鹿児島の映画館にも出演し人気があった。説明のほか「映画講談」のレコード化も行っている（3年3月25日「麑城映画界最近の新人山本陽蓬君、30日から3日間中座出演」鹿児島新聞）。

上映本数の増加　大正末から昭和の初め、映画界は集客のため上映の本数をどの館も増やしていた。昭和に入るとファン便りでは上映巻数削減の意見が増える。「多くても十七、八巻が一番いいと思います。二五巻も、三十巻も一度に観るのは本当に無理です。貴館のみではありませんが、観客の頭をあまり見くびってはいけない。観る人はそう馬鹿ではありません。たまにしか観に来ない大衆を相手にするのもいいでしょうが、常に見に行く高級ファンもいるのですよ」というのもある（昭和2年8月10日「ファンだより」鹿児島新聞）。

図表36は2年11月の広告で、喜楽館が50巻、帝国館32巻、昭和館35巻以上を上映している。喜楽館はいつも上映巻数が多かった。

十一月廿九日より十二月五日まで
榮冠に榮冠を重ぬる名番組
大帝キネ半歳の苦心結晶今古未曾有凄惨特致怪異審名優明石緑郎、松枝鶴子、嵐命大車輪主演の大怪談劇
恐怖さ戦慄 お岩大明神 四谷怪談 前後篇 十五巻
パラマウント社本年度最大特作萬人の胸を打つ名作 求るべき肉体の道のヴイクター・フレミング監督
屍山大血河 戦争大悲曲 決死隊 十巻
東京朝日新聞連載小説・文壇新進木村毅氏原作より 新派の魂…市川松之助・明眸美女…八雲恵美子主演
革新時代劇 島原美少年録 十巻
松竹キネマ提供阪東妻三郎プロダクション超特作品
英百合子の怪奇探偵劇 美しき奇術師 十巻
名監督衣笠貞之助監督の新傾向小品時代映画の内
東海道五十三次双六第一篇 船（ふね） 五巻
喜樂館

新築落成 開館紀念大興行
廿九日より開館新築披露超特別大名画揃
室町榮次郎、徳川良子、尾上華丈共演
時代劇 馬鹿らしき人生 全六巻
新劇幹部…嵐長三郎・鈴木澄子・月形龍之助特別出演
合同顔合…杉狂児・東栄久栄・マキノ正博主演
潮やけ小やけ 全六巻
支那劇ありジャズあり喧嘩あり 怪物あり、芝居大殺陣あり 若く美しき我等の嵐長三郎大快演
マキノ独特大殺陣 時代劇
鬼あざみ 全七巻
老若男女を問わず現代人のみるべき映画 文壇の術城寺地寛氏原作溝口健二氏監督
日活超特作 現代大悲劇
慈悲心鳥 全十二巻
原光代、中野英治、夏川静江、岡田時彦主演
帝國館

[illegible]
[illegible]【王政復古】[illegible]大公開
文部省推薦映画・ファストナショナル会社大作品
名なる南北戦争に奴隷解放の大壮挙を完成なす
偉人か！神か！人見よ！
リンコルン 九巻
東亜キネマ会社特作石井白路氏原作石井氏三監督
愛闘 六巻
相馬大作 六巻
石段心中 七巻
快走恋を賭して 後篇
四谷怪談 七巻
昭和館

図表36　「喜楽館・帝国館・昭和館の映画広告」（昭和２年11月　鹿児島新聞）

次の投書は上映巻数についての意見を集約している。「それにしても、どの館もどの館も三十五巻ないし四十巻という大山盛りだ。あれだけ反対論が出て声を張り上げているのに一向に反省が見えないのはどうした理由だろう。洋劇、現代劇、時代劇の各一篇、三本立てでたくさんで、二十五巻ほどにして欲しい。良くない映画を立て続けに早い速度で回されて見せられるのは全くかなわない。良いものをほどよく盛ってお客に快味を与えるのがいいと思う。上映巻数の過多は単にこの点からいっても現代的ではあるまい。衛生上、経営上からいってこんな馬鹿げたことはあるまい。もし、三館が競争上の営業政策としてのことならば我々ファンの方で調停の労をとりたい。上映巻数の協定をやったらどうだろう」（3年6月2日「余り盛り多い映画」鹿児島新聞）。

映画興行の改善　昭和3年、こうした声が聞こえたのだろう。県保安課は「時代の趨勢に鑑み興行取締規則」を改正する。主な改正点は、開演中は喫煙を厳禁して喫煙室は別に設けること、興行時間は従来余りにも長過ぎたとして、活動は4時間、22巻（5千メートル）以内に制限した。物品販売人が開演中に売り歩くことも禁じた（3年6月10日「活動は四時間、弁士は免許制、来月から興行規則改正実施」鹿児島新聞）。また、弁士は技能の向上を計るために免許制とすることになり、7月10日に活動写真弁士試験が実施される（3年7月8日「本県庁で活動弁士試験。人格本意のメンタルテスト」鹿児島新聞）。

興行取締規則が改正された6月末の記事に「いよいよ問題の巻数制限が実施されるようになったので、市内キネマ三館ではヘビーをかけ、優秀第一の標語でファンを吸い付ける策を講じている。また、納涼施設をするところが目立った。映画と説明と楽団この三拍子がそろったキネマ館が求められ、競争激甚となった」とある（3年6月26日「競演激甚」鹿児島新聞）。そのせいか、この年の夏はしきりに「納涼設備、優秀映画、解説、音楽の具備したキネマ館」といった広告が見られる。

また、新聞刷込みの半額券でキネマファンを集める策は時代遅れとされ、階下の入場を10銭均一に値下げして客引きをするところも現れた。

鹿児島興行組合が6月に結成され、組合長白川伝徳、副組合長田中徳男、同政池喜代吉のほか、地方からも理事が多く選出されている（3年6月24日「興行組合、発会式、役員の選挙」鹿児島新聞）。

昭和3年は鹿児島キネマ界の「悪弊（あくへい）」を取り除く試みが行われた年で、「ファンの便り」など市民の意見も反映されたようである。

世界館の廃館　大正14年暮れの4社連盟で、東京でのけものになったマキノプロダクションが、突然、麑城キネマ界に現れ、南九州での旗揚げを休館していた世界館ですることになった（14年12月24日「共営破れて新春より火花、東亜駆逐されて松竹来たり。マキノ世界館に現る」鹿児島新聞）。世界館は、翌年の正月映画からマキノ・妻三郎封切館となった（15年1月3日「永らく休館中のところ今回マキノ及び妻三郎映画を掲げて賑々しく開館する」鹿児島新聞）。しかし、1月の初めに阪東妻三郎が松竹と提携したので、4社連盟はつぶれて、世界館とマキノ・妻三郎封切館の関係もご破算になった。その後世界館は休館し、昭和3年5月に「売り又は貸します」という広告を出しているが、6年5月に取り壊されることになった。

「20年の古き歴史を誇って東千石町の一角にローマの廃墟の如く立っている世界館が今度廃止されることになり、人夫の手によって壊れて行く。世界館は大正4年に1万5千円を投じ再建すると、毎週満

図表37　「打ち壊さるる世界館」
（昭和６年５月　鹿児島新聞）

員から満員続きで、わずか1年のうちに元金を償却したこともあった。昭和の初め末弘、中尾の経営となったが、ここ2、3年来ほとんど休業中であった。土地の所有主は中村氏で、跡には料理屋かカフェが出来るらしいとの噂もあったが実現しなかった」（6年5月20日「栄枯盛衰の世相も哀に打ち壊さる世界館。活動館の先駆今や空なし」鹿児島新聞）。**図表37**は取り壊される直前の世界館。昭和21年10月、この地に鹿児島初の洋画専門館セントラル映劇ができる。

戦前の東千石町天文館は、天神馬場の北側には旅館や事業所などが多く、南側は老舗の文房具、時計、書店、紙、眼鏡、家具、洋品、宝石、紳士服、家具などの専門店が軒を連ねる商店街になっていた。すでに興行街は千日町天文館に移動しており、この地区の興行場は日置裏門通りの中座と世界館だけになっていた。映画館としての世界館は場末の観が漂い、観客を失っていた。

高島座の開館　高島座が昭和4年5月末に、高砂通りのユニオンカフェの横の空地に開館する。空地になっていた旧キャバレー・エンパイヤの辺りである。館主は高島屋経営者の犬伏縫次郎で、興行主任は喜楽館主の田中徳男が兼ねた。鹿児島の映画館では初めての鉄筋コンクリート建で、レビューなどの興行もできる舞台を備えた興行場であった（4年3月15日「高島座劇場昨日上棟式」鹿児島新聞）。

昭和3年に東京松竹歌劇部が設立され話題を呼び、歌謡曲「波浮の港」、「モン・パリ」、「鉾をおさめて」などが流行する。このころ、松竹歌舞団の男装の麗人水の江瀧子が登場しスターとなる。前年、宝塚歌劇団のレビュー「モン・パリ」が大ヒットしてレビュー時代が到来していた。高島座は鹿児島で初めてのレビュー美人座をつくる。「鹿児島の歌謡界、舞踏界で相当名ある少女たちを網羅し、博多からは元青黛座のスター望月輝子嬢や、カフェーみずいろの萩光子などが出演し、監督としては元松竹座楽劇部にいた人」が来襲していたらしい（4年5月24日「高島座、二十八日開館。美人座組織なる」鹿児島新聞）。

4年5月初め喜楽館で高島座の開館特集として『モン・パリ』が上映され、鹿児島新聞月曜映画付録の一面広告とともに話題になった。パリのムーラン・ルージュなどのレビュー場面を撮影したもので、広告の見出しは「美女裸形の大競演」となっている。鹿児島でもレビュー人気が盛り上がる。高砂通り（旧エンパイヤの前通り）付近はカフェ街として賑わっていたが、興行場ができたのは初めてであった。

活動写真館の風景

夏の興行　昔の夏の観劇や映画観覧は暑かった。大正初めの夏の興行の事情を書いた「六月灯と興行」という記事は次のように述べている。

例年、市内の六月灯が始まると各劇場ではいい合わせたように客足がピッタリ止まってしまう。昨今の暑気（しょき）に人はみな室内にジッとして汗ばんでいられないのだ。なるべく開放した巷（ちまた）に歓楽の夢を追うて、しばらくでも溽暑（じょくしょ）の苦悶を忘れたいのだ。劇場のような窮屈な室内で芝居を見物しようという気が起らない。どうしても若い人や、家族連れは涼しい燈籠の灯かげを求めて、ひとごみの雑踏にまぎれ込み、走馬灯のような俗界の絵巻物に慰安の歓楽を求めている。今年も六月灯がはじまって市内の人出はことごとくここに集まってきた。同時に劇場はとみに客足が減じたので、鹿児島座でも、中座でも、明治座でも、活動写真館のメリー館も、常盤座も、上町の恵比寿座もパッタリ興行を休止してしまった。どこの芝居でもガランとしてまことに寂しいものだ（大正3年7月14日「六月灯と興行、各劇場は当分休演」鹿児島新聞）。

7月の鹿児島の六月灯のころは、芝居や活動写真よりも、神社の境内で繰り広げられる六月灯で夕涼みをする人が多く、全部休止ということはなかったが、興行は振わなかった。

大正6年に世界館が「回転式扇風機」数台を取り付けたと広告している。これが鹿児島の活動写真館の最初の「納涼施設」のようだ（6年7月6日「世界館　館内に回転式扇風機数台の設備整へり」鹿児島新聞）。扇風機が日本で発売されるのは明治中ごろらしいが、鹿児島の大きな施設で使用されるようになるのは大正の初めだろうか。同3年夏に鹿児島停車場前の煙草専売支局では食堂に8台の扇風機が取り付けられた。「煽風器！　涼しいこと、職工達の大喜び」という記事が載っている。

昭和3年6月になると、帝国館では「夏季における納涼設備をなすことになり、天井には三個の通風機を設け、二階場内には施風機六台および五十二吋（一・五七ﾄﾒｰﾙ）の大施風機二台をも取り付け、いよいよ十六日より開始したが、場内は素晴らしい涼しさで、おいおい氷柱も立てる」とある（昭和3年6月27日「「納涼設備で夏の映画陣へ。帝国館では氷柱と扇風機」鹿児島新聞）。納涼施設としては氷柱と扇風機が最初のものであった。

前飾り　図表38は大正15年6月の太陽館前の写真である。映画『祐天仙之助』は鹿児島新聞にも連載された小説が映画化されたもので、当時の人気俳優市川百々之助が主演している。看板や幟（のぼり）が雑然と飾られている。正面のかんかん帽をかぶった紳士は楽士長か。左側に並ぶ白の制服の人たちは町廻りをしてきた楽隊の人たちであろう。呼び込みらしい人も見える（15年6月17日「祐天で太陽館の前飾り」鹿児島新聞）。

活動写真館には興行主任のほか、弁士、楽団員、映写技師、それに呼び込み、テケツ（切符売り）、モギリ（改札係）、案内の女給さん、仲売り、事務員、雑務係など相当な人数の人が働いていた。女給さんが懐中電灯で足もとを照らし案内してくれる時代もあった（『活弁時代』p106、108　御園京平）。

オーケストラ・ボックス　中に入るとスクリーンの下にオーケストラ・ボックスがある。図表39は昭和4年の昭和館のオーケストラ・ボックスである。スクリーン側奥から楽長、ピアノ、コントラバス、観客席側にトランペット、クラリネット、バイオリン、トロンボーンの楽士たちが演奏している。活動写真館にはどの館にもこれくらいの編成の専属楽団があった。映画を始めるベルが鳴ると、ボックスに楽士たちがゾロゾロ集まってきて、ピアノとバイオリンがピーピー、ポンポンと音あわせを始める。この

図表38「太陽館の前飾り」
（大正15年６月　鹿児島新聞）

雰囲気がなかなかよかったと筆者の母が話していた。子供たちは楽団を見たさにボックスの傍らに集まってくる。いよいよ映画が始まると、場内の照明が消え、楽士の譜面台の赤い豆ランプが付き、オーケストラが鳴り始める。すると館内は静かになり、観客の胸は映画への期待でときめく。淀川長治は「今考えるとわずか10人くらいのオーケストラですが、子供の私には本当にたくさんの豪華な、立派な伴奏に思えた」と語っている。この写真はスクリーンの横に掛かっている看板の「からくり蝶」（嵐寛壽郎主演）などから、同年6月の昭和館のオーケストラ・ボックスを写したものであることがわかる。写真の7人の楽士たちの中には後の富士館のストライキに参加した人もいたかもしれない。写真は新聞社の元写真部長・神宮寺徹也の父上が撮影したものである。

図表39 「昭和館のオーケストラ・ボックス」
（神宮寺徹也氏 所蔵）

休憩間奏 明治末期から大正初め、中幕余興に邦楽、流行り歌、歌劇、クラシックなどの抜粋曲を演奏する「ストリング合奏」が人気を呼んでいた。鹿児島では明治45年7月、中座で駒田好洋が「ネルソン提督一生の失敗」を興行した時、これを行い人気を呼んだ。曲は「長唄越後獅子」とある。大正3年の『オデッセイ』や4年の『スパルタコ』の上映の時も、客寄せにストリング合奏を行っている。

当時は喜楽館、帝国館の管弦楽団が有名で、昭和3年5月の喜楽館ではジャズバンドの中幕演奏を行っている。喜楽館と高島座の楽士長を兼ねていた内田正雄は、昭和5年にジャズ・レビューの舞踏団を結成し、市公会堂などで演奏会を開催して人気を呼んだ（昭和5年5月9日「郷土の花、ジャとズとレビューの内田舞踏団、新陣容で頗る好評」鹿児島新聞）。

昭和6年4月に開催された、鹿児島商工会議所主催の国産振興博覧会の宣伝用として作曲された、西條八十作詞、中山晋平作曲の『鹿児島小唄』『鹿児島夜曲』が、鹿児島の花柳界、カフェー、街頭に「燎原の火の如き勢いで渦巻流れる」と、帝国館は専属バンドを幕間にステージに上げて演奏させ、これが評判を呼んだ（6年3月1日「鹿児島小唄と夜曲を帝国館で幕間に演奏」鹿児島新聞）。

弁士、弁士席、臨監席　舞台の上手（かみて）（右側）に行燈と呼ばれた映画の題名などが書かれた照明箱があり、下手（しもて）には弁士（解説者）の説明台があった。客席後方に警官が弁士の説明や観客を監視する臨監席があった。弁士の説明を不適切だと警官が感じた場合は呼鈴を鳴らし警告したらしいが、鹿児島の新聞ではそういう記事はまだ見たことがない。そんなケースはほとんどなかったのか、あるいは日常的なことだったので記事にはならなかったのかは分からない。

弁士の実力は、映画の人気を決めるくらいに大きかった。巡業隊には専属の弁士がいたので、鹿児島に専属弁士が登場するのは当然常設館の開館以後である。弁士についての最初の記事は、明治44年9月で、「世界館では今回より従来の弁士小川松枝のほか、応援として長洲海月来たりて活弁をふるう」とある。この小川松枝が鹿児島最初の専属弁士の一人であろう（明治44年9月9日「本夜より写真差替え」鹿児島新聞）。

大正2年5月、メリー館では余興に「当地少女連の手踊りと、同館弁士連の芝居七変化」を興行して毎夜好評であったとある。同7年4月には敷島座で、市内常設館3館の弁士による余興の弁士劇『百万弗の怪事件』を興行している。敷島座というのは大正7年2月に、世界館の佐々木伊四郎が中座の経営を任されたときに敷島座と変えている。佐々木が同年六月に急死したので、座名は元の中座にもどった。

弁士に対する批評記事も結構ある。

「鹿児島のキネマ界」しほた生

帝国館は建物が大きいだけ館内の設備が整っている。ところで、いかに映画が選良され、気持のよいほど写真が明瞭であっても、弁士がその人を得ていないと感興が殺がれること甚だしい。もっとも日本物の新派などの声色ばかりですむものはどうにかまとまっているようだが、肝腎の西洋物ときたらその説明ぶりに一種異様な非文明的口調が現われてくるのでウンザリしてしまう。主任弁士奥村扇蝶と次席弁士らしい某とが西洋物を担当しているが、二人が浪花節式講談口調で、奥村の声変わりの抑揚など奈良丸の地そっくりである。なるほど一部の低級な観客の耳にはよく分ってよいかもしれぬが、些少なりとも理解をもった人の頭脳にはきっとそれが時代遅れで、下品な説明法だということが感受されるに違いない。

一方、世界館の敷島美水の説明ぶりは近代式に洗練されている。いつぞやの『名金』大会のとき、長崎から応援に来た立花と熊本から来た川島との三人が大いに快弁を戦わしたが、やはり敷島が一番若々しくて情熱がこもっていた。『名金』のような活劇物ばかりでなく、文芸写真『ヴェニスの鮮血』などの説明も中々隅におけない。ようするに理解と情熱とを具備してこそはじめてフイルムから受ける印象と感銘は深いわけである。世界館にはこうした鹿児島にはほしい弁士敷島がいるばかりでなく、春山という熱心な好弁士もいる。それから今一人、楠見という喜劇弁士がいるが、この男もなかなか上手だ。楽隊はお粗末で横着で観客を馬鹿にしたような不精な遣り口がこの館の傷である。帝国館での『ファントマの手』の上場以来、それにまねてか伴奏法にやや真面目な新しい研究が加わってきたようである。

最後に喜楽館について述べておきたい。楽隊もそんなに拙くはないし、弁士もこぎれいに纏まっている。ことに花浦という男の説明ぶりは声量が豊かなのと新しい語句を相当に使いこなすのと、その調子に一種の懐かしみと潤いがあるので、世界館の敷島と対峙して大変な人気を呼んでいる。主任の田中錦水の説明も決して悪くはないが、声量の不足なのが遺憾である。この館は御本家が日活だけに日本物に力を入れているだけあって、鳴り物、声色のどれをとっても何処の館より優れた技巧を以ていることは感嘆させられる。しかし、いつまでも松之助一点張りではよくないから、たまには西洋物のシリアスなフイルムを提供してほしい。兎も角、わが鹿児島市が天活、小林、日活と色分せられた三つの常設館を持っているということがどれだけ我々愛活にとって嬉しいことか（大正6年1月31日「鹿児島のキネマ界㊤、㊦」鹿児島新聞」）。

弁士の悪事も報道されている。「活動弁士の放埒は今や一般の通り物となっている。諸所を食い詰めてきた歌田天暁（芸名）は、世界館の館主佐々木ハルと月俸七十円で契約し、二百五十円を前借した。しかし、まもなく、行方をくらましている」（大正10年9月17日「活動弁士の放埒」鹿児島新聞）。ところで普通の弁士の月俸を70円とすれば、小学校教員の大正9年の初任給（40〜55円）と比べると高い。主任弁士、人気弁士はもっと多かっただろう。同じころの映画館入場料と理髪料金はともに約30銭であった（『値段の明治大正昭和風俗史』㊤ p577 p487、㊦499 朝日文庫）。

弁士試験　大正6年、新聞は活動写真興行取締規則制定の背景をほぼ次のように述べている。「活動写真の勃興、隆盛と共に、東京を始め全国各地において、活動写真は教育界および一般社会の問題となり、中にも東京警視庁の如きは近時最も峻厳なる取り締まりをしているが、鹿児島市も三常設館ありいずれも相当客足を呼んでいるが、これと同時に営業上あるいは風紀上往々にして正しからざる風評を耳にするが、鹿児島警察署も漸次に厳重なる取締法を励行する方針で、十八日は先ず三館の興行主、活弁士三十余名を本署楼上に召集し所長八木警視より、左記要項について厳重な訓示をあたえた」。（6年8月18日「活動写真館取締、今後厳重に励行するはず」鹿児島新聞）。映画はいよいよ市民の最大の娯楽として成長し、それとともに、その社会的影響が増大してゆく状況を伝えている。

なお、大正9年ごろの鹿児島の弁士の学歴は、「弁士三十三名中、尋常科を卒業せぬ者一名、卒業した者一名、高等科を終えたるもの二十四名、中学卒業五名、その他二名」であった（9年9月17日「だんだんご愛顧が増えてくる、本県の活動写真。昨年のフイルムを延ばせば鹿児島から大坂まで届く位。市内四館の観覧者五十万」鹿児島新聞）。

昭和3年7月、鹿児島県は「鹿児島県興行取締規則」を改正し、活動弁士は免許制となり弁士試験を実施することになった。実施の主旨は「説明の巧拙よりも人格に重きを置きメンタルテストを行う」ものであったという（3年7月8日「本県庁で活動弁士試験。人格本意のメンタルテスト」鹿児島新聞）。

観客席の移り変わり　映画館は世界館、メリー館以来いずれも階上、階下の２階建てで、特待席は階上にある。先に述べたように世界館の開館のときは、「階下全部は腰掛にて下足のまま出入り自由にして階上及び両座敷は畳敷なれども下足を包み携帯自由なり」とある。寄席を改築したもので下足制が残っている。２番目の常設館メリー館は「階上の特待席は全て椅子」とある。腰掛け椅子とあるのは数人がけの長椅子であろう。

男女席の区分については、警視庁は大正６年に「観客席を男子席、婦人席、及び同伴席」に区分するが、昭和６年には廃止されたという。関東大震災以降は事実上、有名無実化するところが多くなっていたといわれる（加藤幹郎『映画館と観客の文化史』ｐ２２６、ｐ２２９）。

しかし鹿児島では世界館の開館以来、男女別席になっていて、大正６年８月に出された鹿児島の活動写真取締規則にも「席は男女の別を厳重に区分すべし」とある。

大正14年正月の鹿児島新聞に、「活動写真」の兼題で募集した薩摩狂句で「活動に夫婦気取の二人連（つれ）入れば席は別なり」という句が秀逸賞を受賞している（大正14年1月2日「はなぶり　紫雲山人選」鹿児島新聞）。昭和3年7月の規則には「客席は男子席、女子席、家族席に区分し且つ見易き箇所に之を表示すること」とあり、興行場内に観客が遵守すべき事項として掲示させている（昭和3年6月　鹿児島県公報「興行取締規則」）。

戦前の映画館に詳しい人の話では、客席の男女席、家族席の区分は終戦直前まであり、右側が男子席であったという。鹿児島では戦争が終わるまで、男女別席が普通であったようだ。

東宝高島館は昭和14年3月に直営1周年記念の改装のとき、「階上は一人一脚の椅子席にして、履物のまま昇降する」ようにしている。また「場内はテックス張りで防音装置は京阪神の劇場に劣らぬ設備で、銃後の娯楽機関として麑城映画界に異彩を放つ」とある（昭和14年3月1日「新装完成した東宝高島劇場。直営一周年記念興行」鹿児島新聞）。これが鹿児島最初の一人一脚の観覧席を設けた映画館である。

昭和館は同年4月に館内を改装した時「2階を下足履きのまま昇降自由にし、椅子席に改造」している（昭和14年4月19日「昭和館の新装。階上下足昇降に改善」鹿児島新聞）。

富士館は同年12月の改装の際「階上席は靴下駄履のまま昇降自由となり、一人一脚椅子席を新設。従来の畳座敷席は後方に履物箱を設置、防音のためテックス張り」としたとある（昭和14年12月7日「二階下駄履に富士館が改装」鹿児島新聞）。

大統館は16年3月、元東宝の小木曾という人が経営者となり、館名を南陽映画館と変える。この時、階上階下共に全椅子を一人一脚席とし、通風換気装置、2階天井、電気照明など改装した。全館を一人一脚の椅子席にした最初の映画館である（昭和16年1月1日「南陽映画劇場、旧大統館三月一日から蓋あけ」鹿児島新聞）。16年6月、2周年を迎えたニュース会館も改装して、2階を一人一脚席、通風換気装置、2階天井、電気照明など改装している（昭和16年6月30日「ニュース会館改築で休館」鹿児島新聞）。

14年から16年にかけて観覧席の改装が進む。改装の方向はどの館も、下駄、靴履きのまま、客席一人一脚、通風換気装置、場内照明などの改善であった。映画法の施行、軍需景気、ニュース映画観覧者などの増加で映画館の経営が順調であったことによるものであろう。

6　無声映画からトーキーへ

昭和7、8年頃の天文館

図表40のイラストは昭和8年元旦の風景を、地蔵角交番付近から電車通りに向かって描いたものである（8年1月1日「天文館風景」鹿児島新聞）。鹿児島県立歴史資料センター黎明館の常設ジオラマ「天文館」の製作ヒントになったものだ。

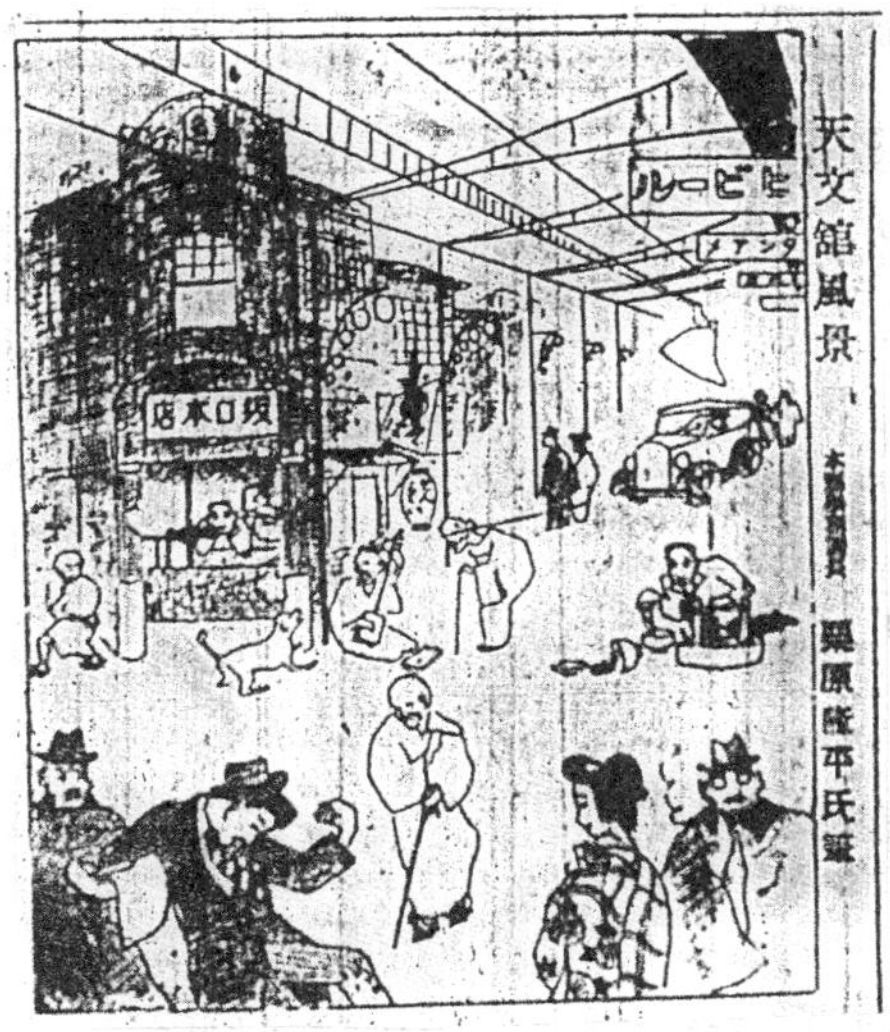

図表40　「天文館正月風景」
（昭和８年１月　鹿児島新聞）

4年の世界恐慌などで鹿児島もひどい不景気が続いたが、6年9月に起きた満州事変をきっかけに徐々に景気は回復し、翌年春になると「カフェーや花街の売上げは前年春の2割増しとなり景気はやや立ち直った気配」だったという（7年4月16日「芽が出た花見酒、昨春よりも二割り増し。カフェーも花街も景気立ち直り？」鹿児島新聞）。同8年は天文館新天地が戦前最後の賑わいを見せた年であった。

イラストの右上に「ヒビール」と見えるがこれはア

サヒビールの広告で、その下には鹿児島の銘菓ボンタンアメの広告もある。坂口本店のところには、現在、味の四季がある。これを左に入る通りを、戦前は「高砂通り」と呼んでいた。カフェ街で一時高島座もあった。画面の上に不思議な線が描かれているが、これは5年5月に完成した「九州で唯一の文化的天幕（アーケード）」の残骸である。2年足らずで使いものにならなくなって鉄骨だけが残っていた。奥に自動車が描かれているが、自動車は6年12月に正午より午後12時まで通行できなくなった。イラストには描かれていないが、右側に電車通りから順に高島館、昭和館、喜楽館、帝国館が、左手前に富士館（旧シネシティ文化付近）の映画館が並んでいた。

トーキー時代へ

トーキー常設館できる　6年2月ころはまだ不景気が続き、映画界、劇界ともに料金の協定をしたりするが守られず、採算が取れないにも拘らず破格の割引競争を続けていた。これでは各館共倒れすると、帝国館の中尾・帖佐、喜楽館・高島座の田中、昭和館の佐々木、南座の政池、中座の吉良の各氏が本田食堂に会合し、活動常設館は最低料金を20銭、ただし、高島座は地利が悪いから15銭、両劇場は10銭とすることで折り合いがつき、これを破る者には警察が取り締まるのを条件とし、3月から実施することを決めるほどであった（6年2月27日「競争割引の活動館、最低二十銭に協定。高島座と両劇場は例外」鹿児島新聞）。ところが、9月に満州事変が起こると景気は回復していく。こうした時期にトーキー常設館と字幕スーパーが登場する。

トーキー映画はトーキー再生装置の取り付けなどかなりの設備投資が必要で、日本映画界のトーキー化は遅れた。日本で「ものいう活動」が初めて公開されたのは大正14年7月であった。昭和5年ごろには日本に輸入されるアメリカ映画の大半はトーキーになっていた（『日本映画発達史』②ｐ１３２、ｐ１３７）。発声映画が初めて鹿児島で上映されたのは4年7月である。鹿児島朝日新聞が創刊30周年記念事業として市公会堂で初めて巡業興行した。映写技師はリグリヒンという外国人である。新聞は「トーキーの、いかなるものか実際を見んとして炎熱をいとわず、押し寄せた観衆は驚異の目を見張ってみとれる。飛行機の飛翔はプロペラの音そのままが聞え、行軍の軍隊は我々が路上において進軍を迎えると少しも変わらず、靴音までがはっきり耳朶を打つ」と初上映の模様を伝えている（4年7月22日「すばらしい歓迎を受けた本社の発声映画終わる。麑城市民の熱狂裡に」鹿児島朝日新聞）。上映映画は何れも記録物であった。次いで4年11月に、レコード式トーキーの『侠艶録』が昭和館で巡回興行により上映される（4年11月7日「4日より問題の映画愈封切。マキノ国産トーキー百パーセント。モノ云フ写真トーキー」鹿児島毎夕新聞）。

日本に本格的発声装置が武蔵館などに設置されたのは4年5月である（筈見恒夫著『映画五十年史』ｐ１７５　鱒書房）。鹿児島の最初のトーキー館、喜楽館は5年2月にフォックス社のフィルム式発声映画『フォリーズ』、発声レビュー『サモアの花』、それに「前首相田中義一大将の日米親善演説」を上映している（5年2月11日「喜楽館のトーキー、いよいよ今日から」鹿児島新聞）。喜楽館はこれまで、尾上松之助一点張りであったが、大正末に田中徳男が興行主任になってから、東京などで評判になった洋画も上映し、映画通のファンにも人気があった。説明映画に不満な洋画ファンはトーキー館の誕生を喜んだ。

次いで、帝国館が発声器を設置するのは6年11月で（6年11月18日「（広告）帝国館　全発声ＳＡＳ発声器装置完備第1回披露興行『嘆きの天使』」鹿児島新聞）、また、同月に最新式のトーキーを備えた富士館が開館、高島座は7年の正月映画から発声機を設置、大統館は7年3月『夜の大統領』の上映の際にトーキー設備を整えている。昭和館だけがトーキー化が遅れたが、8年1月に発声装置を備え、市内の5館全部がトーキー映画館となった。

字幕スーパーの登場　6年12月初めの記事に「富士館の洋劇は珍しく無声映画であるが、外国語の発声映画にもどかしさを感じているファンには掘り出し物の映画であろう」とある。発声映画で外国語を聞きとれないファンにはもどかしさ以上のものがあっただろう。それを解決したのが日本語字幕スーパーであった。

図表41は6年11月、『マダムと女房』と『モロッコ』が同時上映されたときの広告である。前者は「これこそ完全なトーキーだとみんなが認めた作品」で6年8月に封切られた。『モロッコ』は、映画の中でしゃべられている科白を邦文字幕にして画面に映し出す、日本最初の字幕スーパーを用いた映画である。鹿児島の映画界にとっては記念すべき興行であった。

二十三日公開
邦文字幕
モロッコ
マダムと女房
富士館

図表41　「マダムと女房」「モロッコ」
（昭和６年11月　鹿児島新聞）

清水俊二は「映画説明者（通称弁士。活弁ともいった）がせりふをしゃべって、その弁士の人気が興行成績を左右していた時代に映画説明をやめて字幕にしようというのだから、まことに大それた冒険であった」と記している。しかし、「弁士が職を失わなければならぬことは観客には関係がなかった。外国映画の観客はスーパー字幕にとびついた」と記している（清水俊二『映画字幕（スーパー）五十年』p10、12　ハヤカワ文庫）。

富士館できる　6年は鹿児島映画界が本格化にトーキー化し、字幕スーパーも登場するという変革の年であった。5月に世界館が取り壊され、7月に喜楽館（メリー館）が閉館する。一方、富士館と大統館が開館した。喜楽館は帝国館とともに末弘虎治郎、中尾平治の所有であった。発声映画は経費がかさみ、収容人員の少ない映画館は採算が合わなかったので、狭い喜楽館はトーキー館としては不利であった。同館は広い敷地に移転することになり「移転の形式による新築願」を出している（6年6月9日「近代的映画殿堂、新喜楽館着工。今日いょいよ地鎮祭執行」鹿児島朝日新聞）。喜楽館の移転新築が許可され、帝国館の向かい側、平成18年に閉館したシネシティ文化のところに建設されることになった。市民から館名を募集し富士館と館名を変えて6年11月に開館する。富士館はトーキー映画時代に対応した本格的映画館であった。新聞は同館についてほぼ次のように記している。

「東京、阪神方面の一流映画館の最新式設備の特徴を取り入れた設備で、九州一の福岡・世界館を除けば他に比類を見ないといわれる。建築費7万余円で、階上、階下の収容定員1300余名。非常口10カ所が四方に設けられ、非常階段が外の両側にある。従来の柱に代え、大鉄骨で2階をあげたので、観覧席は階上、階下とも鑑賞を妨げる1本の柱もない。上、下両階の高さは13尺あり窮屈な感を与えない。1階天井はベニヤ板で装い、2階天井はセロラックス張りである。窓が多く通風がよい。ステージにはレビュー用に早変わりする装置もある。銀幕の裏壁、周囲の全壁面は2重壁となり防音装置が施されている。ステージの両側面には投光室があり、照明は直射法を避けて、半間接法を用い強烈な光線の刺激から救われる。映画館等で閑却(かんきゃく)されがちな便所施設には特に考慮し臭気止めの衛生便所が設けられ、満員時の混雑に困らぬよう数多く設けてある。二階裏に新しい試みとして、喫茶室と休憩室を設け、正面3階の展望室には新聞記者室がある。麑城で第一を誇る映画館である。経営は末弘、中尾両氏があたるが、松竹も経営に参加することとなり、すでに松竹本社は平野好文を代表社員として派遣し、開館後は目覚ましい飛躍をするであろう。映画は松竹映画と、欧米五大会社の優秀作品で、姉妹館の帝国館が日活と5社の外国映画を掲げるのと相俟ってやがて麑城のキネマ界を席捲するであろう」（6年11月14日「富士館落成式明十五日盛大に挙行」鹿児島新聞）。洋画はパラマウント、ユナイテッド、メトロ、ワーナー・ブラザース、ドイツのウファ社の5社と契約している。

富士館は開館以来満員続きで、上映の各編は何れも好評を博し、トーキー設備の完備している点は他の館を圧倒し、姉妹館の帝国館をしのぐ人気であった（6年12月8日「富士館背景に映画の鑑賞会。本社斡旋で具体案発表」鹿児島新聞）。

6年10月には、まだ無声映画ファンを対象にしていた昭和館は、当時市民に人気のあった映画館、喜楽館に移転する。

川外初の大統館　6年12月初め、遂に映画館が甲突川を越える。当時の新聞は「川外唯一」とか、「西鹿児島唯一」のキネマ館と記している。同館に近かった一中、二中の生徒たちは天文館の映画館に比べ、先生たちの監視が厳しくなかったので見に行きやすかったという話が残っている。武駅は2年10月に西鹿児島駅になっている。大統館の位置は戦後の区画整理ではっきりしないが、同館跡地を上原三郎から買ったという人から聞いた話では、鹿児島県医師会館前の旧ざぼん会館（中央町９—８）付近のようだ。同館は工費3万円、１３００人以上を収容できた（6年11月30日「河外唯一の活動常設館大統館竣工。来月二日からいよいよ開館する」鹿児島朝日新聞）。館主は迫吉次郎。日本物は河合映画、洋画は各社自由に選択する大衆的活動常設館とある（6年12月2日「西鹿児島唯一のキネマ館大統館、今日盛大な開館式」鹿児島新聞）。

話はそれるが、90歳を超えた筆者の母と映画館の話をしていたとき、突然、大統館で映画を見た帰りに、母の手に引かれた私が転んで目の上を怪我して、父からずいぶん叱られたと語る。全く覚えのない話だった。

疎開していた田舎の古い家で、高校に進学するまで、父の手廻しゼンマイ式蓄音機で戦前に流行っていた大衆歌曲のレコードを繰り返し聞き、戦前の大衆文化を肌で感じていた。

高島座の移転　高砂通りの高島座は7年5月、賑やかなカフェ街ではあったが地の利が悪いとして「天文館に進出する」ことを発表する（7年5月2日「常設館高島座が天文館に進出。二十六日地鎮祭を行ふ」鹿児島新聞）。移転先は「昭和館跡横」、平成17年5月まで「松竹タカシマ」のあったところで、天文館電停に最も近いところである。高砂通りは興行地としては、当時はまだ場末の感じがあったのであろう。その後、高島座跡は倉庫に使われていたらしい。戦後、ここに日本劇場ができている。

館名を高島館と変え7年10月に開館した。館主、興行主任は高島座と同じである。建築は「モダン近世式木骨人造石洗出し、外部は防火設備を施し、特に換気通風、衛生設備に留意、総建坪三百余坪、定員約千三百名」とある（前同）。

映画館のストライキ

楽士・弁士の失業問題　4年7月、トーキー時代の到来を予測して、トーキーに地位を奪われる楽士と説明者の失業が社会的な話題となっている。当時、東京市内のトーキー館は武蔵野、邦楽座など数館にすぎない状態であったが、「楽士有志は今後トーキーおよび電気伴奏機の使用反対、楽士、映画説明者五万の家庭擁護などをスローガンに運動を続ける」と職業音楽家の団体本部は檄文を出したと地元紙は東京の動きを伝えている（4年7月2日「トーキー時代に音楽家の憂いひ。映画説明者と共に反対の叫びをあぐ」鹿児島新聞）。この記事の翌日には「当市キネマ館ではトーキーを使用すると60人近くの楽士たちの失業問題となるので、その使用は当分休止されることであろう」と予測記事を書いている（4年7月3日「楽士泣かせのトーキー、市活動館では当分使用せぬ」鹿児島新聞）。文部省社会教育連の調査では、当時の職業音楽家が約4万、映画説明者は約1万であったという。

富士館のストライキ　先に述べたように昭和6、7年は鹿児島の映画館が無声映画からトーキー映画に移行した時代で、中でも富士館は新しく開館した時代の先端を行くトーキー館であった。

7年6月21日から富士館でストライキが始まっているが、新聞はほとんど報道していない。その理由を「トーキーやサウンドの出現は時代の趨勢であり要求であろうと余り世間の注意を引かなかった」と記している（7年6月29日「市内五活動館同情罷業。富士館に乗り込んで四十七名検挙さる」鹿児島新聞）。分からないところもあるが、新聞はストライキの経緯をおよそ次のように記している。

富士館ではトーキー映画が多く上映されるようになったため、姉妹館の帝国館の楽士に両館をかけもちさせ、楽士を何人か解雇する算段であった。館主側が経費節約の理由で楽士の半減（６人）を、請負者兼楽士長の下園に申し渡したのに端を発した。同館音楽部は下園の請負となっていて解雇を受け入れていた。これに対し解雇者と、同情した他館の楽士、弁士が合流して同盟罷業に入った。罷業に参加した楽士、弁士、その他の21人の解雇が示され、これに反発してストライキを断行したものであった。

争議団は高見馬場通りに争議団本部を設け、街頭デモを行ったり、あるいは演説会を開いたり、日本国家社会党および市内各館弁士、楽士などの応援を得て映画争議を続けていた。その間、楽士・弁士側は「解雇手当、給料6月分要求、5年未満の者に対しては給料の1月分を支給する等の要求事項」を出した。

しかし、感情のもつれから経営者側の回答が遅れ、交渉がこじれたらしく、映画争議団は28日午後6時に富士館に自動車で乗り付け、呆気（あっけ）にとられる受付の女事務員を尻目に館内に突入し、同情を乞うと大書した垂れ幕をさっと流し屋上からラッシュアワーの道路に向かって演説を始めた。急報により鹿児島署は、思想方面の手がのびているとにらみ司法主任、警部らは警官20余人と共に自動車で急行し外壁からよじ登って、同情罷業の挙にでた昭和館、高島座、大統館の館員、その他を合わせて47人を一網打盡に検挙、営業妨害の現行犯として徹夜で取り調べを行った。結局、住居侵入、営業妨害、暴力行為取締法違反で、富士館、帝国館の弁士、楽士22人、大統館11人、昭和館8人、高島座1人、日本国家社会党員3人の45人が検束処分になった(7年6月29日「映画争議団富士館を占拠。ものものしく乗り込んだが悉く検束さる」鹿児島朝日新聞)。

鹿児島署は「法律に抵触するものの如くであるが、争議の今後の成り行きをひどく憂慮し、署長が館主側と争議団側との間にたち調停」することにした。「双方大互譲」の結果、争議は解決した。紳士契約として調停の内容の詳しいことは発表されなかったが、結局、21人が自主的に退職することになり、退職手当として館主側から「3千円余りと送別会費の意味をもって若干の金子」を支給することで決着した。退職者の内訳は洋楽9人、弁士8人、宣伝1人、囃子方3人であった。このトーキーの両館の弁士の給料は最高が150円、最低は40円であったという(7年7月5日「映画争議が円満に解決。紳士契約として内容は絶対に発表せず」鹿児島朝日新聞)。

館主は「富士館、帝国館では全く伴奏や説明なしでやっている週があるにはあるが、全部がトーキー化するにはまだ1、2年間はかかる」と語っている(7年6月29日「争議は最初から腑に落ちない。末弘・中尾両館主語る」鹿児島朝日新聞)。

ストライキの調停について「労資の争闘に警察署長が乗り出し調停の労を執ったことは本県では全くの空前のこと」であったという(7年7月5日「警察署長調停は本県では最初。美戸警視の功労多大」鹿児島新聞)。

「ストライキはトーキー出現という時代の流れに対し、追われるものの悲しい反抗として避けがたい必然だったと見られている」と記事を結んでいる。
職を失った弁士・楽士たちは、全国的には喜劇俳優、漫談、ラジオ話芸、映画の製作者、俳優や、寄席芸人、チンドン屋、紙芝居などへ転身していった。

昭和9年の麑城映画界　盤扶彌という地元の映画通が「昭和九年の麑城映画界の検討」で当時の鹿児島映画界の状況を伝えている。

9年の麑城映画界は大体において順調な道をたどったようである。常設館は前年と同様五館であるが、そのうち高島館が新興キネマものを上映し、大統館が松竹の再映館となったことを除いて特記すべきものはない。洋画上映にあっては、パラマウント及びユナイト映画は高島館がこれをにぎり、MGMあるいは東和商事配給の欧州映画はおおむね富士館で上映された。それらの中でも、富士館は『にんじん』『夢見る唇』『グランドホテル』を、帝国館は『黒衣の処女』『エスキモー』を上映し、高島館は『戦場よさらば』『餓ゆるアメリカ』を、昭和館は『街の灯』『メキシコの嵐』を、大統館は『ボートの八人娘』『無名戦士』をそれぞれ誇ることができるであろう。ただ、昭和館の『戦場の溜息』が一般にほとんど注目されず、帝国館の『風来坊』はわずか1日で引き込められたこと、並びに男子禁制の『新女性線』を除いてはソビエト映画が1本も上映されなかったことは、麑城映画界のために遺憾としなければならない。

なお、『モナリザの失踪』の鑑賞会を催した麑城新映画会及び鹿児島映画研究会、『街の灯』『東への道』

の緑映会、『メキシコの嵐』の鹿児島ローマ字会、その他、麑城人士に『スーキー』、『ル・バル』、『相寄る魂』などを鑑賞するよき機会をあたえてくれた人々、あるいは洋画無解説などに尽力した鹿児島映画同好会に対して感謝の辞を送るべきであろう。

邦画の優秀作品として『隣の八重ちゃん』『母は恋はずや』『風流活人剣』『瓦版カチカチ山』『鼠小僧次郎吉』『霧笛』『大学の若旦那』『丹下左膳』『冬木心中』『浅太郎赤城の唄』『純情の都』『海の生命線』を挙げているが、ほとんど洋画についての記述に終始している（10年1月1日「昭和九年の麑城映画界の検討（盤扶弥）」鹿児島新聞）。昭和9年の鹿児島は映画の当り年であった。

戦前、鹿児島には洋画専門館はなく、邦画との併映であった。字幕スーパーが始まってからも、洋画トーキーの音量を抑えて、弁士の説明をつけて上映をしたり、スーパーを読み上げる弁士がおり、鹿児島の映画通の間では、字幕スーパーだけにすべきだという洋画無解説の要望が強かった。

9年に大統館が松竹の再映館となったとある。同館は河合映画から始まり、さまざまのプロダクション映画や東活映画などを上映し、9年末には松竹共営となっていて、その際に再映専門館となったものと思われる。

同年12月の邦画の配給系統を見ると、帝国館が日活共営、富士館が松竹共営、高島館は新興キネマ共営館、昭和館は新興映画封切館となっている。

ファンクラブ　大正13年ごろから映画館のファンクラブの結成が行なわれている。同年5月、太陽館の松竹映画ファンで「鹿児島キネマ倶楽部」が組織された。入会の制限はなく、「松竹映画の批評や会員の親睦を図って、あくまで真摯と敬虔なる態度のもとに映画研究」をするとある。毎月１回茶話会を開き、雑誌、ブロマイド、太陽ニュースを配布した（大正13年５月15日「麑城キネマ消息」鹿児島新聞）。

昭和３年10月には鹿児島映画研究会が鹿児島新聞の斡旋で結成されるが、これは経営者が同じ帝国館と喜楽館のファンクラブで、会員５００人が集められ、毎月１回割引料金で鑑賞会を行っている。７年６月には富士館の鹿児島映画研究会ができるが、発会式で館主が「トーキーとオール・サウンドとの差異」という講演を行っている。この研究会は長く続き、先に述べたように９年には鑑賞会（自主映画上映会か）や洋画無解説の運動などの活動が行われている。しかし、昭和10年代に入るとファンクラブや同好会などの活動は見られなくなる。

その後の無声映画

大都映画　鹿児島市の全映画館にトーキー施設が整えられても、しばらくはトーキー映画と同時に無声映画も上映されていたが、その後ほとんどが発声映画となっている。大きな製作会社ではいち早くトーキーに切り替え、10年には無声映画の製作はすでに終わっている。しかし、「小さい会社や独立プロでは、新しい設備投資が財政的に困難であり、１９３８年まで細々とではあるが無声映画の製作」が続行されていた（四方田犬彦著『日本映画史１００年』ｐ80　集英社新書）。

大都映画は、まだ残っている無声映画の観客のために無声映画を製作していた。同社は８年６月に設立され、映画企業統制により17年1月に日活などとともに大映に併合されている。

図表42は『争闘阿修羅街』が13年5月、昭和館で封切られたときの広告である。同映画はハヤブサヒデト、大河百々代、大岡怪童、大山デブ子主演の大都映画の無声映画で、4人は大都映画のスターであった。映画監督内藤誠は、ハヤフサヒデトは「不世出のアクション・スターであった」と言っている（内藤誠『昭和映画史ノート』p11　平凡社新書）。撮影所は東京・巣鴨にあり、映画は低予算、早撮りのB級映画で、当時の評論家からは粗製乱造だと無視されていたが、「無声映画でもよいというくらいの観客層を持つ劇場」で上映されていた。大都映画の配給館は全国に450館もあり、日本映画市場における一つの勢力であったことは間違いなかったという（『日本映画発達史』③p55）。近年、巣鴨を中心として同社映画は新たに評価されている。『争闘阿修羅街』は完全に保存されている唯一の作品らしい。平成17年に岩井成昭と巣鴨の地域の人たちにより『ハヤフサヒデトを探して』が製作された（愚鉄パラダイス「ハヤフサ・ヒデトを探して」2007・5・5）。

昭和館は10年後半から13年9月まで大都映画の封切館で、10月初めから新興映画の封切館に変わり（13年10月1日「（広告）ご挨拶　新興映画昭和館封切館」鹿児島新聞）、その後、大都映画は大統館で上映され、17年4月の映画新体制まで続いた。

廿六日封切痛快映畫大會
争闘阿修羅街
江戸の虎 源太郎
疾風の兒
昭和館

図表42　「争闘阿修羅街　昭和館」
（昭和13年５月　鹿児島新聞）

7　戦時下の映画界

戦争と社会

中座焼失、スパイ放火の疑い　昭和14年5月、満州国（日本軍）とモンゴル人民共和国との国境近くでノモンハン事件が起り、中国では日本軍の進攻が南部へ拡大し、日本は厳しい国際環境の中にあった。

同年10月24日の未明、日置裏門通りの中座が座布団部屋から出火し焼失する。当時、鹿児島を代表する劇場の周囲には、西券の券番、置屋、料亭、カフェが軒を連ねているところであったが、中座のほか料亭玉船、梅園など8戸が焼けた。鹿児島市では、13年2月には鹿児島市防護団長会議がすでに設置されており、家庭防空の強化として各戸に水バケツと砂を備えることを義務付け、灯火管制も実施することを決めている。ちょうどその日は防火管制訓練の第一夜であったので、失火は市民の話題になった（14年10月24日「防空訓練中の大火　麑城繁華街を焼く八戸十二棟を全半焼」鹿児島朝日新聞）。それともう一つ、市民を驚かせたことがあった。同座の下足番は満州出身の李という人で、かねて中座に寝泊りしていた。出火後、行方不明で3日たっても死体は発見されず、李さんは中国のスパイで、放火して失踪したのではないかという噂が鹿児島市中に広がった（14年10月26日「謎の中座下足番　焼死か失踪か　いまだ依然手掛かりなし」鹿児島朝日新聞）。警察は焼け跡を捜したが死体は発見されず、失踪したものとして捜査を始めようとした矢先の11日目に、焼け跡から李さんの遺骨が発見された。その朝、地金業者が焼け跡の地金を掘り出している最中に発見された。出火の原因は、座布団についた煙草の火に気付かずに仕舞ったために起きた失火と断定された。戦争のさなかの疑心暗鬼から起きた騒ぎであった。中座は再建されず、鹿児島市内の劇場は南座だけとなった。同跡には21年10月に第一映劇が開館する。

スクリーンご対面とハイル・ヒトラーの三唱　出征兵士が相次ぎ、残された家族が軍隊や戦場の模様を垣間見ることができるのはニュース映画であった。残された家族はニュース映画を見に出かけることが多くなった。たまたま肉親の姿をニュースで見つけたら、申し出るとその場面をスチール写真にしてもらえた。これを「スクリーンご対面」と呼んだという（清水晶『戦争と映画』p44　社会思想社）。13年1月、喜入村での「スクリーン対面」を伝える記事がある。県社会教育課の応援を得て開催した応召遺家族慰問映画大会で、上映されたスクリーンに老母が子息の姿を発見したというものであった（13年1月16日「スクリーンに我子を発見。喜入村」鹿児島新聞）。

日本軍の武漢三鎮の占領が伝えられた同年10月28日に、ヒトラー・ユーゲント30人が鹿児島市を訪れ大変歓迎される。学舎連合が演ずる薩摩の「大将防ぎ」などを見学し、帝国館で軍事ニュース「漢口攻略」「広東占領」を観賞した。ニュースが終わって「観客起立し、同館主任の音頭でハイル・ヒットラーを三唱すれば、ユーゲントこれに答えて大日本帝国万歳を三唱」したという（13年10月29日「若き盟友ら映画鑑賞。帝国館でニュース映画を」鹿児島新聞）。

ニュース映画報国会　日中戦争が始まると、ニュース映画が注目され見る人が増加する。鹿児島では12

年暮れに、市内の常設館が連合してニュース映画報国会を組織している。報国会は「現下の時局に際しニュース映画の上映は目と耳とによる現地の報告資料で絶対的なものとして好評を得、ますますその上映も速さと内容に意をそそがれてきたが、ここにかかる有益な材料でありながら、他の娯楽映画との同時上映や場所の関係上、学生諸子は閲覧の機に接せず、はなはだ遺憾とせられていた。今回、市内の五常設館は一致協力して毎週、日曜日にニュース映画、文化映画のみの上映を断行する」ことになった。市公会堂で日曜日の正午から4時まで朝日、大毎、読売、福日などのニュース映画、文化映画、漫画が上映された（12年12月24日「学生諸君及び一般のため生まれたニュース映画報国会。市五常設館聯合で。25日から公会堂で毎週日曜」鹿児島新聞）。鹿児島映画界でも早くから、映画は戦争遂行の宣伝の媒体であることが強く認識されていた。

戦時下の映画界

ニュース会館できる　戦時報道がニュース映画に対する市民の関心を高め、児童・生徒も観覧できる映画館の実現が意図されるようになった。日本最初のニュース映画専門館が出来たのは昭和5年末で、東京の日本劇場併設の第一地下劇場などであったという（加藤幹郎著『映画館と観客の文化史』p245）。

14年3月に、ある市内の呉服店から出されていたニュース映画館設立願が許可され、東千石町日置裏門通りと天神馬場交差点西向かい側に建築されることになり、同年5月には開館した。総坪数150坪、観覧席は1階、2階ともに椅子席で、履物のままで出入りでき、1階が350余人、2階200余人を収容できた。

「事変勃発後、ニュース映画に対する一般の関心が非常に高まり、ニュース専門館の実現が少なからず期待されていただけに、今回の計画は相当注目を引いている」と新聞は記している（14年5月27日「文化の殿堂　ニュース会館開館、天神馬場の美観。海軍記念日の27日より華々しくデビュー」鹿児島新聞）。

開館当時は、ニュース映画と、短編の漫画、喜劇を上映していた。しかし、観客は少なく採算が取れなかった。間もなく第一洋画劇場と変え、しばらくニュースと洋画の再映作品を上映していたと、当時映写技師をしていた中村二男は語っている（昭和54年7月31日「人生紀行　松竹第一劇場映写技師中村二男さん」南日本新聞）。

17年3月には第一映画劇場と改称する。その理由を「映画法施行にともない四月一日より制作、配給機構の革新を控え、二四日よりの映画新体制を記念して館名を改称、大東亜戦下、健全娯楽の殿堂として新発足することになった」と広告している。主に東宝の再映作品を上映していた。

映画法の制定と鹿児島の映画界　映画法は14年10月に施行される。映画の持つ国民への影響力をシナリオの検閲、配給の許可制、監督や俳優の免許登録制などにより統制しようとするものであった。中央や鹿児島でも、わが国最初の文化立法が映画に対してだけに制定されたことは、国が映画の重要性を認めた結果であると映画関係者の多くが歓迎した。

鹿児島では、映画法制定の前の13年7月に「映画館も国策に沿う」ため、市内6館の支配人及び映画会社出張員により組織した映画事務員会を設け、次のことを決めている。

映画館は「映画法の制定、文化映画強制上映など国家の重要な教導機関になりつつあり、これにいかに対処すべきか協議し、映画館も一個の文化施設であるとの見地から国策に沿って一致結束して邁進する」ことを申し合わせた。更に
・国民精神総動員に関する当局のスライドは各館自発的に映写、同時に内容の低劣なる広告スライドはこれを拒否。
・資材節約の叫ばれる折柄、各館とも宣伝印刷物を自発的に小型にして市民に映画館自体の無反省を嗤（わら）われざるよう自重すべきこと。
・文化映画強制上映に当っては之を絶対支持すべきこと。
・映画法の立案、これの実施の促進運動をなすこと。
・当市だけに見る興行回数制限に対しての善治処置。

等の運動を積極的に行うことを決めている（13年7月8日「映画館も国策に沿って、麑城映画界の革新」鹿児島新聞）。

文化映画・ニュース映画の強制上映　1920～1930年ごろドイツで盛んに制作され、日本に輸入された『生存競争』『蟻の生活』『池中の驚異』などの短編映画を文化映画と呼んだ。これらの作品は日本の映画界に影響を与え、日本でも同種の文化映画が多く製作された（清水晶『戦争と映画』p74、75、社会思想社）。

文化映画の強制上映は15年7月、ニュース映画は翌年1月から実施されることになった（「日本映画発達史」⑤p410、411）。大統館で文化映画『地蜂』が7月に上映されており、これが強制上映の最初だ

ろう（15年7月22日「(広告) 認定文化映画『地蜂』」鹿児島新聞)。鹿児島市内の映画館で上映された主な作品を挙げると次の通りである。

地蜂、秋吉台、八幡平、鯛網、鉄道保線区、海中を覗く、水鳥の生活、防空戦線、天業奉頌、石川啄木、音声の構造、マニラ麻、冬期漁業、鉄輪部隊、阿波の木偶、音声の構造、電話、龍河洞、国民体操、防空読本、養蚕地帯、国土の固め、健康は国のもの、鉄輪部隊、土に戦う　など。

19年4月に文化映画の強制上映は停止されるが、その後も次のような文化映画が同年末まで上映されている。

ナタネ薩摩の畑、綿花、勤労の女性、ラバウル前線報告、戦争と海藻、海洋教室、戦ふ小国民（都会篇)、戦う小国民（農村篇)、南太平洋前戦、上海海軍特別陸戦隊、北の風、視力を護れなど。

戦時下の外国映画　日中戦争が始まると、大蔵省は外国為替管理法を適用して、映画の輸入制限を実施する。その結果、13年度の外国映画の公開は前年度の半分以下に激減し、中でもアメリカ映画の減少が目立ったという（『日本映画発達史』③ｐ65)。太平洋戦争が始まると、アメリカ映画は16年12月7日限りで全国の興行市場から姿を消す。その後は同盟国のドイツ、イタリア、それにビシー政府体制下のフランスの欧州映画が上映され、米英の映画は敵性映画として上映禁止になった。**図表43**は16年12月から敗戦まで鹿児島市で上映された主な外国映画である。太平洋戦争期の洋画は多くが第一映画劇場で上映されている。

太平洋戦争下の映画界　16年8月、アメリカなどから輸入していた映画用生フィルムの政府からの割当

図表43 「太平洋戦争下の主な洋画上映作品」

年号	年	月	記　　事
昭和	16	12	ニュース会館　偉人エーリッピ、盟友ロビンソン 東宝映画劇場　空征かば（伊太利アクイラ映画）
昭和	16	12	ニュース会館（25日～28日） ボート８人娘（エリッヒ・ワシネッタ監督） 白き処女地（ジュリアン・デュヴィヴィエ監督） モミザ館（ジャック・フェデール監督）
昭和	17	1	ニュース会館　間諜アゼフ（フランス映画）
昭和	17	1	ニュース会館　青春（ファイト・ハーラン監督） 帝国館　世界の涯にて（東和商事・独ウファ社　ツアラー・レアンダー主演）
昭和	17	2	ニュース会館　民族の祭典（オリンピア第一弾）、美の祭典（オリンピア第二弾） 帝国館　夜のタンゴ
昭和	17	3	ニュース会館　西班牙の夜
昭和	17	4	第一映画劇場　さすらい（独逸）
昭和	17	4	第一映画劇場　晩春の曲（盟邦独逸ウファ映画） 昭和館　バルカン電撃戦（独逸宣伝中隊決死的前線撮影実戦記録）
昭和	17	5	第一映画劇場　未完成交響楽（墺太利　ツイネ・アリアンッ社） 昭和館　バスター・キートンの顔役
昭和	17	11	第一映画　白鳥の死（ジャン・ブノア・レヴイ監督）
昭和	17	12	第一映画　特選洋画鑑賞会 モスコーの一夜(ピエール・R・ウイルム、アナ・ベラ、アリー・ポール主演)
昭和	18	1	南映　フロリアンガイエルの小隊（独逸ハヴァリア映画ヒットラー賞受賞）
昭和	18	1	第一映画　戦艦エムデン（独トピス社）
昭和	18	1	第一映画　西班牙の夜（インシャリオ・アルヘンデイア主演） 南映　七つ擲る（ウファ社）
昭和	18	2	東宝帝国館　ふるさとの風 第一映画　微笑む人生（フランス映画）
昭和	18	3	第一映画　黒鯨亭
昭和	18	3	第一映画　ジプシー男爵
昭和	18	4	第一映画（当地唯一の特殊映画館） 美しき争い（レオニイド・モギイ監督）
昭和	18	4	第一映画　転落の詩集
昭和	18	5	第一映画　美貌の敵（独ウファ社）
昭和	18	5	第一映画　カプリチオ（リリアン・ハァヴエイ主演）
昭和	18	7	第一映画劇場・松竹富士館・東宝帝国館 「潜水艦西へ」（ギュンター・リッタウ監督　独逸）
昭和	19	2	松竹富士・東宝帝国 母の瞳（待ち遠しき盟邦独乙の巨編、名匠グスタフ・ウチッキイ監督）
昭和	19	7	第一　勲功十字章 （鹿児島で初の封切　独乙ウファ社　カール・リッター監督）
昭和	19	9	東宝　リユツツ大爆撃隊
昭和	20	3	南映　殿方は嘘つき（久しぶりの欧州映画登場　リーア・フランカ主演）
昭和	20	3	日東　憧れの欧州映画登場 君よ我が胸に（サンドロ・サルダイニ主演）

が極端に制限され、劇映画制作会社は松竹、東宝、大映の3社に統合され、配給は社団法人に一元化されることになった。太平洋戦争が始まり、実際に統合したのは翌年4月であったが、マスコミはこれを映画臨戦体制と呼んだ（清水晶著『戦争と映画』p91　社会思想社）。

17年2月には、各映画会社が行っていた映画配給は、情報局などが新しく設立した社団法人映画配給社に一元化される。配給の方法は全国の映画館を紅白の2系統に大別し、これに原則として劇映画1本、文化映画1本、ニュース映画1本を組み合わせた番組を、主要地区より2系統のまま一列に繰り下げ配給をしていくものであった（『日本映画発達史』③p83、84）。

鹿児島の映画界新体制について、地元紙はほぼ次のように報じている。

鹿児島では4月30日より配給一元化業務を開始し、これにより従来の制作会社による直営館、特約館といったルートは解消して、映画の配給は配給会社によって一手に行われることになった。第1回は帝国館、東宝映画劇場を紅系として東宝映画の『緑の大地』を同時封切し、一方、白系の富士館、昭和館では松竹映画の『父なりき』を封切することになる。第一映画と南陽映画劇場（南映）は交互に再映館・三番館として松竹、大映、東宝の映画を4日または3日あて上映することになった（17年4月17日「麑城映画界新体制。紅班（帝国、東宝）、白班（富士、昭和）、再映（第一、南映）。来る三十日から新発足」鹿児島日報）。

再映館の最初の作品は、第一映画が洋画の『青春乱舞』を、南映では『花は偽らず』と『陽気な幽霊』の劇映画が上映されていている。紅白の統制配給は主要地域から始まり地方へ繰り下げられていったので、再映館・三番館では劇映画については自由な番組編成ができ、営業的には有利であったようだ。

紅白2系統の統制配給が始まって3週目を迎えた東京では、番組決定には「映画配給社と興行者側に少なからぬ摩擦が生じていたらしいが、これは過渡期的現象として止むを得ぬこと」とされた。集団興行街（浅草など）の映画館は、単独封切街（江東方面など）と比較すると著しく減収となり、「浅草ではやくも演芸興行への転向計画が進められている」と新聞は伝えている（17年5月1日「映画二系統一興行は妥当。しかし配分は再検討」鹿児島日報。17年2月鹿児島新聞社と鹿児島朝日新聞社合同して鹿児島日報となる）。

市映画報国会の結成　先の鹿児島の麑城映画界新体制の記事の最後に、「配給会社は各映画館の経営方針にまで参与し、映画館と共同経営機構をとって興行の公益性に一歩を進めるべく乗り出している」と記している。どのような共同経営機構になるのかは触れていないが、18年4月に発足した鹿児島市映画報国会（報国団）がその機構であろう。

報国会は、昭和5年5月に結成された鹿児島市映画組合を発展的に解消して、これまでの経営者、館主、幹部社員に従業員も加えたとある。新しい鹿児島市報国会では、以下述べるようにこれまでの館主が全て退き、新しい館主に代わっている（18年3月25日「市映画報国会を結成」鹿児島日報）。これが報国会結成の目的であろう。

19年2月に発行された『鹿児島県人事録』（県図南協会発行、鹿児島県立図書館蔵）により、鹿児島市映画報国会の主な構成を知ることができる。同書は北隆志から教えていただいた。

会長　上原三郎、副会長　加藤喜久雄、幹事　鎌田満太など。

鹿児島東宝映画劇場　経営者東宝映画株式会社、責任者鎌田満太

富士館　経営者松竹映画株式会社、館主中園芳太郎
帝国館　経営者東宝映画株式会社、館主山口静治
日東映画劇場　経営者吉田明吉、館主岩崎與八郎
第一映画劇場・南陽映画劇場　経営者鹿児島文化企業株式会社、館主上原三郎
会長の上原三郎は、伝記によれば桜島出身で、昭和5年に満州に渡り特務機関員となり、12年にも特務機関員として中国を転戦している。14年に松方幸次郎の秘書となり、17年に帰鹿して鹿児島文化企業株式会社社長に就任し、映画館を買収したとある。戦後は大映の取締役も務め、鹿児島の財界人として活躍した（執筆者岡本守『快男児上原三郎　どんとこい人生』、昭和57年10月発行）。

鹿児島市映画報国会体制への移行は、同年4月の映画配給の一元化決定の前後から始まっている。各館の移行の概略を記すと次の通りである。

・第一映画劇場は上原三郎がニュース館を17年3月に買収して館主となり、第一映画劇場と改称する。このとき初めて上原は鹿児島の映画界に登場する。
・日東映画劇場は「映画新体制下における映画報国に邁進すべく」昭和館を改修し、17年10月に開館。開館にあたり新館名を懸賞募集して日東映画劇場と改称する。このとき館主は佐々木ハルから岩崎與八郎に代わったようだ。戦後の日東は22年7月、同位置に岩崎産業株式会社が開館した。
・帝国館は17年末には「山口静治等が中尾より譲り受けて」経営しており、翌年正月興行から東宝直営館として新発足する。

・富士館は18年3月から松竹直営館として新発足。
・南陽映画劇場は16年3月に元東宝映画の小木曾某が大統館を買収し、南陽映画劇場と改称し開館する（16年3月1日「南陽映画劇場、旧大統館三月一日から蓋あけ」鹿児島朝日新聞）。その後、上原三郎が買収した。
・高島館は13年3月に東宝直営館となり東宝高島劇場と改称。これ以降、高島屋は映画館経営から離れた。11年11月に高島屋百貨店ビル（現在のタカプラ）を新築開店しておりその経営に専念する。

その後、高島館は鹿児島東宝映画劇場と改称された。

山口静治、中園芳太郎、鎌田満太、岩崎與八郎、上原三郎の各氏が新たな館主となり、大正、昭和初めからの映画館経営主であった中尾、末弘、佐々木、小木曽の各氏はこの時に館主を退いた。新館主は何れも戦争末期の市内の有力実業家で、映画館経営は初めてであったと思われる。映画館は配給会社との共同経営機構として組み込まれ、かつての映画館の姿は失われていった。

紅白交互上映制　戦局は17年6月から翌年4月にかけて、ミッドウエー海戦敗北、ガダルカナル島撤退、山本五十六長官のブーゲンビル島上空での戦死と敗戦に向かって進んでゆく。

紅白2系統の統制配給は、18年初めまではなんとか続いていたが、物資不足が深刻化して同年4月からフィルムの割当がさらに減らされ、毎月の製作本数が減って配給が行きづまる。結局、紅白2系統の線番を交換して、もう1週間興行する紅白交互上映（交換上映制）が始まった（『日本映画発達史』③ｐ１３４）。

市映画報国団は紅白交互上映を行うこと、1週間の映写回数を15回以内にすることを決めた。また、市内の紅白系統の組み合わせも変更され、カゴシマ東宝映画劇場・東宝帝国館・南映が紅系、日東・松竹富士館が白系の封切館になった。同時に、第一映画を当地唯一の特殊館とすることに決め、同館は洋画と邦画の特選名画を自由選択上映することができたという（18年3月25日「市映画報国団を結成」鹿児島日報、同年4月16日「広告」鹿児島日報）。

戦時下の上映作品　国家統制下の上映作品に、市民はどのような反応を示したのだろうか。14年、映画法の優秀映画選定規定により『土』、『残菊物語』、『土と兵隊』は文部大臣賞を受賞した。『土』は5月に上映されるが、「堂々たる力作」といわれた（14年5月10日「『土』封切11日帝国館」鹿児島新聞）。広告では「満員御礼。嘗（かつ）て見ざる名画、本年度ベストテンを予約される名画だと御覧になった方がどなたも感激されています」と市民の反応を記している。11月には『土と兵隊』が上映され、映画法最初の保存映画に指定される。市内の各小中学校生徒や各種団体の団体観覧が行われている（14年11月1日「広告」鹿児島新聞）。また、同月に『残菊物語』が上映され「一日延べ決定。全市を席捲した絶賛の激浪」とある。3作とも昭和14年度のキネマ旬報ベストテン上位を占める作品であった。『残菊物語』は翌年に再映されている。

長谷川一夫、李香蘭主演の『支那の夜』は、15年6月に封切られる。古川楽器店や十字屋楽器店は主題曲の『支那の夜』や『蘇州夜曲』のレコードを街頭に流し、新聞広告も盛んに行われている。翌年の1月には「御熱求によって再び贈るあの感激と興奮！　忘れがたき名画」と広告、ニュース会館で再上映された。同映画は国策映画と思われたが、国策映画とは関係のない典型的な娯楽映画であったという（古川隆久『戦時下の日本映画』ｐ１３０　吉川弘文館）。

13年10月には『愛染かつら』（前後篇）が富士館で上映される。15日には「満員御礼、お見落としは一大事ッ！」と人気を煽っている。翌年3月には再映される。さらに、5月の『続・愛染かつら』の封切のときは「全市大騒ぎ、満員御礼、この爆発的大盛況どうぞお早く御来館ください」とか、11月には「愛染かつら大会」（前編・後編・続編）が行われ、「再び来ないこのチャンス　堂々三時間の魅力」とある。15年の正月興行に完結篇が封切られ愛染かつらブームは続く。16年12月27日から「オール愛染かつら大会」、17年11月には「全集愛染かつら大会」が興行される騒ぎであった。その人気は4年以上も続いた。戦時中、鹿児島で最も人気を呼んだ作品であった。終戦後、最初に騎射場で上映されたのも『愛染かつら』であった。

『愛染かつら』の独特な魅力は「原始的な健康さ」という人もいたが、当時の映画評論家たちからは「催涙（さいるい）映画という蔑称」で呼ばれたという。大衆は映画に娯楽を求め、評論家たちは「芸術的なものこそ娯楽性も高い」と考えていて、「大衆の機嫌をとり結んだ、阿片的な作品」だとした（古川隆久『戦時下の日本映画』p92、87、93、91　吉川弘文館）。

一方、日活の『歴史』は膨大な制作費をつぎ込み、文部省推薦を受け新聞で大々的な広告を行った。鹿児島では15年5月末から1週間の予定で上映されるが、よほどの不入りだったのか5日間で打ち切られ、残り2日間は、阪東妻三郎の『牢獄の花嫁』が上映された。第2部、第3部は6月に封切られるが、これも5日間で打ち切られ、図表44のように洋画が上映されている。『歴史』は興行的にはさんざんであった。

図表44　「映画『歴史』広告」
（昭和15年６月　鹿児島新聞）

翌年には『西住戦車長伝』（文部省推薦）と、陸軍航空隊を描いた『燃ゆる大空』がヒットした。学生や青年団の団体参加が多かったという（古川隆久「戦時下の日本映画」ｐ１５３　吉川弘文館）。当時の少年層に大きな影響を与えた映画であった。

批評家から批判された『待って居た男』は17年5月に、『磯川兵助功名噺』は11月に封切られ、その後も再映されており鹿児島でも人気を呼んだ。

戦時下には一般の観客の好みと、政府や批評家との評価の違いははっきりしていた。当時の第一映画の映写技師、中村二男は「『滝の白糸』『エノケンの猿飛佐助』などは戦争で重苦しい市民生活をわずかながら和らげた。再映画で傷だらけのフイルムだったが、笑い、泣き、結末では拍手がわいた」と語っている（昭和54年7月31日「人生紀行　松竹第一劇場映写技師中村二男さん」南日本新聞）。

戦争末期の映画界

地域別適正配給制の興行　さらに、戦局は厳しく、物資は極端に不足していった。19年2月に決戦非常措置興行が決定され、4月には映画館の地域別適正配給制が実施され、盛り場中心主義の封切番線が勤労者居住区域に拡大された。鹿児島市では新たに番線を決め、一番館を富士・帝国・南映の3館、二番館を東宝・日東、三番館を第一映画とした。南映が一番館になっているのは、地域別適正配給制によるものであろう。地域別適正配給制というのは、映画は勤労者（産業戦士）の慰労のためのものであるとして、盛り場の封切館を減らし、勤労者が多く住む地域に移そうというものであった。これにより大都市では盛り場の映画街が一変したといわれる。

そして「興行時間は一時間四十分、入場料金は一番館のうち富士館と帝国館は従来通り階上一円二銭、階下五九銭、南映は税共階上八十銭、階下四四銭、二番館は階上階下ともに税共五四銭均一、三番館は階上階下五十銭均一」と決められた。この時、文化映画の強制上映は停止されたが、鹿児島では、再映作品と考えられるが、先に述べたように年末までは断続的に上映されている（19年4月5日「映画の料金、二番館は値下げ」鹿児島日報）。

19年6月に初めて米軍B29爆撃機が北九州に来襲、7月にサイパン島の日本軍が全滅して東条英機内閣が総辞職する。

密集興行地の分散・疎開の実施　さらに戦局は進み、内務省、大日本映画配給社、同興行協会は「生フィルムをはじめ、電球など一般映画資材の需給にも著しい変化をきたしたので、現実の情勢に即応するため全国映画興行場の整備を行い映画興行場の人的資材を直接戦力にあてる」ことにした。

鹿児島市映画報国会は映画場の整備を20年2月1日から実施することを決め、その整備案は「存続するもの（番線）は、第一映画（紅系）、

図表45　「昭和20年鹿児島市各館案内」
（昭和20年２月　鹿児島日報）

帝国（白系）、日東（紅白系）、南映（同）とし、封切順位は第一映画・帝国が一番、日東が二番、南映が三番の順とし、東宝高島館、富士館の二館は番線外（休館となるもの）」と決めている。天文館の両館の休館は「密集興行地の分散・疎開」の趣旨に沿ったものだろう。地方で線番が存続されたのは図表45は同日掲載の広告で、この日から2館が廃止され、市内の映画館は4館となった。地方で線番が存続されたのは「川内の川内劇場、枕崎の光陽館、名瀬の朝日館の3館」と記事にある。休止した館に対しては補償制度によって17年4月から本年8月までの平均実績の2割5分の割当金が交付され、館数の縮少による「観客の収容力は回数によって補ってゆく方針」とある。整備案について、上原映画報国会長は「貴重な戦争資源を使っていることですから、食糧につぐ心の糧として映画を通じて戦意高揚に資すると同時に、この点を我々同業者は深く認識して整備の目的を達成したいと思います」と語っている（19年12月28日「映画場を整備 東宝と富士は休止」鹿児島日報）。

空襲と映画館の最期

米軍の鹿児島市への空襲は20年3月18日から始まり8月6日までに8回行われ、市内の大部分が焼失した（『鹿児島市史』③年表947）。4月21日の第3次空襲で長田町、山下町、千石町、加治屋町、山之口町、樋之口町、新屋敷町付近が焼失したが（勝目清『勝目清回顧録』p156 南日本新聞社）、映画館の広告はその後6月17日まで続いているので、この時は無事であった。しかし、第5次の6月17日夜11時の大空襲は、市内一円に焼夷弾を投下、死者2316人、負傷者3500人という大惨事となった（『南日本新聞百年志』p248　南日本新聞社）。『米国戦略爆撃機調査団資料』によれば「17日午後11時6分から18日午前0時49分までの103分間。グアム基地を飛び立ったB29爆撃機117機が、高度2100～2800メートルの上空から焼夷弾など800トンを投下した。この夜襲で市街地の43％以上を破壊した」という（平成7年6月15日「鹿児島大空襲　米軍資料を翻訳、市街地の破壊43％強」朝日新聞）。このとき天文館の映画館も全て焼失した。帝国館や休館中の富士館などに避難した多くの市民が焼死したとも言われる。図表46は戦前、最後の映画広告である。

易居町の鹿児島日報社屋もこのとき被災し、鹿児島では印刷不能となり、熊本で印刷されたといわれるが、その後の数日間の新聞は保存されていない。

明治10年代からつくりあげられた盛り場天文館は焼野が原となってしまった。

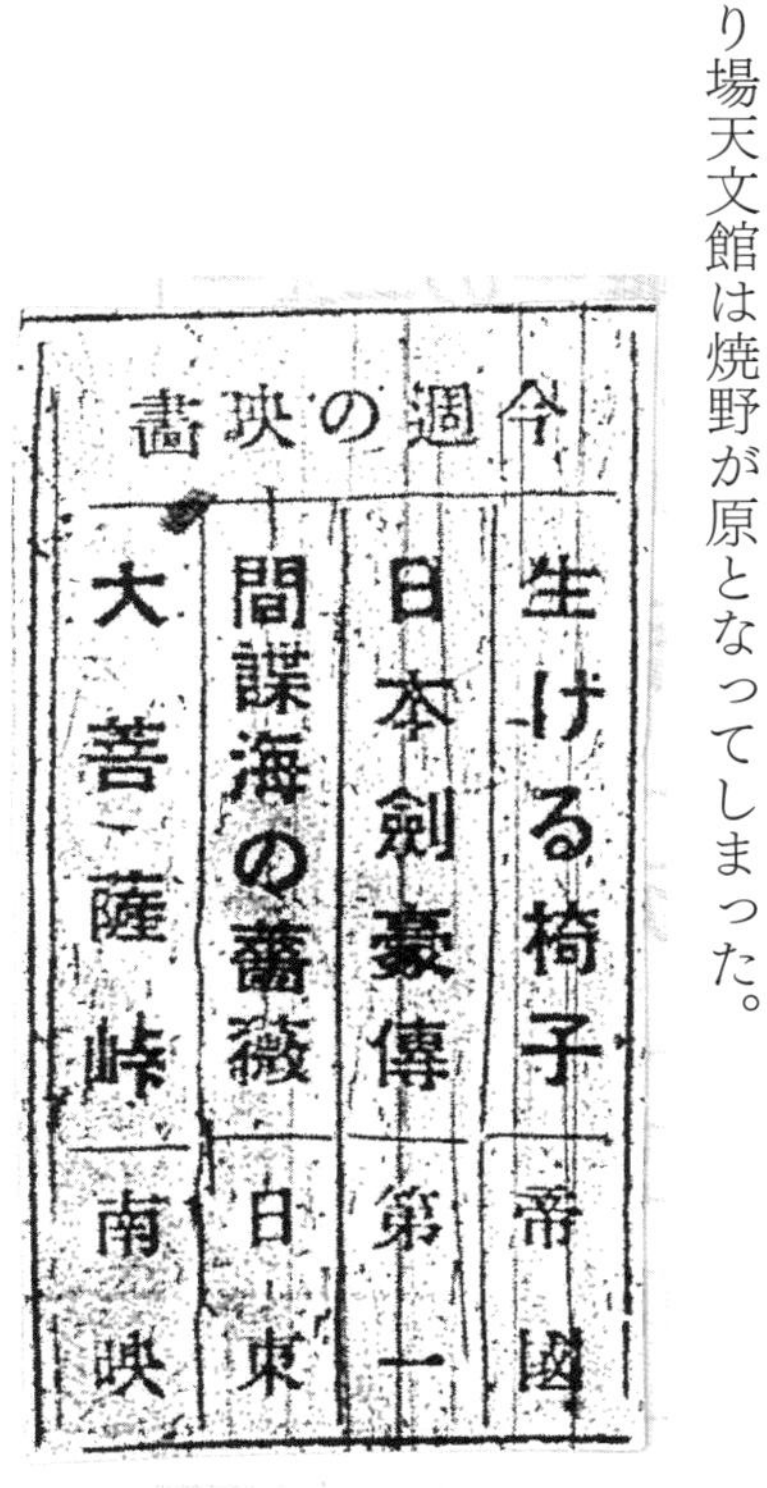
今週の映畫

生ける椅子	帝國
日本劍豪傳	第一
間諜海の薔薇	日東
大菩薩峠	南映

図表46　「今週の映画」
（昭和20年６月　鹿児島日報）

8　敗戦直後の映画界

9年ぶりの戦争のない新春

敗戦の年は暮れて、昭和21年の正月は12年7月に始まった日中戦争以来9年ぶりの戦争のない新春であった。鹿児島日報は「新生鹿児島の春」と題して、鹿児島市の街の表情を次のように伝えている。

悪夢のような二十年は去って、二十一年の新春は訪れた。九年ぶりに迎える戦いのない正月は何かほっとした表情が街行く人々の顔にうかがわれる。一切を過去に押し流して、新しい民族の理念に生きなければならない。それこそ新しい年である。しかし、道はあまりにも険しい。迫る飢餓とインフレの波は容赦なく高まりつつある。深刻なそして混沌たる世相はいつ果てるとも知れず、町に村に渦巻いている。

敗戦直後の闇市は戦後の混乱の象徴であり、映画は国民の唯一最大の娯楽であった。新聞は鹿児島市のその模様を次のように記している。

闇市場は年の瀬に引きつづいて街の花形、依然として盛況、まさかと思われた元旦さえも数十軒の露店市場がぎっしりと並ぶありさま。二日、三日と日を追うごとに増加して、戦時中、どこへ逃げたかと思われた鍋、釜から洋服、シャツ、靴などが続々と店頭に顔を出し、オデン屋、シルコ屋の登場とあいまって闇市場の魅力ますます大きくなりつつある。闇市場はいつまで続くのか。

映画館は並びもならんだり山形屋三階の第一映画劇場をはみ出た観客は二階の売り場をぐるりと廻って、一階へのび出るという、まさに殺人的な風景である。階段を降りることも登ることもできないありさまである。映画館内に足を一歩踏み入れると喧騒とほこりで文字通りの生き地獄。映画を見るどころではない、殺されてしまうと若い娘さんは逃げだす始末。人の頭を見に来たのではない。頭を下げろ、帽子をとれ、前の奴は座れ、押すな。秩序もあったものではなく、敗戦日本の縮図があからさまに描き出され、まったく慄然（りつぜん）たるものがある。一日の観客は約二千名にのぼり、入館できずにすごすごと帰る者も相当数にのぼるというにいたっては、世はまさに映画の時代である（21年1月5日「新生鹿児島の春。賑う闇市場と映画。ここにも敗戦日本の縮図」鹿児島日報）。

映画街の復活

戦後初の映画上映　20年6月の空襲で、鹿児島市内の映画館は全て焼失してしまった。戦争が終わって初めて映画が上映されたのは、騎射場の焼け跡に残っていた共助会の倉庫（後の騎射場市場らしい）だったという。大口と志布志に疎開していた移動映写機を使って上映されたという（黒岩千尋『かごしま興行番外史』（81回）昭和40年南日本新聞）。初上映された戦時中のヒット作『愛染かつら』は観客があふれるほどの大入りであった。

初上映の日は20年の8月19日とも（『鹿児島市史』③ｐ１、０８７）、９月３日ともいわれる。『鹿児島年鑑』には「９月３日に他の娯楽面にさきがけて、騎射場にあった農業会の縄工場で上原三郎が映画を上映し始めた」とある（『鹿児島年鑑』ｐ１８０　昭和23年３月１日南日本新聞社発行）。また、この映画館の上映準備に当った中村二男映写技師は玉音放送から１週間後に上原三郎から「フィルムが焼け残っている。騎射場にある共助会の倉庫を借りて映画をやってくれ」と依頼され、準備は１週間ほどで終わったと語っており、８月末には上映準備は終わったものと思われる。『鹿児島県史年表』には８月20日に映画仮設劇場発足とある。諸説があるが、９月３日に上映が始まったものと考えられる。

中村は同館の初上映の模様を「心身ともに痛みつけられた多くの市民が、鹿児島市で映画をやっていると疎開先から次々と戻り始めた。上原謙、田中絹代の『愛染かつら』が薄汚れた急造映画館で何度も、何度も上映された」と語っている（54年７月31日「人生紀行　松竹第一劇場映写技師中村二男さん」南日本新聞）。

騎射場の映画館ははじめ市電きしゃば・第一映画劇場といったが、第一映画山形屋劇場ができると「市電きしゃば・南映」などとある。**図表47**の広告は「一」の字が抜けているが、これは戦後初の映画広告である（20年10月16日「市電きしゃば第　映画劇場」鹿児島日報）。天文館の映画街の復興により21年末に閉館した。的場福一は文化通りの第一映劇は「騎射場の第一映画劇場を天文館に新築移転」したとして

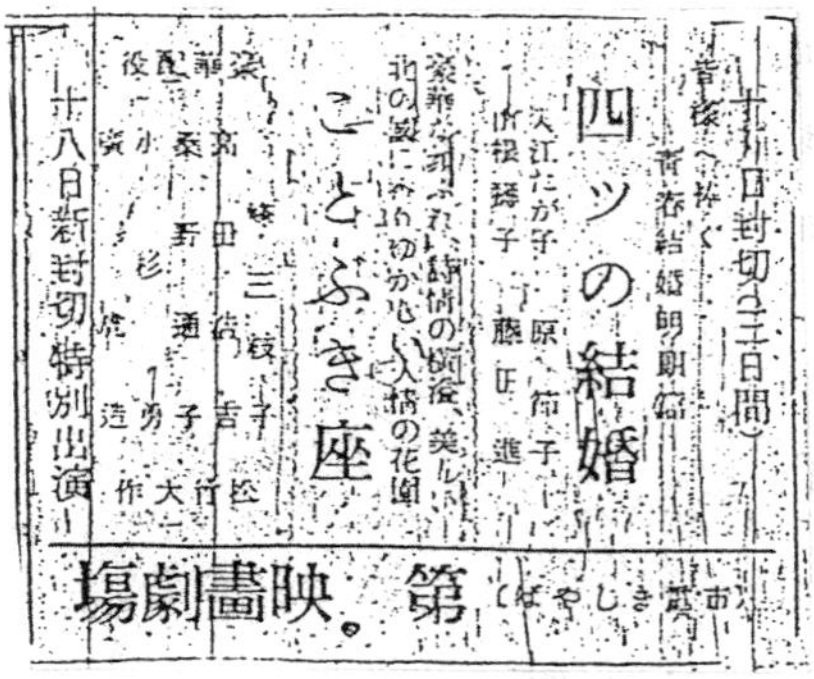

図表47　「市電きしゃば第　映画劇場」
（昭和20年10月　鹿児島日報）

いる。

戦後、山形屋1階が開店したのは20年9月17日である。10月10日、3階に「第一映画山形屋劇場」が開場する（『鹿児島年鑑』p180　昭和23年3月、南日本新聞社）。『山形屋二一七年』は同劇場ができた事情を「終戦当時の鹿児島市の人口はわずか9万3千人程度でしかなかったといわれ、山形屋はまず客となるべき市民たちを地方の疎開先から市内に呼び返す手だてを考えねばならなかった。終戦の翌月の9月末には早くも鹿児島文化企画株式会社と契約を結んで、本社焼け跡の3階に映画場を仮設したのはその一策でもあったろうか」と述べている。やがて疎開者などが帰ってくると、「映画館の設備は不完全で、焼けのこった壁の穴に板を打ちつけてふさぎ、前面に白い幕を垂らし、椅子一つない小屋掛けだったけれども、娯楽にうえた市民が連日押しかけ大入りをかさねます。邦画や古い輸入フイルムしかなく、スクリーンには絶えず雨が降るようなカスレがありました。それでも観客たちは息を殺して見まもり、戦時の空白と、戦後の虚脱をしばし癒すかのようであった」とある（『山形屋二一七年』p324、株式会社山形屋発行）。映画館による集客はデパートの立ち上がりのきっかけとなったと思われる。

興行場建設委員会　21年6月に「映画が見たい！　だが問題は建物。興行場建設委員会で審議」という記事がある。5月に建築資材不足のため建築制限令が制定されており、建築は制限されていた。土木部建築課と協議し、興行場建設委員会を設定し審議することになった。知事をはじめ県、市の幹部、興行協会長大木嘉次、映画部長上原三郎、南日本新聞編集局長畠中季隆など相当なメンバーを集めた委員会であった。とにかく興行場の建設は切実な問題であった。このとき建設出願されたのは映画館13件、劇場4件であった。**図表48**はこれを一覧表にしたものである。このうちセントラル、銀河、銀座屋の3館は建築制限令以前に申請していたので建築許可済であったが、他は建築制限令にふれ、同委員会で審議し建設を決めることになった（21年6月17日「映画が見たい！　だが問題は建物。興行場建設委員会で審議を行う」南日本新聞）。結局、その後建設されたのは許可済の3館と、帝国館（銀映座）、日東、第一映画の計6映画館と文化劇場であった。

仮設の騎射場と山形屋の映画館が、わずかに映画ファンの渇きを潤していたが、建設委員会の建築許可が決定して、映画館の建築は急ピッチで進められた（21年10月10日「洋画も見られる。活気づいた鹿児島の映画界」南日本新聞）。バラックであったが建設はすばやく、21年10月、鹿児島市に映画館が相次いで開館する。

映画館建設ラッシュ　15日から17日にかけて銀映座、第一映画劇場、セントラル映画劇場が開館して、特に17日には市民が映画館へ殺到した。

「復興はまず娯楽からの波にのって、鹿児島市の映画館は新装の色もあざやかにあいついで誕生、焦土のなかにあって長い間娯楽に恵まれなかった鹿児島市民の唯一の娯楽機関として登場した。絶好の映

図表48「建設出願中の映画館・劇場」南日本新聞）

館名	建設予定地	出願者	備考
セントラル映劇	東千石町	中村武兵衛	許可済み
銀河	山下町	坂上勝己	許可済み
銀座屋	山之口町	宇都泰蔵	許可済み
帝国館（銀映座）	山之口町	山口静治	委員会で審議建設 委員会審査
日東	山之口町	岩崎与八郎	〃
第一映画	東千石町	上原三郎	〃
文化劇場	東千石町	江島田照	〃　（劇場）
南映館	金生町	上原三郎	建設されなかった
未定	山之口町	原田理芳	〃
東和	東千石町	豊山忠恕	〃
未定	塩屋町	中山中重	〃
衆楽館	加治屋町	旗手儀一	〃
国際館	武町	豊山忠恕	〃
沖之村映画館	塩屋町	佐伯エツコ	〃
鹿児島座	船津町	星原金助	〃
文化映画劇場	宮之城町	坂下繁	

画日和をむかえへた十七日、これら五つの映画館に殺到した観覧者はざっと二万名に及び、ふたをあけたばかりの映画館が立ち並ぶ天文館一帯の人波は昔におとらぬ賑わいをみせ、観覧できずにすごすごと帰るものが数多くみうけられた。昔の天文館再現の感があった。ことに開館初日のセントラル劇場は呼びものの洋画『ターザンの猛襲』が青少年層の興味をひき、連続六回の上映で約七千名の入りを見せ、おかげで場内の椅子がほとんど全部壊れてしまうという悲喜劇を演じた。隣の第一映画劇場も負けずおとらず久方ぶりのチャンバラ映画『国定忠治』で、六千二百名が入り約二万円ちかくの新円を吸収、開館三日目の帝国館改め銀映座は『或る夜の殿様』を上映し二千六百名、山形屋劇場が『金ちゃんのマラソン選手』で二千名と、いずれもものすごいばかりの客を集めて、デパートや自由市場、闇市場などの顧客を総からめに奪いとったような盛況を呈し、大人四円五十銭、子供二円五十銭の入場料は、インフレも度胆を抜かれるような新円狂想曲を奏で、娯楽は映画からと同時に、新円吸収は映画からの感」を与えた（21年10月19日「映画館へ殺到。にぎわった鹿児島市の十七日」南日本新聞）。戦後の天文館の立ち上がり、街づくりに映画の集客力が果たした役割は非常に大きかった。

銀映座は旧帝国館跡に10月15日に開館した。東宝の封切館。建物は急造のバラック造りで、開館一番乗りを競ったのか「とりあえず仮竣工にてはじめさせていただきます」とあり、仮設館で座席は700席、椅子は木製のベンチであった。焼野が原の天文館本通りに初めてできた映画館で市民を喜ばせた。

次いで翌日、第一映画劇場が「南九州一を誇る」とうたい、東千石町日置裏門通りの中座跡に落成した。初日は戦災者などに無料公開して、17日から一般公開を始めた。大映と松竹の封切館で、外国映画もかけるとある（21年10月10日「洋画も見られる。活気づいた鹿児島の映画界」南日本新聞）。２階には座敷と椅子席があった。

セントラル映劇は鹿児島最初の洋画専門館で、市民に強い衝撃を与えた。アメリカの映画各社が合同で映画輸出協会をつくり、セントラル映画社を日本に設立し、輸入映画の配給を21年２月から始めた（『日本映画発達史』③ｐ２７４）。セントラル映劇の館名はこの配給会社に由来すると思われる。『カサブランカ』が６月に東京などで封切られ人気を呼ぶが、鹿児島では11月30日から12月５日まで同映劇で封切られ人気を呼んだ。

12月には銀河映画劇場が開館する。同館は千石馬場、現在の徳永蒲鉾店斜め向い側、パーク照国24駐車場の辺りにあった。洋画、邦画の再映館で、開館のとき上映された『商船テナシチー』は昭和10年３月に帝国館で上映され、鹿児島でも大変人気を呼んだ作品である。池波正太郎は、主人公が「『港の雨って、さびしいね』というセリフは若い私たちの胸をしめつけたものだ」と語っている（『フランス映画旅行』ｐ１９７新潮文庫）。

再映館にしたのは、経営者の坂之上勝巳（坂之上文旦堂経営者）の意向で、自分で作品を選び、いい映画を上映するためであったという。専属劇団ロマン座を結成したり、名画鑑賞会や映画教室を開いたりしている（黒岩千尋『かごしま興行番外史』（87回）南日本新聞）。21年に４館ができ、市内の映画館は６館となった。

昭和22年７月に日東映画劇場（戦前の日東館跡）が開館する。開館当初は邦画の再映館で『愛の暴風』、『女こそ家族を守れ』（松竹）などを上映している（22年７月26日「広告」南日本新聞）。翌年洋画専門館となる。「気楽に鑑賞できる一人一脚」と開館広告にある。

その後、22年2月に日南映劇が「芸術と文化のかおり高いアメリカ映画専門の封切場」として戦前の富士館跡に開館した。初上映は『懐かしのケンタッキー』。経営者の岡元義人は引き揚げ促進団体のリーダーで日南殖産株式会社の社長。22年8月の参議院補欠選挙で当選し参議院議員となっている（『鹿児島大百科事典』ｐ１０６４　南日本新聞社）。

高島映画劇場は旧高島館跡に川内市の興行社により21年暮れに建設されるが（21年12月26日「高島映画劇場は一日から開館」南日本新聞）、建物の使用許可が下りず改築して、やっと翌年3月に開館することになった。この時、説明映画『瞼の母』と『滝の白糸』が上映され、桂田桃暁という説明者が出演している。

その後も問題があったらしく、上原三郎が新経営者となり改築が行われた。その経緯を述べた広告が出される。終戦直後の映画館建設の状況を伝えている。

「高島映劇も実は昨年来急増バラックとして造られたのを引き受けて今日まで曲がりなりにも市民各位の文化機関として使用されてきましたが、なにぶんにも際物的な建築で、構造その他設備上にもはなはだ不備の点多く、市民各位へご迷惑をかけることと明らかなることと懸念いたし、市復興都市計画による換地も決定いたし現建物の背部と側面を相当坪数削除される事となり、復興院並びに当局のご指示を仰ぎ構造的に支障なきものとし、できる限り現建物を使用し昼夜兼行で工事を進める事となりました」（22年11月23日「改築御挨拶。大映直営封切館、高島映画劇場　新責任者上原三郎」南日本新聞）。建物の不備と市復興都市計画の換地問題が絡んでいたようである。

9月にはギンザ屋劇場が開場した（22年9月4日「ギンザ屋劇場開館」南日本新聞）。戦前、山形屋、春田呉服店などとともに、「おたのしみ観劇」で知られた銀座通りの銀座屋呉服店の経営であった。開館披露興行は『初恋物語』と、西検・南検の芸妓出演の『秋のおどりと唄』となっている。同劇場はその後もスターの実演と映画の興行で人気があった。

22年までに開館した10館　20年9月から22年12月までの2年4カ月の間に10館が開館した。うち1館が閉館し、市内には9館があったが、千日町天文館通りには電車通りから地蔵角交番の方に向かって高島、日東、ギンザ、銀映、日南と5館が並び、戦前のように映画館街が復活し、盛り場天文館の集客、賑わいの中核の役割を果たした。

図表49のように戦後開館した10館のうち6館は戦災で焼失した映画館等の跡に開館している。新しい所にできた4館のうち2館は23年8月までに、銀河映劇（新世界）は24年11月に閉館している。日東映劇隣りのギンザ屋劇場だけがその後も続いた。天文館の映画館は戦前とほぼ同じ位置に開館し、戦前からの継続性を保っている。

文化劇場の建設　終戦直後、鹿児島では演劇への関心が異常に高かった。昭和21年5月、鹿児島最初の新劇団、文芸座が結成される。同時に劇団専用の文化劇場が建設され、21年11月に完成する。場所は戦前の西検番跡で、その後の第一小劇場、現在の文化ビルディングIIのところである。

図表49　「昭和20～22年開館の映画館位置」

館名	開館日			位　置
市電きしゃば南映	昭和20	9	3	騎射場 （昭和21年12月閉館）
第一映画 山形屋映劇	20	10	10	山形屋３階 （昭和23年８月閉館）
銀映座	21	10	15	帝国館跡
第一映画映劇	21	10	16	中座跡
セントラル映劇	21	10	17	世界館跡
銀河	21	12	17	千石馬場 （昭和24年11月閉館）
日南映劇	22	2	12	富士館跡
高島映劇	22	3	11	高島館跡
日東映劇	22	7	26	日東跡
ギンザ屋映劇	22	9	9	天文館通り（日東隣り）

戦後の劇団活動はこの文化劇場から始まったが、劇団の経済的基盤が弱く、昭和23年9月に山形屋南玄関が復活することになり、そこにあった山形屋映劇は文化劇場に移転し第一小劇場となる（昭和23年9月7日「文化劇場改め第一小劇が12日をもって新発足することになりました」南日本新聞）。

文化通りとおはら通り　21年秋には、「電車通りより北側の日置裏門通りを中心に文化劇場、第一映画劇場、セントラルなどができ、その周辺に食堂、喫茶店、麻雀クラブなどがバラックながらも軒をならべて開店、戦災前のお株を奪ったかたち」になっていた（21年9月28日「どう変わる天文館。戦前のお株を奪う北側の繁栄」南日本新聞）。近くに林田バス、南国バスの発着所があり旅館もできた。東千石町の日置裏門通りは映画館、バス発着が人を集め、天文館で戦後最も早く復興したところである。

それまで日置裏門通りと呼ばれていた通りを、この年の11月3日の憲法公布を記念して現在の文化通りと改称した。第一映画、セントラルの両映画館主が発起人となり通り名を募集したところ、文化通りのほかに有楽通り、新栄通り、都通りなどの応募があった。現在から考えると、文化通りを含めてありきたりのものであったが、文化通りが定着したところをみると、その時代をつかんだ名称であったのであろう。「島津殿（どん）の鶴丸城下として栄えた鹿児島市は街路にも因習的な封建の名残をとどめている。民主化は街路の改善から」というのが改称の理由であったという（21年11月5日「文化通りと改名。もと日置裏門通り」南日本新聞）。

小劇前の通りを24年暮れ、**図表50**のように「おはら通り」と付けた。「天文館の道路はそれぞれの装いをこらして文化街をかたちづくっているが、電車通りのヒワタシミルクホールから天神馬場へつらぬ

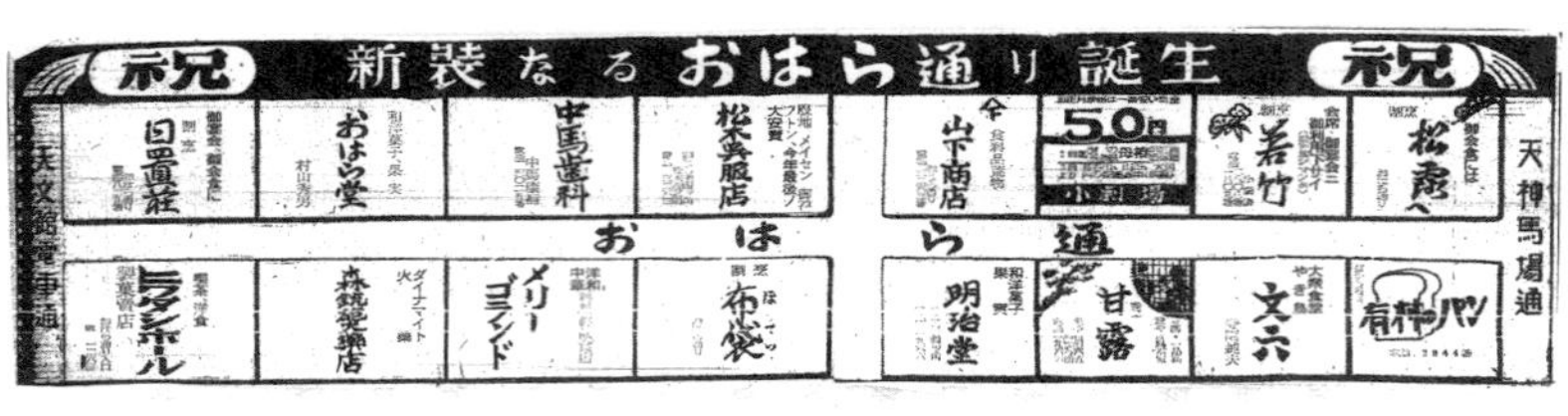

図表50　「新しい名所おはら通り」（昭和24年12月　南日本新聞）

く路地を郷土にちなんで『おはら通り』と名づけて、ちかく客足の吸収に目新しい趣向をこらすことになった。この通りには樋渡ミルクホール、小劇、割烹布袋、有村パンなどが軒を並べており、こんど文化通りに仲間入りして、ますますにぎわいを呈するものと見られている」と通りを紹介している（24年12月12日「新しい名所おはら通り」南日本新聞）。25年にはラーメンの「こむらさき」ができている。味とオープン・キッチンは初めから人気があった。その後、吾愛人、分家無邪気などができ、市民に親しまれた。この路地には、かつてはムーラン、第一食堂などもあり、現在も老舗のラーメン店、居酒屋、喫茶店、呉服店、時計店などが軒を並べ、天文館を代表する路地となっている。

移動映画

村々を回ってくる移動映画は、校庭や境内を仮設映写場にして上映した。画面が風に揺れたり、フィルムがよく切れたりした思い出を語る人が多い。

移動映画には農村慰問を目的としたもの、民間の移動映画会社によるものがあった。

農村慰問の移動映画は21年2月から始まっている。そのきっかけは終戦後の食糧難が続き、米などの供出も思わしくなく、「政府の主食管理に対する強権の発動は異論をかもしたが、鹿児島県では強権の発動を要しないほど純良農民の供出意欲が非常に高く、局部的には自主的に割り当てを完遂しようという動き」もあったとある。これに応えて「都市の消費地では、供出に対する感謝を表す物資をもたないので、とりあえず何はなくとも農山漁村へ感謝慰問」の演芸班と移動映画班を送ることになった。費用は鹿児島市、鹿屋市、川内市や県が支出した。「演芸は浪曲師が三班に分かれ県下を巡業することになり、一月二三日より北薩地方から巡業を始めた。慰問映画は二月二日より郡山村の四つの小学校での上映を皮切りに県下を巡回することになった」という（21年1月24日「農村へ慰問隊。演芸と映画班を派遣」鹿児島日報）。

21年末に民間の鹿児島県映画業者文化連盟が、翌年には山本寿文化企画会社などが営業しており、図表51は日南殖産移動映画部の移動映画の広告である。広告の左下に「御申込ミニヨリ当方ニテスケヂュールヲ組テ御通知イタシマス」とある（22年5月21日「日南殖産文化事業部移動映写班広告」南日本新聞）。

23年5月、連合軍総司令部は映画による社会教育を目的として県社会教育課にアメリカのナトコ16ミリ映写機28台を貸与した。六月から総司令部民間情報部との共催で、この映写機を使って甑島を皮切りに県下一円の巡回映画が始まっている（23年5月26日「十六ミリ映画の地方巡回、連合軍

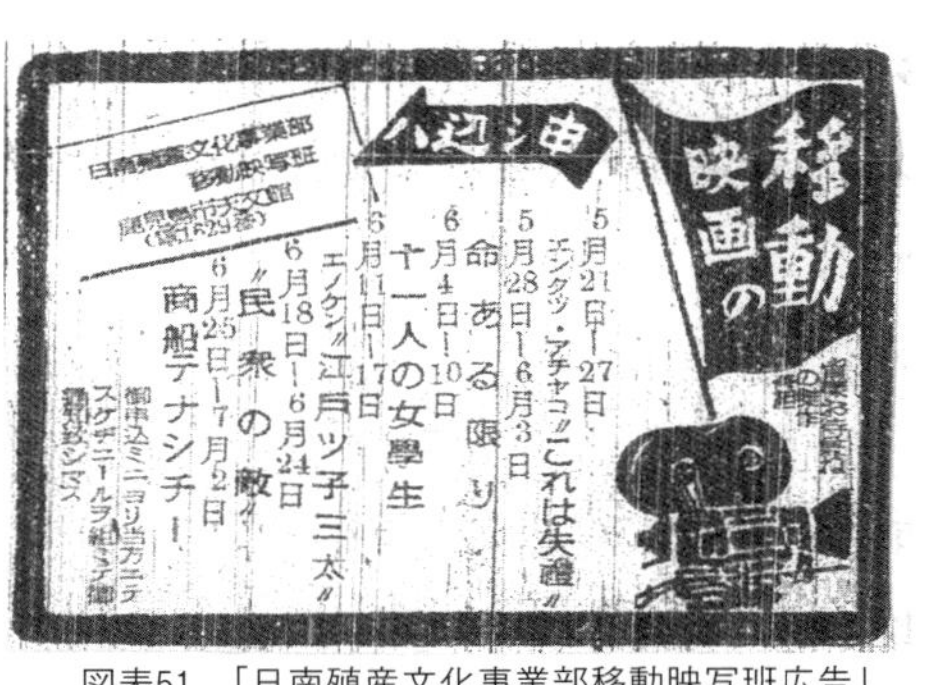

図表51　「日南殖産文化事業部移動映写班広告」
（昭和22年５月　南日本新聞）

から県に二八台貸与」南日本新聞)。これは「ナトコ映画」と呼ばれた。

社会教育課の映画は30年代初めごろまで続き、映画館がない町村では映画は移動映画だけであったので県民に広く親しまれた。間もなく市町村社会教育課による巡回映画も行われるようになる。次の記事は28年3月の南日本新聞に載った記事である。

「串木野市巡回映画班の唯一人の係員山下保介さんは企画主任、映写技師、活弁、雑役夫の役を一人で引き受け、月の大半をコツコツ田舎回りに過ごしている。冠岳の山奥や、羽島の弁財天開拓地には映写機、フイルムなどの荷を牛の背に積み山道を登って行かねばならない。そこには約三里の遠くからタイマツをともして見物にやってくる開拓地の人たちが首を長くして待っている。開拓地の小さな民家では映写機を台所にすえ、座敷にかけた白幕に写す。割の合わない難儀な仕事だが、これほど心楽しい仕事もないのです」と山下さんは語っている(28年3月22日「しんどい！ でも愉快。企画から技師・活弁まで。今宵も待っている開拓地へ」南日本新聞)。松明を灯して映画に集まる開拓民の姿が目に浮かぶ。帰りには映画の話をしながら帰ったのであろう。

節電休館と「本日の映画案内」

「映画案内」は南日本新聞の長寿欄の一つである。これは電力不足による節電休館の案内広告から始まった。図表52は昭和22年10月の案内である。

22年に入ると復興が少しずつ進み電力消費量が増加する。3月になると電力不足は著しくなり、生産面への電力補強のため映画館に対し節電依頼が続き、週に何日か休館しなければならなくなった。節電休館の協力と引き換えに入場料の値上げを行うことで折り合いがつき、市内の映画館は3月31日に一斉に休館することになった（22年3月27日「増税と電力不足。映画館にたたる。三一日は一斉に休み」南日本新聞）。

8月になると九州商工局は、石炭不足と日照りのため夏から秋にかけて電力不足は深刻となることが予想され、その切り抜け策として映画館の節電協力を求め「8月15日付けで全九州各映画館に対し月、水、金曜日の週3回全館休業」するよう要請してきた。鹿児島市の9館は「全館一斉の休館は市民に迷惑をかけることになり、ことに地方から出かけてくる人には影響が大きいとして交替制で休館」することにした。そして図表52のような案内が始まる。

戦後のインフレが進むと、21年12月末は大人入場料4円50銭が5円になり、翌22年3月には入場税が10割上げられ10円になった。さらに節電の強化により休館日が増え経営を圧迫して、穴うめに料金引き上げが行われる。9月からの節電休館を見込んで、8月末には20円に引き上げられている（22年8月31日「節電強化で映画街異変、ついに週三回休館。穴うめに料金引き上げ」南日本新聞）。

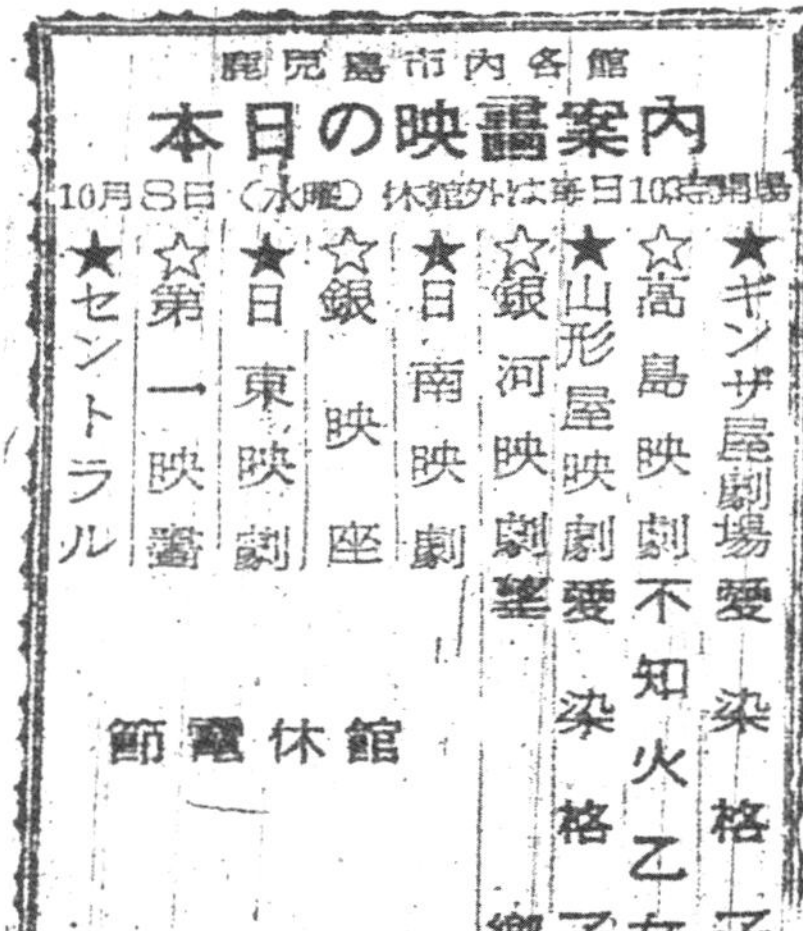

鹿児島市内各館
本日の映画案内
10月8日（水曜）休館外は毎日10時開場
★ギンザ昆劇場　愛染格子
☆高島映劇　不知火乙女
★山形屋映劇　愛染格子
☆銀河映劇　望郷
★日南映劇
☆銀映座
★日東映劇
☆第一映画
★セントラル
節電休館

図表52　「本日の映画案内」
（昭和22年10月8日　南日本新聞）

12月に鹿児島税務署から15割課税実施の通知があり、映画界は入場料をどうするか話し合ったが、結局、各館の「自由意志」で決めることになった。この時はギンザ屋劇場と日南映劇は25円に引き上げ、他は20円のままで営業する。ギンザ屋と山形屋映劇は同じ『三本指の男』を上映しており、同一作品で料金がまちまちという事態がおきている（22年12月5日「入場税15割にハネ上がる。映画街は乱調子。同一作品で料金まちまち」南日本新聞）。節電休館の増加による値上げと、入場税の引上げ、インフレが重なって入場料金は、1年間で4倍、5倍に跳ね上がった。

24年に入ると電力事情が良くなり、鹿児島市は福岡商工局に「福岡、熊本、宮崎などと同じように鹿児島市内の映画館も月4回の休電日を廃して年中無休にするよう陳情書」を提出する。陳情書を鹿児島市が提出している理由は「休電日が解消すれば入場税、付加税だけでも月69万2千円、年間830万4千円の増収」となり、市にとっては大きな財源になるという目論見であった。結局、この6月に映画館の節電休館は終わる（24年6月7日「映画館を年中無休へ財源獲得に市が福商局に陳情」南日本新聞）。

「本日の映画案内」の節電休館案内の役割は終わり掲載は中止されたが、映画案内の役割も果たしていて、数日して再開され現在まで続いている。

9　復興期の映画界

映画界の変化

変わる映画館経営　鹿児島市の映画界は、戦後数年がたち、変化する社会に対応しなければならなかった。鹿児島市内だけで9館になり、一時、「新円界の王様といわれた映画館も最近は競争時代に入った感がある」といわれた。

先に述べたように、昭和23年11月に山形屋1階の南玄関が戦前と同様に改修されることになり、山形屋映劇は第一小劇場と館名を変え、9月に東千石町の文化劇場に移転する。銀河は24年3月から館名を新世界と変更した（24年3月1日「本日の映画案内　新世界（旧銀河）3日開館」南日本新聞）。ギンザ屋劇場は24年1月から銀座劇場と改称した（24年1月11日「本日の映画案内」南日本新聞）。

封切館にも変動があった。日東は開館当初邦画や洋画の2番線であったが、23年2月から東宝配給欧州映画の封切館に転向し、イギリス映画『第七のヴェール』を上映している。ところが、24年2月からは突然アメリカ映画の上映館に変わり、ロード・ショー館に転向した。立ち見なしの自由定員制興行を行い、新しい洋画専門館として人気を集める（23年4月13日「ロードショウ転向記念」南日本新聞）。

一方、日東の転向のあおりを食い、セントラル映劇はアメリカ映画系の封切館から東宝系の邦画館となり、23年10月、鹿児島大劇と称するが（23年10月10日「セントラルは大劇と改称」南日本新聞）、24年2月に今度は欧州系の洋画館となり、同年8月に再び館名をセントラル映劇に戻した。洋画の系列が日東映劇と入れ替わった（24年8月16日「セントラル（大劇改め）」南日本新聞）。

日南映劇の経営者岡元義人は22年8月に参議院補欠選挙で当選し、23年2月に経営の一切を福岡の国際映画劇場株式会社社長佐藤勝之に一任すると新聞広告を出している。館名は国際映画劇場と変わり、映画は従来通りアメリカ映画専門で上映を続けている。27年12月になると、同館は改装、館名募集を行い東洋映画劇場と変え、洋画と邦画の再映館になっている。翌年6月には日本劇場が東洋映劇の経営権を獲得して姉妹館とし、館名を戦前と同じ富士館に変えている。東映、東宝、新東宝の再映館で、常時2本立上映を行っている。

『鹿児島年鑑』によれば23年初めの地方の映画館は川内2、鹿屋2、大口1、指宿1、山川1、川辺1、串木野1、出水1の合計10カ所とある（23年2月「鹿児島年鑑」p180南日本新聞）。

経営難の映画館　昭和26年版の『映画年鑑』は同期の映画業界の問題を指摘している。

ドッジ・ライン（財政金融引締政策）の実施によって日本経済は停滞し、総体的な金詰まりのためこれが映画にも影響し、24年下半期から25年上半期（24年9月～25年8月）にかけての全国の映画観客動員は、前期に比し約2割も減少したという。また、観客の作品選択眼も向上し、映画であれば何でも見るという時代は終わり、作品によって興行成績に非常な開きが生ずるようになった。

映画館の整備もこの時期の課題であった。昭和23年の興行場法により関係官庁の規制が強化された。

消防当局から災害防止、保健所から公衆衛生面などいろいろな規制が設けられ、映画館の改修が必要になり、経営負担は増加した。

全国の興行者は経営危機を克服するため、観客動員対策として2番館以下の2本立て、3本立て興行は常識となり、封切館の2本立て興行さえ珍しくなくなる。また、観客に対するサービスの強化の現れとして、地方の中小都市にまで一人一脚式の座席を有する劇場が増える。大都市の主要館はほとんど冷暖房装置あるいは冷風装置を施すなど、興行場は次第に戦前の状態に戻り始めたという（昭和26年版『映画年鑑』P64　時事通信社）。

鹿児島市内の映画館はこのころ、戦後直後のベンチ式腰掛から一人一脚へ変わったが（『鹿児島年鑑』P234、昭和24年4月発行）、冷暖房化はかなり遅れて31年に始まっている。

24年8月には、シャウプ勧告によって入場税が15割から10割へ引き下げられ、入場料金の統制も撤廃される朗報があった（25年版「映画年鑑」p8　時事通信社）。

25年正月は、市内の映画街は戦後5度目の春を迎えて明るい顔の観客でごった返し、「戦後最高の収入をあげ満員札止めの盛況」をみせた。松の内の興行成績では、歌謡曲映画『影をしたいて』の銀映座、無声映画『春姿白井権八』の銀座劇場が高収益を上げている（25年1月5日「戦後最高の収入。ごったがえす市内の映画街」南日本新聞）。ところが、正月興行とは一変し、6月には客足は減少し昨年より3割減になったという。映画館は経営難にあえぎ「新興成金といわれたのは、今は昔の夢」であった（25年6月27日「客足昨年の三割減。経営難にあえぐ映画館」南日本新聞）。

映画興行界は「この調子でいけば本年度は食うか食われるかの厳しい試練の秋を迎える」ことになりそうだと噂されていた。市内の映画館8館のうち「経営がトントンといわれるのが3分の1で、あとは赤字につぐ赤字で資金のやりくりに腐心している。この状態は県下の各館も変わらず、たとえば米ノ津町と枕崎町では映画館の増設で共倒れの危機があると話題」になっている。各館は客を呼ぶため、あの手この手で宣伝を試みる。

サービス・タイム　25年に「某館は新手の商法として第1回と最終回は入場料半額という手を打ったが、これも大した成果が上がらず、旧来の宣伝法は八方ふさがり。辛うじて急場は二本立て興行」でしのいでいた（前同）。某館というのは第一小劇場で、平日は1時まで、日曜・祭日は12時まで、夜は7時半より入場の者には入場料金30円というサービス・タイムを設けている（25年1月10日「（広告）小劇場のサービス・タイム。30円で見られる」南日本新聞）。

「本日の映画案内」は各館の欄は小さなスペースだが、時代の流行に応じた広告文が載っている。二本立ては25年から載り、その後、ナイト・ショー、総天然色、シネマスコープ、冷暖房完備、オールナイトなどが続く。サービス・タイム、二本立て興行がこうした広告の始まりである。

客足がドン底になっていた25年6月、朝鮮戦争が起こり特需景気で次第に景気は上向き、鹿児島の映画業界もなんとか危機をのりこえた。

フリー・ブッキング制不発　市民に期待されたフリー・ブッキングの実施は、鹿児島では25年3月の第1週から始まっている。各館とも5社と、セントラル、欧州映画の7系統作品を自由に選択して番組を組めることになったのだが、3カ月過ぎても興行地図は変わらず、ファンの当ては外れ、以前と変わらない配給であった。その理由は「経営不振のため新しい興行形態に不安をいだき、洋、邦画各社の大作を多くするとフィルム代がかさみ、一方では配給を変えると固定の観客を失うかもしれないという興行者のカン」から実現されなかったという（25年6月27日「客足昨年の三割減。経営難にあえぐ映画館」南日本新聞）。

うける無声映画　鹿児島市では戦後の一時期、無声映画がリバイバルし、23年から27年ごろまでそれなりの利益を上げる興行場があった。

たとえば、22年5月には照国神社境内で戦前にならした鹿児島出身の山本陽逢の説明で「沓掛時次郎」が上映され評判になる。23年に入ると、ギンザ屋劇場など市内の映画館では、毎月どこかで上映されている。上映映画は『国定忠治』、『副将軍旅日記』（解説田坂喬花、泉史郎、和洋合奏）、『鯉名の銀平』（解説花井楽天）、『地雷火組』、『愛の黒潮』、『刺青判官』、『殺人黄金魔』（FSC和洋合奏団、解説里美健、水町天声、花井楽天）、『槍の権三通り魔』、『むっつり右門仁念寺奇談』、『謎の閻魔寺怪物』、『狐のくれた赤ん坊』、『人情紙風船』、『剣難鍔鳴街道』（説明花井楽天）など戦前の名作、人気作品である。『人情紙風船』は23年11月に大劇（セントラル映劇）で3日間上映されている。元弁士らが結構いたらしく、24年4月には**図表53**のような無声映画説明コンクールも行われている。

図表53　「無声映画説明コンクール第一小劇場」
（昭和24年４月　南日本新聞）

23年11月の記事は「うける無声時代劇、芸術性と企業性に矛盾」とか、「よい作品がよく見られたとは限らないと」と無声映画の人気を危惧し、「時代錯誤的な無声映画、特に剣戟物の流行は予想の寿命半年を完全に裏切って不老長寿を謳歌しそうなありさま」と述べている（23年11月29日「うける無声時代劇芸術性と企業性に矛盾」南日本新聞）。24年に入っても無声映画は上映され、「昨年ほどではないがかなりの成果をあげた」と12月の記事にある。また、こうした「無声映画時代劇が風靡したことは低調な観客のレベルを現すと共に考えねばならないことだ」と『鹿児島年鑑』（昭和24年版）は記している。

市民に無声映画館として記憶されている日本劇場（通称日劇）は、25年4月に高砂通りに開場する（25年3月31日「(広告）南座改め、日本劇場開場式」南日本新聞）。昭和の初め高島座があった付近である。広告に「旧南座を改め日本劇場」とある。この旧南座は20年暮れに大門口にできた仮設劇場で（20年12月8日「広告」鹿児島日報）、伊丹秀子、金子良江嬢一行、天勝大一座などが公演している。金子良江嬢一行は戦前の17年ごろから戦後の25年ごろまで南九州を巡業していた地元の舞踊団である。

同劇場は25年初めごろまで興行しているが、これを吉井勇吉らが引き継ぎ、同年3月、珍しい演舞場式の日本劇場を開館した。舞台の中央正面は畳敷になっていて、その両側に数段の腰掛椅子席があった。無声映画のほか、実演など舞台興行を主としていた。日劇は「本日の映画案内」に広告を出していなかったので興行作品などは詳しくはわからない。

27年6月には同館は無声映画の興行に見切りをつけ、7月に「無声映画さよなら興行」を最後に東映の南九州第一封切館、東映日劇になった。最後の広告に「永らくの間皆様の無声映画館として格別なる御厚情をいただきましたが、この度、念願の封切館として新発足する」と挨拶している（27年6月29日「（広告）日本劇場、南九州東映系第一封切場新発足」南日本新聞）。30年の正月から鹿児島東映に館名を変更する。日劇が無声映画専門館になると、無声映画の上映は他の映画館ではほとんど行われなくなっていた。

スターの実演　22年から25年ごろにかけて、ギンザ屋劇場を中心に有名スターの実演が行なわれた。例えば、ギンザ屋劇場に22年から24年にかけ宝塚少女歌劇団、長谷川一夫一行、宝塚歌劇草笛美子、岡晴夫などが実演興行、25年1月に柳家金語楼劇団、2月初めにブギの豆女王・美空ひばりが公演して人気を博した。新聞社の編集局をひょっこり訪れ話題になっている（25年2月4日「ブギの豆女王ひばりちゃんひょっこり編集局へ。まだあどけない少女」南日本新聞）。

銀座劇場は、25年と28年にNHK鹿児島放送局の「のど自慢全国コンクール県下決勝大会」の会場になり、28年には、のちの「コント55号」の坂上二郎（鹿児島市鼓川町出身）が歌謡曲の部で第2位になっている（28年2月23日「のど自慢県決選大会　歌謡曲1位は重信さん。2位坂上二郎」南日本新聞）。20年代の同劇場は映画と実演の興行で特色のある映画館であった。また、このころ鹿児島の「ステージ東京」というスイングバンドの歌謡ショーが各館で催され、人気を呼んでいた。

ナイト・ショーの始まり　『鹿児島市史』に「昭和24年夏ナイトショウがはじまった」とあり（『鹿児島市史』③p1088）、8月の「本日の映画案内」の大劇に「『琥珀の舞姫』のナイトショウ」とあるので、これが鹿児島のナイト・ショーの始まりであろう。27年になるとサービス・タイムの興行に代わりナイト・ショーの興行が盛んになり、はじめは夏場だけであったが、やがてどの館でも年中興行されるようになる。29年9月の「本日の映画案内」によれば10館中7館がナイト・ショーを行っている。

二本立て興行　28年版『映画年鑑』によれば、二本立て興行は「昭和24年春ごろから地方の下番線に現れ、その後全国的傾向をおび、昭和25年には全国映画館の64％、翌年には93％」に達した。「二本立て興行が地方から都市の周辺部へ、そして東京などの大都市の都心へと波及し全国的な興行の常態」となった。二本立て興行は配給料金がかさみ、宣伝費が膨張するのに、流行する理由は「一本立て興行として観客を吸引する作品が少ない、それに5系統の全プロ製作体制で作品過多に陥った」ことなどが挙げられている（昭和28年版『映画年鑑』ｐ１７０　時事通信社）。

鹿児島では昭和24年6月に節電休館がなくなり、翌年の正月ごろから二本立て興行が行われるようになる。本格的な二本立て興行が始まるのは25年夏からである。同年の暮れには、話題の作品を上映する場合を除いて二本立て興行をする館が多くなる。27年夏ごろから二本立て興行は恒常化してゆく。

27年の夏の興行は不入りであった。邦画館は平均して昨年より2割の低下は免れないと業者は嘆く。梅雨に入ると雨と暑さで客足が鈍くなるのは例年のことだったが、「ルース台風のたたりがとくに地方にひどく、県経済界の不況に加えて、鹿児島市ではパチンコの隆盛で遊戯の時間が長引いたり、小遣い銭を使い込んだりしてしまうのもわざわいしている」と記者は分析している（27年7月6日「ここにも低気圧、夏枯れ景気。興行界二本立てが対策のミソ」南日本新聞）。ルース台風は26年10月に薩摩半島に上陸し、死者・行方不明者２０１人、被害総額は３３２億円に達した（「鹿児島県史年表」ｐ２１３）。

業者は「戦後どんな写真をかけても入りがよかった復興景気時代とチト違うのでネ」ともらしている。

中には「某館のように三本立て興行に切り替え、写真も充実していたため昨年より3、4割増」という館もあったが、これは「珍現象」だといわれた。「一本では写真が弱いので二本立て興行が流行しはじめたが、興行収入が少しはよくても写真代に食われるからいいところはあまりないらしい。鹿児島市は地方だが配給会社は都会なみに高く写真を売りつけるのでやりにくそうだ」とある。各館とも「大きく儲からなくても」なんとか夏枯れを乗り切ろうと「二本立て興行」を続けたという（27年7月6日「興行界二本立てが対策のミソ」南日本新聞）。

一方、洋画館は「県外の都市より観客がつかないので、全般に不況にたたられており昨年よりひどい」といっている。

盆興行も「各館、お盆入りを期待して数日前から声をからして宣伝につとめ、大半が二本立てのサービス上映、ナイト・ショーなどでのぞんだのだが期待したほどの入りはなく、よいところで普通の日の2割増しというさびしさ」であった。業者は「盆休みをキャンプで過ごす若い人たちが多くなり、おまけに昨年からのパチンコの流行で映画館に入るべき足をパチンコ屋にクギ止めされた」とぼやいている（27年8月17日「映画館は期待はずれ。キャンプ・パチンコが仇」南日本新聞）。

26年の夏には県観光課主催の「キャンプ村村長会議」などが開かれている。県下の各地海岸にはキャンプ場が設けられ若者の人気になった。公設のキャンプ場だけでも13カ所、翌年には19カ所となり（27年6月7日「袴腰など六ヶ所増設　キャンプ村七月十日から開く」南日本新聞）、昭和28年には24カ所になっている。

29年ごろになると二本立て興行は普通で、東京の場末では四本立て、五本立てという極端な例さえあり、「国民保健上からも問題があり、上映時間を2時間半に制限、近くその方法を閣議に諮る」といった状況であった。地元紙も「あなたは二本立てをどう思うか」という討論記事を載せている。出席者の鹿児島興行組合長、鹿児島市映画推薦委員、県庁勤務者、市高校映研委員長はいずれも1本でじっくり見たいといっているが、一本立て興行は実現していない（30年1月19日「あなたは映画二本立てをどう思う。多い賛成の意見。一本でじっくりみたい。衛生的にも好都合」南日本新聞）。

製作会社は製作費の膨張と乱作による作品の質の低下を恐れたが、実際には二本立て興行が観客の入りがよく、他社作品を抱き合わせて二本立て興行をする業者も出てきた（『日本映画発達史』④p64）。こうした傾向に合わせて新作二本立て配給を始めて成功したのが東映であった。次いで松竹も映写時間40、50分の中編映画を添えるようになった。

盛り上がる映画界

入場税の値下げ　27年の秋になると、正月には入場税がこれまでの10割から5割へ引き下げられることなどにより、業界は「昭和28年は戦後映画界が迎えた最大のあたり年になる」と予想、鹿児島映画界も動き出す。

新春の映画興行は「これ以上もう入れませんと大半の映画館が満員札止め。おまけにかねては昼から5回上映の興行も、正月は午前9時や10時からの7回上映で、実質的には3倍程度の増収。3、4日の両日は農村方面からの客脚がドッと流れこんだせいか、大衆的な美空ひばりの『ひばり姫初夢道中』、三益愛子の母もの映画『母の瞳』などが大うけ」だった（28年1月5日「あちこちで積み残し　バス鉄道はわが世の春」南日本新聞）。

入場税の5割引き下げが、料金の引き下げにつながるのか映画ファンは注目していた。新聞は「フトコロにしまうことをやめて、せめて入場料金を下げるか、戦後から引き続いたオンボロ施設を改善して一流の小屋にするか、いずれにしろ大衆の夢はサービスのよい映画館に入るのが夢である」と書いている（28年1月1日「新春の銀幕、戦後最大のアタリ年。五割値下げでサーヴィス合戦」南日本新聞）。観客は戦後の経済復興が進み生活が向上し、雰囲気の良い、きれいな映画館を求めた。

映画館の新築、改装　東宝直営館の銀映座はこうした時代の要求に応じて、27年10月から休館し12月に新築開館する。新館は総工費1200万円、建坪350坪、600の折りたたみ個人椅子で、階上、階下とも9尺幅の通路にした。水洗式便所、2階の休憩喫煙室、照明設備など鹿児島としては近代的な美観を誇っている（27年12月29日「きょうから開館　新装なった銀映座」南日本新聞）。折りたたみ式個人椅子は鹿児島では初めてである。大映高島館は、暮れの27日から3日間を休館にして場内整備、改装をしている。

吉井が経営していた富士館は、28年11月には所有者の岡元義人に返された。同館の改修開館挨拶に「新しく経営管理を那須清光に一切委任」することになったとある（28年11月18日「広告富士館改修開館挨拶」南日本新聞）。このとき半月かけて改修工事と機械の取替えを行っている。館名はそのままで洋画専門館となっている。

第一映劇は26年1月に、松竹の系統館となり松竹第一映劇に館名を変える。28年6月から工事に入り、盆興行から新装開館した。

入場料の値下げは行われなかったが、映画館の改装、新築が行われ、終戦直後の急造バラックの映画館は一応解消された。

西駅前に映画館できる　鹿児島市の人口重心は南へ移動を続け、上町地区の振興は進まず、市街地の北端にある鹿児島駅は鹿児島市の本駅としての地位を低下させてゆく。一方、西鹿児島駅周辺は戦災復興都市計画により整備が進む。次第に西鹿児島駅からの急行の始発本数も増加し、実質的な本駅化が進む。駅周辺の荒田、武、西田などは住宅が密集し、駅を中心に朝市、商店街、飲食街など市街地化が進む。

そうした中で西駅地区への映画館の建設が申請された。27年9月に県興行場運営協議会が開かれ、西駅地区の二つの映画館建設申請について検討された。申請地は西駅前の日本ガスビルの西側と、黄金通りと黒田通りの交差点角で、申請者は前者が武町の迫繁・伊地知七熊、後者が山下町の坂之上勝巳である。坂之上は、24年11月以来休館となっていた新世界（旧銀河）の経営者で、迫は戦前の大統館の関係者と思われる。協議会では「両申請地は適当な場所であり、（中略）2館とも許可する意見」が出されたが、戦前にあった「劇場3座、映画館9館」の申し合わせを理由に「営業は自由でも興行上に無理がある」として1館だけを認める方針をとり、結局、旧館名を引き継いだ新世界映劇だけが建設されることになった（27年9月5日「二館ではムリ？もめる西駅前の映画館建設」南日本新聞）。

同館は前年8月に市場と映画館からなる新世界センターの建設計画を発表していた（27年8月18日「広告」

南日本新聞）。市場は「西駅を中心とするバックの広大な住宅街をねらって併設した」とある（27年11月23日「映画館建築を許可　西駅前をイコイの場所に」南日本新聞）。市場は27年11月に開店し、映画館は遅れて翌年8月に開館している。

戦後初めて甲突川を越えた映画館で、西鹿児島駅の周辺の市街地化の進展に伴いできた映画館であった。これまでのように盛り場に立地したのではなく、新聞が記すように「西駅一帯の一般家庭人の新しいイコイ場所」として開館したものであった（27年11月23日「映画館建築を許可。西駅前をイコイの場所に」南日本新聞）。

10　最盛期の映画界

最盛期の入場者と映画館

映画統計資料について　戦後十数年の本県映画関係の資料を正確に把握するのは難しい。『鹿児島県統計年鑑』の継続的な発行は34年度からで、それ以前の記録は『県勢要覧』（23年度より）や『映画年鑑』などによらなければならない。しかし、それらにある数字は大きくは違わないが、まちまちでどれが正しいのかはっきりしない。調査月日も41年以前はまちまちである。

図表54の25年から33年までは『映画年鑑』などによるものであるが、『県勢要覧』などとは微妙に違っている。34年以降は『鹿児島県統計年鑑』によるものである。

鹿児島市の映画統計は『鹿児島市統計書』と『鹿児島市勢要覧』などによった。市勢要覧は欠本があったりして、全年を把握することはできなかった。

しかし、同図表の資料で、戦後の鹿児島県、市の映画館数、入場者数の傾向はおおよそ把握できると考えている。

入場者数と映画館数の推移　32年から35年にかけ、全国の映画観客は10億を超え、33年がピークで11億2千万人を超えた。映画館数は33年から36年には7千館を超え、35年がピークで7457館であった（岩本憲児編『日本映画の歴史』③　日本図書センター発行）。

鹿児島県の映画館入場者数は、28年は約５６１万人であったが、翌年には９５９万人と急増し、30年には１１９６万人、33年には１５５３万人に達し最高となり、34年には１５４５万人、35年には１４４６万人と減少してゆく。

鹿児島市の20年代初めの3年間と、30～32年の入場者数の資料は確認できなかったが、33年に６９９万人と最高になったと考えられ、翌34年６２７万人と減少し始めている。

鹿児島税務署管内の１人当たりの入場回数は、33年度は前年より１回ほど増え

図表54　「鹿児島県・鹿児島市の映画館数・入場者数・テレビ普及率」

年	鹿児島県				鹿児島市		
	映画館数	入場者数（千人）	備考	テレビ世帯普及率	映画館数	入場者数（千人）	備考
昭和20				—	2		
21				—	8		
22				—	8		
23				—	9	4,368	『鹿児島市勢要覧』
24				—	8	3,547	〃
25	34	4,416	「映画年鑑」など		8	2,854	〃
26	42	4,122	〃	—	8	3,014	〃
27	39	4,543	〃	—	8	2,578	〃
28	35	5,617	〃	—	10	3,159	〃
29	66	9,590	〃	—	10	3,667	〃
30	72	11,969	〃	—	13		
31	96	13,758	〃	—	16		
32	96	14,316	〃	0.60%	18		
33	99	15,536	〃	0.60%	25	6,999	『鹿児島市勢要覧』
34	130	15,450	『県統計年鑑』 （以下『県統計年鑑』）	4.6	26	6,274	〃
35	127 130	14,467	映画館数 s 35.5 調査 課税場数 s 36.3.31調査	9.3	26		
36	125 118	11,923	映画館 s 37.10.31調査 課税場数 s 37.8.31調査	17.4	26	4,196	『鹿児島市勢要覧』
37	110	9,172	昭和38.5.31現在	27.3	24 23	3,442	〃
38	91	7,138	s 39.5.31現在	40.3	21	2,817	〃
39	109	5,173	s 39.12.31現在	53.6	23 22	2,568	〃
40	88	4,167	s 40.12.31現在	79.2	19	2,108	〃
41	83	3,804	s 42.12.31現在	80.8	21	1,930	〃
42	71	3,553	s 43.1.1 現在	78.8	19	1,957	『鹿児島市統計書』
43	65	3,375	s 44.1.1 現在	78.8	19	1,887	〃
44	61	2,768	s 45.1.1 現在	81.3	19	1,562	〃
45	57	2,534	s 46.1.1 現在	83.3	18	1,449	〃
46	49	2,123	s 47.1.1 現在	80.4	13	1,250	〃
47	42	1,858	s 48.1.1 現在	81.1	13	1,106	〃
48	42	2,012	s 49.1.1 現在	82.4	12	1,203	〃
49	40	2,087	s 50.1.1 現在	85.1	15	1,325	〃
50	40		s 51.1.1 現在	81.6	14		

18・7回であったが、34年度は18・5回と減少している（35年3月16日「昨年の入場税白書。映画を1人で18回。しめて4億円の入場料。鹿児島税務署のまとめ」南日本新聞）。1世帯当たりの年間の入場回数は32年度が77回、33年度は81回であった（34年4月1日「鹿児島税務署の入場税白書」南日本新聞）。鹿児島税務署は鹿児島市、谷山市、吉田村、三島村を管轄していた。

県内の映画館数は34、35年が最も多く130館であった。そのうち市内に26館があり、県内の20％を占めている。35年の市人口は33万で県人口の17％である。市内の映画館は市外からの観客が多く、1館当たり入場者数は地方館よりかなり多かったと考えられる。

入場者数は県、市とも33年が、映画館数は県、市とも34、35年が最も多い。その後は両者とも減少し始める。

再映館の増加と分布の拡大

増加する再映館　29年ごろから日本各地で再映館ブームが起こり映画館数が増加する（31年版『映画年鑑』p317）。鹿児島市もこのブームの中で、30年にオリオン映劇と鴨池東映、翌年には南映、上町東映、大劇、名画座の4館が開館する。32年に西駅東映、翌年には朝日映劇、大松映劇、ナポリ座、第2文化、大洋、公楽、上町映劇の7館が開館した。

オリオン映劇は30年8月、市内11番目の映画館として二官橋通りに開館。跡地は現在鹿児島中央ビルの一部になっている。館主は原田敬次郎で、開館式は勝目鹿児島市長など関係者多数を招いてにぎやかに行われた。１５０坪（４９５㎡）のモルタル塗りで、定員３５０人、ビクターＰＤ４００型発声装置を設置、シネスコ、ビスタビションなど新しい映画が上映できた。洋画専門の再映館であったが、封切作品を上映することもあった。実現しなかったが、その裏のローラー・スケート場にも映画館を建設する計画があり、当時の映画館経営の勢いが窺われる。33年10月に有楽興行の第2文化となり、さらに40年8月に萩原通りに移転し有楽座となる。

鴨池東映は30年12月に開館。国道２２５号の新川橋北方、鴨池マーケットの隣の国道東側沿いにあった。開館式には千原しのぶ、高木二郎、千秋實らの東映スター一行が来演し賑やかであった。鹿児島東映と封切同時公開をすることもあった。

南映は31年7月に市内13館目の映画館として山之口本通りに開館した。総工費は１２００万円、木造モルタル塗り、2階建て１５０坪。日活、東宝の再映館。経営者は宮内政治。邦画の再映館として順調な経営を続けていたが、48年9月に休館し、翌年11月に再び開館する。

上町東映は昭和31年7月に恵美須町48番地（現在の上本町）に開館した。恵美須町は藩政期の上町町屋の中心地で、下町の石燈籠とともに城下の商業街として栄えた。明治初期から上町劇場、時任定席、旭席、恵比寿座などができ、隣接する小川町の栄座とともに古い興行地として賑わった所である。開館当時は未だ幾分その風情を感じさせた。

同館は33年12月暮れ、堅馬場と県庁前通りの交差点近くの小川町73番地に移転新開館する。面積は

374㎡、座席330席、冷暖房完備。市内24番目の映画館であった。

上町東映跡はそのまま上町映劇となったが、35年12月末に伊敷の現在のタイヨーストアのところに移転して伊敷東映となった。経営者は両館とも永田一平であった。

大劇は31年10月に山之口町本通りに開館。建坪222坪（732㎡）の木造モルタル塗り、鉄筋の併用で定員は500人、鹿児島で初めてといわれる廻り舞台を備え、実演もできるようになっていた。経営者は小中十郎。映画館は山之口本通りからの通路の奥にあり、通路に展示されたスチール写真に引き込まれ、つい入り込むものだった。裏通りからも細い通路があった。昭和30年の暮れ、鹿児島歌舞伎会館という会館建設の計画があり、建設のための囲塀まで設けられていたが実現しなかった（昭和30年12月13日「新・改築ぞくぞく、冷暖房付きを看板に。たけなわの観客争奪戦。映画街」南日本新聞）。大劇はこの付近に建設されたようだ。洋画専門の再映館で西部劇がよく掛かっていていた。

名画座は31年12月、騎射場電停東向いに開館する。106坪（349㎡）。腰掛け330席。木造りモルタル塗りで、スクリーンはシネマスコープ（高橋弥生著「遥かなる回想」p130）。42年12月末に階上を増築して邦画部と洋画部を設け、洋画部を第2名画座と命名。

西駅東映は32年12月末、電車通りに面した永田木材の敷地に開館。経営者は永田宗義。37年12月に東映封切館から日活封切館に代わり、西駅日活と改称する。

朝日映劇は33年3月、国道3号沿いに初めてできた映画館。代表は湯地秀雄。松竹、大映系特選映画を上映した。

大松映劇は33年3月に易居町本通りに開館。大映と松竹映画を再映したのが館名の由来か。代表取締役は中島好夫。開館式には易居、小川両町の町内会や通り会、婦人会の人たちが招かれて幕をあけた。

公楽劇場は33年12月、旧交通局電停東向いに名画座の姉妹館として開館した。2階建て、面積560㎡、固定席500席。市内23館目の映画館。36年1月にはロマン座と改称した。

ナポリ座は33年6月、山之口町の清瀧川沿いに開館。支配人は小中武で館主は塩津富士男。総工費は700万円、坪数は150坪で定員は250人。名作や話題作を中心にした洋画の二番館として人気があった。開館時の映画は『八月十五夜の茶』と『旅情』。次週は『水田地帯』、『黄金の腕』と豪華。

大洋は西鹿児島駅前朝市に33年12月に開館する。邦画や実演などを興行。翌年の2月には大和劇場(館主森崎政吉）に変わり、東宝再映館として再出発する。しかし、同年6月に閉館した。

この30年8月から33年12月の3年4カ月の間に14館の再映館が地元の個人経営により新築開館した。

銀座劇場は31年正月に日活銀座と改称、同時に隣に封切館、新東宝銀座が新築開館している。

34年後半、映画人口が減少し始める中で、西鹿児島駅前電車通りに日本劇場（日劇）、銀座通りに天文館劇場、甲突町にみなみ東映の3館が開館し、大和（大洋）が閉館しているので鹿児島市内の映画館は26館となる。

日劇は34年2月、電車通りの武町299番地に開館。大映・日活・新東宝・洋画特選番組を上映するとある。冷暖房設備があり、「九州で初めてというクセノン映写装置」を備えていた。社長は吉井義輝。市内の25館目の映画館。37年12月に閉館して、翌日には日劇東映となる。

天文館劇場は34年9月、銀座通り折田タクシービルに開館。折田汽船株式会社の直営で、「戦後初めて鹿児島に誕生した唯一のニュース劇場」という触れ込みで開館し、ニュース3本、劇映画1本を上映していた（34年8月30日「天文館劇場開館。鹿児島に誕生した唯一のニュース劇場。折田汽船直営」南日本新聞）。南林寺墓地跡に興行場ができたのはこれが最初である。昭和35年10月ごろから、ストリップ劇場、37年中ごろからストリップと映画の興行をするようになる。

みなみ東映は34年12月の暮れに、塩屋町今村温泉近くに開館。映画のほか実演も興行。映画は東映と日活映画を上映した。これで鹿児島市の映画館数は先に述べたように最高の26館となるが、これを境に市内の映画館は減少してゆく。

26館の内訳は、邦画館は21館、洋画館5館で、封切館は10館、再映館が16館。邦画の封切館は8館、再映館13館、洋画の封切館は2館、再映館3館となっている。東映系は封切館が3館、再映館2館。

34年の全盛期には天文館地区に16館があり、映画館が天文館の集客の中核的な役割を果たした。洋画専門館セントラルは32年12月末に東映センターと改称し東映の封切館となる。富士館は32年9月に文化劇場と改称し洋画館となっている。セントラルが東映センターとなったのは、洋画館が日東、第2文化、ナポリ座、大劇、文化劇場の5館と増えたことと、東映映画の攻勢によるものであろう。

映画館分布の拡大　35年6月から「本日の映画案内」は、映画館の分布を中央地区（16館）と、周辺部の上町地区（3館）、西駅・城西地区（4館）、鴨池地区（3館）に区分している（35年6月8日「本日の映画案内」南日本新聞）。52年1月にこの区分はなくなる。

34、35年ごろ、朝日通り、いづろ、天文館、高見馬場の中心業務地区の居住人口が減少し、周辺部の増加が進むドーナツ化現象がおきた（35年12月21日「周辺地区にひろがる人口。鹿児島市。金生町など中心街が減る」南日本新聞）。周辺の主な町の中心地に商店街が形成され、26館のうち10館はこの周辺商店街に分布した。時代のずれはあるが、吉見俊哉の「大都市の特別な盛り場だけに映画館が集中するのではなく、全国の都市で賑わいの不可欠の要素として映画館は分散しつつあったのだ。したがって、この時代の映画館とその観客について考えることは、都市論としても大変重要な視角にある」という指摘は頷ける（吉見俊哉「映画館という戦後」―変容する東京の盛り場のなかで」。『映画は生きている』③　p98）。

述べてきたように、盛り場天文館の形成は、創成期も、戦後の復興も映画館の集客力が中核的な役割を果たしたといえる。ただ、この時期の鹿児島市の映画館の分散は、町の中心商店街の集客力に依存するところもあった。

再映館の入場料は、36年の前半までは55円であった。そのころ電車賃は片道13円（翌年、15円に値上げ）であった。電車賃と町の映画料金はさほど差がなく、時間をかけて遠くに行かず、自分の町で映画が日常的に見られた時期であった。中央公民館の市民映画教室の入場料はほぼ30円で、映画教室が中止になったのは36年3月であった。

色彩映画とワイド・スクリーンの流行

総天然色映画　22年にソ連の色彩映画「石の花」が輸入された。鹿児島では翌年2月に日東で上映され、評判の色彩映画に誘われて川辺から歩いて見に来た青年たちもいた。

アメリカ映画の色彩映画が盛んに輸入され始めたのは25年で、翌年には150本中、50本がカラー映画であったという（『日本映画発達史』③p382）。地元紙は28年の洋画の正月興行について次のように記している。「日本の映画市場は国際的に開かれたのだが、鹿児島の正月興行はアメリカ映画一辺倒。それも黒白と色彩がほとんど相半ばするという色彩映画の氾濫ぶり。アメリカでは映画の大半が色彩で、色彩映画は常識化、立体映画も研究されている。日本で『カルメン故郷に帰る』、『夏子の冒険』でわいわいっているのは映画技術の立ち遅れを如実に見せ付けられる感じである」（28年1月1日「新春の銀幕、戦後最大のアタリ年。五割値下げでサーヴィス合戦」南日本新聞）。

ワイドスクリーンの登場　日本でテレビの本放送が始まったのは昭和28年であったが、アメリカではすでにテレビの普及が進み、映画業界は挽回に躍起になっていた。挽回策として天然色映画、立体映画、ワイド・スクリーンなどが登場する。

日本ではテレビ局は開局したばかりで映画への影響はほとんどなかったが、アメリカから新しい映画が輸入されると、日本の映画館はこれらを上映できるように対応していった。昭和28年から32年にかけ日本の映画配給収入は日本映画（47％増）、外国映画（72％増）とも増加し、特に外国映画の増加率が著しく（岩本憲児『日本映画の歴史』p２０４〜5。日本図書センター）、これが最盛期の映画人口増加の要因のひとつになっている。また、鹿児島ではシネマスコープの攻勢に対抗して、邦画館では昭和31年から冷暖房化が進み、観客を呼び込み映画人口を増やした。

立体映画は28年5月に日東映劇で上映され、映画は立体映画の説明と見方を描いた『メトロスコビックス』という2巻の短編。青と赤のセルロイドのメガネをかけて見ると「動いているものが飛んで来るようにみえるらしい。メガネは映画館がくれます」とある。その後『肉の蝋人形』などが上映される。立体映画の話はかなり前からあり、「映画の革命児」と期待されたわりには人気はわかなかった（28年4月14日「鹿児島にも立体映画　セルロイドの眼鏡は映画館がくれます　映画の革命児来月登場」南日本新聞）。

日本のワイド・スクリーン作品の初上映は28年6月。拡大スクリーンの魅力は圧倒的で、4カ月後の9月末には、これを備えた映画館が全国で１００館を超えたという（『日本映画発達史』④p１１９）。

鹿児島でもちょうどその9月下旬に次々にワイド・スクリーンが登場する。9月22日に銀座劇場がこれまでの1・72倍の映写幕を取り付け、観客には「立体的で画面がはっきり見える」と好評であった。日東が28日、セントラルが29日と相次いで採用している（28年9月24日「登場した新映写幕。銀座劇場にワイド・スクリーン」南日本新聞）。鹿児島でもワイド・スクリーン時代を迎えた。

洋画館のシネマスコープ化　シネマスコープの第1作「聖衣」が日本で最初に上映されたのは、28年12月で、鹿児島では昭和30年1月に『コマンド』（ＷＢ社のシネマスコープ第1回作）がセントラルで上映されている（30年1月1日「本日の映画案内、セントラル　総天然色シネマスコープ『コマンド』」南日本新聞）。『聖衣』が同館で封切られたのは同年3月で、このとき「南九州唯一のシネマスコープ劇場」と宣伝している（30年3月19日「広告　セントラル「聖衣」封切。南九州唯一つのシネマスコープ劇場としていよいよ19日より発足」南日本新聞）。次いで新館オリオン映劇と日東が8月にビスタビジョンとシネマスコープの設備を設置する。その後、洋画館では大型スクリーンが一般化する。

日本映画のシネマスコープ作品は遅れて、32年4月、東映の『鳳城の花嫁』から始まる。鹿児島では同じ月に鹿児島東映、鴨池東映でこれが上映された。鹿児島の邦画館のスクリーンが大型化するのはこれ以降である。

邦画館の冷暖房化　それまでの映画館は蒸し風呂のようで、29年7月に日東で『ローマの休日』を汗びっしょりになりながら見た記憶がある。鹿児島で映画館の冷房が始まるのは31年の夏であった。

30年、市内の洋画館にシネスコ旋風が起こり、劣勢の市内邦画館は翌年、冷暖房設備や増改築などによりこれに対抗した。まず、松竹第一が2月から暖房を始めて人気を呼ぶ。トップを切った松竹第一は2月末まで暖房装置で人気を集め、さらに6月末に冷房器を備えて映画ファンを喜ばせた。外は34度を超す猛暑というのに場内は22度、スーと汗がひき、しまいには寒くなるほどであった。蒸し風呂のような映画館が今までの常識で、40度を超すことさえあるのだから冷房のあるなしは興行成績に大きく影響する。冷房を備えてから居眠りや、一日中ねばる客が多いとぼやく館主もいた（31年7月23日「世はまさに冷房時代。劇場・喫茶店おおうけ。頭の痛い高い取り付け費用」南日本新聞）。

冷暖房化は大映高島劇場、銀映座と続き、大映高島劇場は建坪を３３３坪に広げ、客席６８５、総工費約６５００万円をかけ冷暖房も完備した。どこからでも見えるように客席に傾斜をつけ８月初めに開館した（31年7月31日「あす開館式、大映高島劇場」南日本新聞）。鹿児島東映もお盆興行までに間に合わせようと増築を始め、これまでの定員７５０人を９００人まで拡大、冷暖房装置も取り付けた。新しい映写機を購入、椅子をバネ式に変えている（31年6月26日「冷・暖房や増・改築、繁華街はお化粧合戦。お盆を前に工事急ぐ」南日本新聞）。

「入場料も避暑と思えば良い」とか、「冬には避寒のため、夏には避暑のため」に映画館に行くという人も増えた。「冷暖房設備が観客動員のための重要な投資対象」となっていた（加藤幹郎『映画館と観客の文化史』中公新書ｐ２５７、２６０）。

洋画館はシネスコへの移行で人気を呼んでいて冷暖房の設置は遅れる。34年8月、文化劇場が洋画館で初めて冷暖房装置をつける（34年7月31日「広告」南日本新聞）。再映館の冷暖房化も進み、36年の夏ころには、市内のほとんどの映画館が冷暖房化を終えていた。

テレビ局の開局

テレビ放送の開始　ＮＨＫ東京テレビの本放送が28年2月に開始され、8月には民放の日本テレビ放送が始まった。31年末には全国のテレビ契約数は32万を超えた。その後のテレビの普及は映画産業に打撃を与え、折りからの娯楽の多様化と相まって、映画を娯楽産業の王座から引きずり降ろしてしまった。

鹿児島に初めてテレビらしいものがお目見えしたのは、25年春の九州ステート・フェアの展示で、これは簡単なものであったが県民をびっくりさせた。31年秋の科学博覧会で、改良された鮮明な画面のテレビが紹介されると、県民は「テレビ時代がきたと感じた」と当時の地元紙は報じている（31年10月10日「南日本新聞主催『誰にもわかる科学博覧会』」南日本新聞）。

NHK鹿児島テレビ局が33年2月22日に開局し3月1日に開局祭があった。図表55は試験放送のプログラムである（33年2月22日「NHKテレビ」番組　南日本新聞）。

テレビに食われた紙芝居　3月初めにはその影響が出はじめた。まず悲鳴を上げたのは街の紙芝居であった。開局時の登録済のテレビ台数は約1千台、しかし、受像台数は3千台だろうといわれた。テレビのある電器店、理髪店などには遠慮のない子供たちがどっとつめかけ、小さな映画館に早変わりして人気を集める。テレビ漫画にクギづけになった子供たちは、紙芝居のカネの音など耳に入らなかった。稼ぎ時の夕方、しかも子供の多い繁華街がテレビの漫画に食われてお客さんは半減、ひどい時は3分の1、たった2、3人という有様。鹿児島市内の30人の業者も転業する者が出はじめた。「ある業者は『最近少し持ち直しました。私たちは街の社会科の先生で、手洗いや火の用心を教えているのだから、親は

NHKテレビ

8.10 話の散歩「趣味の科学」⑤国策パルプ専務　南喜一　きき手・共立女子大学教授　中村若
8.25 番組のおしらせ
11.10 学校放送小学校低学年「ゆき」
11.30 学校放送小学校高学年「のりものの歴史」解説　関宙夫
11.50 番組のおしらせ、天気予報
0.00 Ⓝ
0.15 舞踊回り舞台「日本民謡祭」
0.35 みんなで歌いましょう△「はてさてな」指導　藤山一郎△きょうの料理「落花生と豚肉のいため煮」指導　榊叔子
1.00 学校放送中学校　職場をたずねて「瀬戸市山久製陶所」
6.00 漫画映画「勇敢なワン君」
6.10 はてな劇場㉝解説・砂村秀治
6.40 スポーツグラフ㉔「オールブラックスの横顔」日本ラグビー協会理事・本領信次郎
6.57 天気予報
7.00 Ⓝ
7.10 短編映画「ハワイの日系人」
7.30 隣りも隣り⑮　十朱久雄・清川虹子・中村メイコ・川合伸旺
8.00 ドクタークリスチャン第34話「若きボクサー」
8.30 黄金の椅子「コロムビアローズショー」ゲスト・丹下キヨ子　三遊亭歌奴、平野貞治
9.00 連続ドラマ「照る日曇る日」⑦安部徹・杉浦直樹・幸田弘子　深川きよ美・滝雅男ほか
9.30 人工心肺　解説・近藤宏二
10.00 Ⓝ 10.15 ニュースの焦点
10.25 番組のおしらせ・天気予報

図表55　「NHKテレビ（NHK鹿児島放送テレビ試験放送プログラム）
（昭和33年２月20月　南日本新聞）

私たちを見捨てないでしょう。奇想天外を好む子供はやはり紙芝居でなければ』と強気だが、少ない子供に悲痛な表情であった」と新聞にある。

当時、鹿児島市の紙芝居は1場所が40分、1日にほぼ6つの場所を回ったという。1日の純益は300円が相場だった。紙芝居の絵は東京の業者から月額5、6千円で配給されていたという。紙芝居製作会社は、東京に24社ほどあったが、32年秋ごろから減少し、このころには8社に減ったという（33年3月6日「テレビに食われた紙芝居。転業者も増える」南日本新聞）。

テレビ喫茶店　27年7月に、東千石町の現在のテンパーク通りに喫茶店が開店した。テレビ時代を予測して、屋号を思い切ってテレビ喫茶とした。テレビは「鹿児島はまだなのに気の早いこと」と市民は首をかしげた。33年初め鹿児島でも試験放送が始まると聞いて、屋号にふさわしく、いの一番に27インチの大型テレビを買った。43万円で「コロンビアが日本で8、9台しか作らなかった処女製品」であったという。「んにゃ、ふてもんじゃ」と店に入ってくる客は異口同音。わずかな時間のテスト放送に見入ったという（46年1月5日「かごしま暮らしの戦後史」南日本新聞）。

テレビの普及は映画興行にじわじわと影響を与えていく。はじめ映画界はそれほど警戒していなかったようだが、その影響は年々深刻度を増してきた。テレビが鹿児島の映画興行に深刻な影響を与えるようになるのは36、37年ごろからである。

奄美の民放開始　奄美は電波の谷間にあり、民放の放送開始は遅れて昭和51年の暮れであった。新聞は民放開始1年後の名瀬市民への影響を伝えている。「ＮＨＫテレビしか映らないときは娯楽に乏しい島にとって映画が唯一の楽しみだった。それが民放で映画劇場やドラマが放送されるようになってから、映画館のお客がガタ減りの状態。映画館のお得意さんだった高校生層がさっぱりで、『今までどんな映画でも一応の客は動員できたが、お客さんの目が肥えてきたみたい』という。また、名瀬市では午後10時半ごろには電力需要がかなりダウンしていたが、今では午後12時ごろまではフル操業しなければならない状態で、依然と比べ名瀬市民は夜更かし族になった。九電奄美営業所によると民放放映後は1日1万60キロワットも増えているといっている」（52年12月19日「民放狂想曲に明け暮れ。大島一年目の奄美大島。ふえた夜更し族。映画館はガタ減り」南日本新聞）。民放放送の開始は映画館の観客を減らし、住民生活に影響を与えた。奄美では、ＮＨＫテレビより民放テレビの方が映画館入場者数に影響を与えた。

11　衰退する映画界

映画人口の減少

減少する映画館　経済の高度成長が続く中で社会は激しく変わってゆき、娯楽としての映画の比重は低下していった。昭和35年から映画界は急激に衰えをみせ、鹿児島の映画人口は47年まで減少を続けていく。前に見たように、鹿児島の映画興行のピークは33年で、34年中ごろから減少し始め、37年には1千万人を大きく割り、翌38年には最盛期の半分以下となった。47年にはこれまでの最低の185万人までに減少する。同年、鹿児島県では太陽国体が開催され、全県スポーツ熱が盛り上がっていた。夜間練習をするバレーボールの婦人チームもあった。これなども映画観覧者減少の一因となった。

図表56は鹿児島市の36年正月の「映画案内」をもとに筆者が編集したものである。**図表57**は的場福一が作成した36年1月の『鹿児島市の映画館一覧（定員一覧表）』で、一覧し易いように**図表56**の映画館の掲載順に合わせるため並べ替えたものである。的場福一は戦後松竹第一や鹿児島市の映画組合の運営に長く関係した人で、同一覧は貴重な資料である。

図表57の市内26館のうち、銀映から鹿児島文化までは封切館で、第2文化は時たま封切映画を上映することもあった。以上は当時すでに県外映画会社の直営館であった。第一映画、高島、日活銀座、新東

宝銀座、日東は地元資本であったが、日活銀座は38年に日活直営館になり、高島劇場、松竹第一は47年に松竹の直営館となっている。南映から最後の名画座まではいずれも地元の個人経営の再映館で、小劇以外は30年以降に開館したものである。

昭和34年から47年の映画館増減の経緯を煩雑になるが記しておきたい。

34年6月に西鹿児島駅前の大和（大洋の後身）が廃館したが、同年12月にみなみ東映が開館したので26館の時代が36年3月まで続く。35年12月

図表56　「本日の映画案内」（昭和36年1月）

映画案内
鹿児島市（1月4日　水曜日）

	中央地区	
1	名もなく貧しく美しく　サザエさんとエプロンおばさん	東宝　銀映
2	総天然色　新吾二十番勝負　家光と彦左と一心太助　特ナ10時新吾二十番…	東映
3	新春2弾　猟銃　続々番頭はんと丁稚どん	松竹　第一
4	女は夜化粧する　花くらべ狸道中　（特ナ花くらべ狸道中）	大映　高島
5	新春2弾　波涛を越える渡り鳥　俺の血が騒ぐ	日活　銀座
6	水戸黄門天下の大騒動　坊ちゃん野郎勢揃い　（ナイト青空街道大会）	新東宝　銀座
7	戦場よ永遠に　掠奪者	日東
8	暖房完備　眠れる森の美女　これがあなたのディズニーランド	文化
9	暖房完備　新作封切　怪獣ゴルゴ　決戦攻撃命令	第2文化
10	80円　裕次郎のやくざ先生　新・女大学	南映
11	誰よりも君を愛す　離愁　（ナ　誰よりも君を愛す）	小劇
12	総天然色　会津磐梯山　南海の狼火　（ナイト　会津磐梯山）	みなみ東映
13	総天然色　三つの謎　嫁さがし千両勝負　江戸ッ子野郎と娘たち	東映センター
14	暖房完備　東京ピンピンショウ　楽団PNPN	天文館劇場
15	正月洋画最低料金　ヘラクレスの逆襲　シネスコ色彩　激戦モンテカシノ	ナポリ座
16	シネスコ　ポンペイ最後の日　海賊黒鷹	大劇
	上町地区	
17	暖房　家族番組　新吾二十番勝負　彦座と一心太助	上町東映
18	ふんどし医者　海の情事に賭けろ	名山映劇
	西駅・城西地区	
19	総天然色　新吾二十番勝負　家光と彦左と一心太助	西駅東映
20	学校推薦　名もなく貧しく美しく　サザエさんとエプロンおばさん	東宝　新世界
21	暖房完備　波涛を越える渡り鳥　俺の血が騒ぐ　（特ナ　接吻泥棒）	日劇
22	封切週間　学校推薦映画　名もなく貧しく美しく　サザエさんとエプロンおばさん	朝日
23	家族番組　安い料金　地獄の花嫁　砂絵しばり	伊敷映劇
	鴨池地区	
24	70円学55円　総天然色　女巌窟王　地獄の花嫁　お嬢吉三　（特ナ巌窟）	公楽
25	新春封切　総天然色　新吾二十番勝負　家光と彦左と一心太助　（ナイト　やくざ若衆）	鴨池東映
26	海外ロケ2大封切　波涛を越える渡り鳥　俺の血が騒ぐ	名画座

に恵美須町の上町映劇が伊敷へ移転し伊敷映劇となっている。

昭和36年3月に日東が焼失する。23日の午後6時過ぎ発火し、上映中の日活銀座、日東劇場のほか江戸屋菓子舗が焼失した。**図表58**はこの時の焼失地図で、両側の高島劇場、新東宝銀座は鉄筋コンクリートであったので類焼をまぬがれた。市内26館のうち鉄筋コンクートはこの2館と、第一松竹、天文館劇場の4館だけで、あとは木造モルタルであった。ちょうど夕方のラッシュ時で、ヤジ馬でごったがえした。天文館一帯は停電となり、輝き始めていたネオンも消え、近くの映画館は上映中止になった。夜の部が始まる前で客が少なく全員無事に避難した。日東劇場の焼け残った高さ12㍍のパ

図表57　的場福一氏メモ「昭和36年1月　鹿児島市の映画館一覧（定員一覧表）」

	館　名	定員	所在地	経営者	備　　考
4	東宝銀映	961	山之口町5	山口　静治	
9	鹿児島東映劇場	759	山之口町6	吉住　博	旧日本劇場
11	第一映画劇場	910	東千石町66	上原　三郎	騎射場にあり新築移転開館
1	高島	685	山之口町4	上原　三郎	昭和22年1月開館、館はバラック建て。昭和22年12月新築開館
3	日活銀座	1095	山之口町5	宇都　泰蔵	火事になり仮設銀座シネマ。3年ほどあった
5	新東宝銀座	250	山之口町5	宇都　そめ	
2	日東	584	山之口町4	岩崎与八郎	宣伝部よりの人事により開館
8	鹿児島文化劇場	687	山之口町66	野中　義雄	旧富士館跡。戦後国際、東洋など経営者が4代位代わった
22	第二文化劇場	392	山之口町21	野中　義雄	旧オリオン映劇。有楽興行へ
12	南　　映	313	山之口町99	宮内　政治	
7	第一小劇場	408	東千石町66	上原　三郎	昭和23年8月山形屋劇場より移転
23	南東映	254	塩屋町214	吉井　勇吉	
10	東映センター	650	東千石町65	田村　仰	旧セントラル
6	天文館劇場	150	船津町52	折田　辰治	
20	ナポリ座	257	山之口町121	小中　俊雄	
13	鹿児島大劇場	458	山之口町87	小中　十郎	
15	上町東映	210	小川町737	永田　一平	
14	名山映画劇場	118	易居町45	谷川　栄一	中島洋行経営。旧大松劇場
19	西駅東映	272	武町315	永田　秀徳	のち西駅日活
25	新世界	350	武町570	坂上　勝己	旧千石馬場の銀星劇場
16	日本劇場	320	武町319	吉井　勇吉	旧日劇が東映劇場になった時、西駅前に開館
17	朝日映画劇場	280	草牟田町4481	湯地　秀雄	
18	伊敷映劇	248	下伊敷町2567	永田　一平	
21	公楽劇場	308	下荒田町153	高崎　弥生	
24	鴨池東映	320	郡元町2481	吉井　勇吉	
26	名画座	320	上荒田町2134	高崎　弥生	
谷山市　　（昭和42年鹿児島市と合併）					
1	谷山東映			原田敬次郎	昭和36年4月より市映画協会に加入（谷山市時代）。オリオン映劇（鹿児島市より移転）昭和45、6年頃まであった
2	谷山座			宮崎　義雄	区画整理で閉館。宮崎義雄氏経営

ラペット（宣伝用前壁）が３０００ボルトの高圧線に触れそうになり大騒動になったとある（36年3月24日「映画館街で大火」南日本新聞）。人気のある映画館であったが再建されず、長い間駐車場になっていた。

鹿児島市では前年、火災が頻繁に発生し３０７件、３４８世帯が焼け出された。人口１万人当りの出火数は10・２件で、全国2位の東京都を大きく引き離していた。戦後の急場しのぎの木造住宅が密集した所がまだ残っており、非常に燃え易い都市であった（36年3月5日「火災都市・鹿児島」南日本新聞）。

日東の焼失に次いでロマン座（公楽劇場の後身）と名山映劇が閉館、36年の暮れに鹿児島東映が開館したので24館になっている。37年、新世界、朝日映劇、伊敷東映と次々に廃館し、暮れには21館となった。

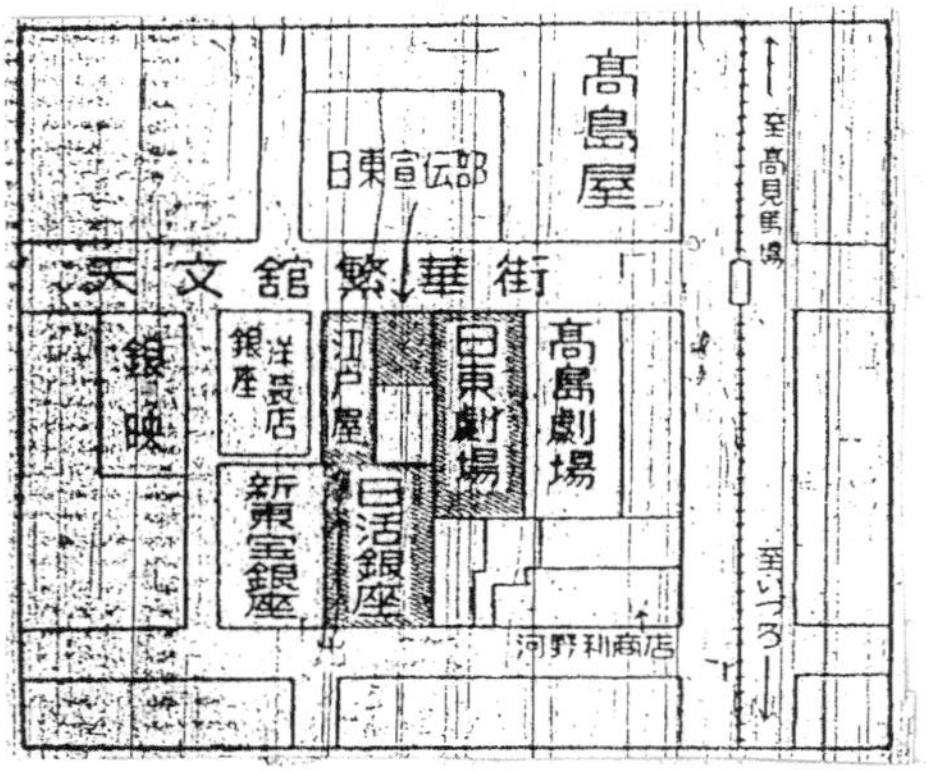

大松映劇は35年6月に館名を名山映劇と変え、大映、松竹、東宝、日活の再映館となったが36年10月に閉館する。

沖縄が47年に本土復帰するまでは、沖縄航路が本土と沖縄を結ぶ主要交通路であった。鹿児島本港に面する小川、易居、名山の各町を南北に貫通する易居町本通りには旅館や飲食店が多く、30年代は「羽振りの良い客であふれ、どの部屋も相部屋でギュウギュウ詰めだった。闇ドルの売買でひともうけした

図表58　「映画館焼失地域図」
（昭和36年３月　南日本新聞）

ドル成金が幅を利かし、それはにぎわった」という。近くには白鳩飲食街があり夜は賑わい、密貿易の取引の噂が絶えなかった。戦後の町並み、風俗を色濃く残した街であった。沖縄が復帰して航空機が乗り入れるようになると、それまで乱立していた旅館は潮が引くように姿を消してしまった（61年9月1日「かごしま海岸通り⑧旅館盛衰」南日本新聞）。そうした町の映画館であった。

新東宝銀座は昭和36年4月から銀座劇場、銀座ニュー東映、銀座劇場と館名を変える。

先に述べたように長く休館していた新世界は黄金通り交差点に移転、28年8月に開館し37年3月に閉館する。現在は駐車場になっていた。

36年6月、鹿児島興行（社長吉井勇吉）はレジャー景気をあて込んで、地下1階、地上3階の東映会館（エンパイヤ）を建てる。工費は8500万円で半分を東映本社が負担し、これに鹿児島東映が入る（36年6月24日「塗りかわる天文館娯楽街所在地」南日本新聞）。キャバレーは移動ステージ、映画館は70ミリのスクリーンを備え、スロープになっていてその下に飲食名店街があった。キャバレーには若いころの森進一、にしきのあきら等が出演していた。キャバレー・エンパイヤは鹿児島の夜の社交場といわれた（37年3月14日「東映会館あす開館」南日本新聞）。映画館は会館より一足早く36年12月に開館している。

38、39年の市内映画館数は21館で異同はなかったが、40年2月と6月に鴨池東映と銀座シネマが廃館する。8月に第2文化は萩原通りに移転し有楽座となる。

40年末の鹿児島市の映画館の分布を見ると、中央地区に15館、上町地区1館、西駅地区2館、鴨池地区1館となっている。最多期と比較すると、中央地区も1館減り、周辺部は6館が閉館し、上町東映、西駅日活、日劇東映、名画座の4館だけになっている。

41年1月に西駅日活が、42年7月にみなみ東映が閉館したが、同12月に騎射場に第2名画座が開館したので18館となる。

43、44年には館数の増減はなく、18館の時代が45年の7月まで続いたが、同月に東映センターが廃館して現在のセントラルビルになる。46年初めには天文館劇場が閉館したので16館になる。

日活銀座は45年6月から日活本社の意向で洋画館になっていたが、翌年10月に閉館した。「また一つ消える映画の灯。日活きょうでお別れ。天文館が寂しくなる。嘆くファン」と惜しまれながら幕を閉じた。日活銀座は天文館興行界の老舗の一つだっただけに、閉館を惜しむ声が強かった。大映高島劇場の上原三郎は「天文館がパチンコの町になっていくのはさびしい」と語っている（46年10月28日「また一つ消える映画の灯。日活きょうでお別れ。天文館が寂しく…嘆くファン」南日本新聞）。

さらに、46年12月にナポリ座も閉館する。記事の見出しは「また消える映画館の灯。名作惜しむ市民。時世の流れには勝てない？」となっている。翌3日には「永い間のファンの皆様にお礼として『哀しみのトリスターナ』」を無料公開している。12月末には西駅前の日劇東映も廃館する。同経営者は千日町の鹿児島東映も経営していて「東映と契約を結んでいるが、今後の映画興行はさらに追い込まれそうなので、今のうちに東映の封切館一本に絞ったほうが良いと判断した」と廃館の理由を語っている（46年12月2日また消える映画館の灯。ナポリ座、日劇東映。名作惜しむ市民。時代の流れには勝てない？　南日本新聞）。同映画館跡は一番街駐車場になった。これで西駅地区の映画館はすべて閉館し、市内の映画館は最盛期の半分の13館になった。

46年暮れに大映が倒産し、大映高島は館名を高島劇場と変え、洋画館に転向した。当時、邦画館は邦画各社の製作本数の激減で興行が行き詰まることが予想されていた。

47年の正月興行は低調で、観客数は前年度より1・5～2割の減少だったという。ただ、「男はつらいよ・寅次郎恋歌」（シリーズ第8作）は「暮れから封切りし、家族連れやアベックが詰めかけ、900の座席がほとんどいっぱいになる盛況」だった（47年1月6日「鹿児島市のお正月映画・映画はやはり低調ムード。まず予想通り？　観客昨年より1・5～2割減る」南日本新聞）。

鹿児島興行は47年7月に映画館経営から離れ、東映は有楽座で興行していたが、翌年8月に銀座通りのニュー西野ビル2階を映画館に改装して鹿児島東映とした（48年7月31日「（広告）8月3日オープン　天文館・地蔵角　鹿児島東映」南日本新聞）。

47年度に鹿児島県の映画入場者数はそれまでの最低となり、昭和33年の約12％、映画館数は半分になった。

映画人口減少の要因

テレビの普及と郊外台地の団地化　33年2月にNHK鹿児島テレビ局が開局し、当時の日本を横断するNHKテレビ網が完成した（33年2月22日「社説テレビ時代を迎えて」南日本新聞）。翌年4月には民放のラジオ南日本（現在のMBC南日本放送）のテレビ局が開局し、華やかなパレードが行なわれている。**図表54**の「テレビ世帯普及率」の欄にあるように、NHKのテレビ放送開始時の普及率は0・6％から始まったが、皇太子ご成婚の34年には4・6％になり、その後急上昇して東京オリンピックの39年には50％を超えた。80％を超えたのは44年で、同年の映画館入場者数は最盛期の17・8％なっている。テレビの普及と映画入場者の減少との相関が推測できる。

テレビの開局後、「激しいテレビ・映画合戦。映画館は赤字経営。料金値下げする封切館」（33年3月25日、南日本新聞）とか、「映画を食ったテレビ。入場税から見た大衆娯楽」（34年4月11日、南日本新聞）とか、映画がテレビに侵食されてゆく報道が多くなる。娯楽の多様化ももちろん、映画観客の減少に拍車をかけた。

鹿児島市の人口は戦後、毎年増加を続け、住宅地は30年ごろから郊外へ広がっていった。33年に、郊外の日当平や、旧練兵場跡などに団地が完成する（34年4月22日「郊外にのびる住宅街、毎年200件が建築申請。頭もたぐ団地形成プラン」南日本新聞）。県と市は極端な住宅不足を解消するため、市街地を囲む周辺の急崖よりなるシラス台地上に宅地開発を進める。31年に紫原台地の宅地開発計画が始まり、40年末には人口約8千人の団地ができ（40年12月4日「宅地造成　高台地へぞくぞく」南日本新聞）、54年には2万人余りのベッドタウンになっている（昭和56年発行『鹿児島大百科事典』）。その後、55年までに、周辺台地に坂元、城山、緑ヶ丘、伊敷、桜ヶ丘、武岡、玉里、原良、西陵などの団地ができた（「鹿児島県住宅供給公社のあゆみ」、「鹿児島市住宅公社50年のあゆみ」）。

台地団地のベッドタウン化が進むと、42年ごろには、天文館を中心とする中心地区は居住人口が激減し、ドーナツ化現象が起こる。「かたちのうえでは東京、大阪なみの変容を示している」といわれた（42年6月11日「大都市へ発展めざましい鹿児島市。郊外にあふれる人。東京、大阪なみドーナツ化進む」南日本新聞）。

映画館が集中する天文館地区と周辺台地の住宅地区との距離は大きく、地形的にも両地域とのアクセスは不便であった。39年の秋、市電の最終便が1時間繰り上げられて、「鹿児島市の映画人口は2割減少」したといわれた。まだ団地住宅との交通体系の整備が進んでいなかったのも一因であろう。

鹿児島市内の中心地に有料駐車場ができ始めたのは40年9月。「自動車の保管場所確保に関する法律」ができたのをきっかけに、はじめは20カ所足らずであったが、市中心部に有料駐車場が増え始めた（昭和41年3月22日「静かなブーム有料駐車場。鹿児島市。お寺も乗り出す。車の増加と規制が拍車」南日本新聞）。しかし、その後も天文館地区の駐車場不足は深刻であった。

こうした居住の郊外化は、映画館に足を運ぶという団地住民の行動を消極的にしたであろうことは理解できる。

地方の映画館の減少　図表59は、34年の知り得た映画館名と35年の県内市町村別映画館数とを示したものである。『鹿児島県統計年鑑』に市町村別の映画館数が載るのは、この昭和36年版からである。

36年度版『鹿児島県統計年鑑』の調査基準日は昭和35年5月、昭和35年版『映画年鑑』（『別冊付録映画便覧映画館録』）の調査基準日は昭和35年10月である。前者は映画館数と課税場数の調査基準日が異なるため、127館と130館の違いが生じたとある。

35年には、県内96市町村の約54％にあたる52市町村に映画館があった。また、県内127の映画館を

図表59 「昭和34年の主な映画館名と35年度映画館数」

	昭和35年版『映画年鑑』の映画館名（調査基準日 昭和34年20月） 映画館名	昭和34の年新聞広告等による補充館名	昭和36年度『県統計年鑑』の映画館数（調査基準日昭和35年5月）
鹿児島市	（省略）	（省略）	26
川内市	日南映劇 若草東映 川内映劇 有楽映劇		4
鹿屋市	鹿屋東映（本町） 鹿屋日活（本町） 鹿屋東宝（本町朝日通） 国際映劇（北田町）	鹿屋国際 鹿屋映劇	5
枕崎市	枕崎東映（港町） 南都映劇（東本町）	枕崎銀座	2
串木野	串木野第一映劇 串木野東映	串木野喜楽館	2
阿久根	阿久根映劇（本町） 阿久根第一映劇（波留）		3
名瀬	中央会館（栄町） 奄美映劇（石橋町） 名瀬東映（末広町） 朝日館（朝日区四班）		4
出水	第一泉映劇（武本） 出水東映（上鯖淵） 米ノ津南映（下鯖淵）	第２泉映劇	3
大口	喜楽館（里） 大口東映（元町） 山野映劇（山野堺町）		3
指宿	湊座（十二町） 指宿東映（十二町平和通）		2
加世田	加世田映劇（武田） 加世田東映（本町）		2
国分	国分国際（向花） 国分東映（向花）	国分映劇	2
谷山	谷山東映（上福元） 谷山座映劇（上福元）		2
西之表	東洋館（東町） 中央映劇（西町） 西之表東映（西町）		3
垂水	垂水映劇（本町） 海潟映劇（海潟）	垂水東映	5
山川町	山川映劇（入船）		1
頴娃町			2
知覧町	弥榮映劇		1
川辺町	寿映劇（平山）		1
東市来町	湯之元映劇		2
伊集院町	伊集院映劇		1
吹上町	吹上映劇（中尾）		1
東郷町	東郷映劇		
宮之城町	宮之城東映（屋地） 宮之城映劇（虎居）		2
野田村			1
高尾野町			1
菱刈町	菱刈映劇（前目）		1

	昭和35年版『映画年鑑』の映画館名（調査基準日　昭和34年20月）	昭和34の年新聞広告等による補充館名	昭和36年度『県統計年鑑』の映画館数（調査基準日昭和35年５月）
	映画館名		
加治木町	加治木東映劇場 加治木映劇（本町）		2
蒲生町	蒲生東映（下久徳）		3
横川町			1
栗野町	有楽映劇（新町）		1
吉松町	吉松映劇（川西）		1
隼人町	隼人第一劇場（隼人町見次） 浜之市東映（隼人町真考） 日当山東映		2
大隅町	岩川映劇（岩川）		1
財部町	財部公楽（南俣）		1
末吉町	末吉映劇		1
志布志町	喜楽館 孔雀映劇	志布志東映 志布志大映	3
有明町			2
大崎町	大崎若草（神領）		4
東串良町	串良東映	串良映劇（日劇）	2
内之浦町			2
高山町	新星映劇（前田） 高山東映（仲町）		2
吾平町	吾平映劇 吾平第一映劇（原田）		2
大根占町	大根占東映		1
佐多町			1
中種子町	中種子東映（野間） 文化映劇（野間）	中座	3
南種子町	上中映劇（中之上）		1
上屋久町			2
屋久町	屋久島映劇（安房）		1
瀬戸内町	中央館（古仁屋） 朝日開館（古仁屋）		2
徳之島町	大洋映劇（亀津） 南海映劇（亀津北区）		2
天城町	徳州第一映劇		
和泊町	和泊映劇		1
知名町	知名映劇		1
県映画館数			127
	130		130

・昭和36年版『鹿児島県統計年鑑』の映画館数の調査基準日は昭和35年５月、課税場数の調査基準日は昭和36年３月のため127館と130館の違いが生じた。
・昭和35年版『映画年鑑　別冊付録映画便覧映画館録』の調査基準日は昭和34年10月
・昭和34年市町村数96

市町村別にみると、当時の15市に68館、36町に58館、野田村に1館があった（『鹿児島統計年鑑』昭和36年度版ｐ４２２）。谷山市は42年に鹿児島市と合併、野田村は昭和38年に町制を敷く。

同表の映画館名は、先の『映画年鑑』には45市町村の１０３館の映画館名を収録しているが、新聞広告等により分かった11館を合計して１１４館の映画館名が分かった。１２７館のうち10館余りの館名が不明である。

その後の地方の映画館の推移を、おおまかに記すと次の通りである。昭和49年度（昭和50年1月調査）の映画館数は県全体が40館、市部32館（鹿児島市14、川内4、鹿屋4、名瀬2、以下、枕崎、串木野、阿久根、出水、大口、加世田、国分、西之表は1館）、郡部8館（山川、高尾野、志布志、瀬戸内、喜界、徳之島、和泊、知名）で、鹿児島市と地方の中心都市、離島に分布している。同年の県の入場人員は２０８万人余りとなっている（昭和49年版『鹿児島県統計年鑑』ｐ４１４）。

昭和50年４月から、一部の指定席等を除いて１５００円以下は無税という免税点が設定され、同年度より『鹿児島県統計年鑑』には映画館入場数の記録はない。一部の指定席等は鹿児島にはなく、税の徴収がなくなり、入場者数の把握が必要でなくなったためと考えられる。映画館数はその後も載っているが、実際とはかなり違い、現実の数字とは考えられない。

それで50年4月以降、県内の映画館数は把握できなかったが、平成11年8月の『『データでみるかごしま』県都以外の映画館、姿を消す」という連載記事によれば「いま鹿児島県内にある映画館は12カ所。すべて鹿児島市内に集中している。内訳は複合館が3で、単独館が2」とある（11年8月8日「データでみるかごしま」南日本新聞）。地方の映画館は、平成11年8月には姿を消していることが分かる。ちなみに、同年の同じ月の映画案内と比較すると、シネシティ文化（5スクリーン）、東宝（3スクリーン）、松竹高島（2スクリーン）の3館があり、単独館は鹿児島東映、旭シネマの2館、スクリーン数は12で、先の資料と一致する。

しかし、**図表60**の「平成11年度市町村別映画館・劇場」によれば、平成11年度の県下の映画館数は28館で、市部に25館、郡部に3館とあり、先の資料とは基本的に異なっている。その理由ははっきりしない。昭和50年度以降の『鹿児島県統計年鑑』の映画館数については参考にならない。173ページの**図表54**「鹿児島県・市の映画館数・入場者数・テレビ普及率」には50年度は参考のため載せたが、以降は載せなかった。

その後の地方の映画館の推移を記事や映画案内により記すと、概略は次の通りである。

「本日の映画案内」には39年中ごろから、地方の加治木、国分、川内、鹿屋、枕崎、串木野、国分、出水、大口などの映画案内が行われている。このころの南日本新聞の映画案内は鹿児島市だけでなく、離島を除く県全体の映画館について案内していたものと思われる。案内が途絶えた映画館は閉館したものと推測される。

図表60　平成11年度市町村別映画館・劇場

（平成12年3月31日現在）

市町村	映画館	その他興行場	市町村	映画館	その他興行場
総数	28	33	国分市	—	1
市郡	25	24	加世田市	—	—
郡部	3	9	西之表市	—	—
鹿児島市	16	10	山川町	—	1
川内市	2	2	伊集院町	—	1
鹿屋市	4	1	牧園町	—	2
串木野市	—	1	隼人町	—	1
阿久根市	—	1	大隅町	—	1
名瀬市	2	2	志布志町	—	1
出水市	1	2	笠利町	—	1
大口市	—	1	喜界町	1	—
指宿市	—	3	徳之島町	2	1

（平成12年版『鹿児島統計年鑑』p414）

昭和42年末に加治木文化の案内がなくなり、59年3月に枕崎市のみなと文化が閉館する。記事によればみなと文化は一時コストの安いポルノ路線に転換したり、洋・邦画3本立て再映館として営業したりしていた。1、2階合わせて300席に1日に数人しか入らない日が多かった。ビデオ普及の影響は大きく、また、このころの若者たちは鹿児島市までマイカーで見に行く傾向が強くなっていた。鹿児島市まで見に行くと駐車場代などを入れると3千円以上かかったという。同記事に南薩の指宿、加世田、枕崎の映画館が全てなくなったとある（59年9月30日「南薩の映画館姿消す。みなと文化観客減耐えられず」南日本新聞）。

59年12月、串木野東映や出水の仲町映劇の映画案内がなくなる。両館は同じころ廃館となったものと思われる。60年に大口喜楽館、63年若草映劇が閉館（昭和63年1月29日「40年の歴史に幕。今月限り、川内の若草映劇2館。ビデオが直撃、経営難。川北薩、遂に映画館ゼロ」南日本新聞）。川内・北薩地区から映画館がなくなった。名瀬市には映画館が5館あったこともあるが、平成元年には同市の映画館はすべて閉館して、県内離島から映画館が消えたという（平成22年6月1日「県内離島唯一の映画館閉館。10年の歴史　館客惜しむ。名瀬のシネマパニック」南日本新聞）。

平成元年に国分文化会館の案内がなくなる。国分文化会館は鹿児島市以外で唯一の洋画封切館であったが9月に閉館している（平成元年12月23日「回顧かごしま89」南日本新聞）。そして平成4年2月を最後に鹿屋のテアトル文化の映画案内がなくなる。平成12年8月の記事に「県内では平成4年に鹿屋市の映画館が閉館して映画館は鹿児島市内だけで地方はゼロの状態が続いた」とあり（12年8月3日「映画館で鑑賞迫力違う。名瀬市に11年ぶり復活」南日本新聞）、平成4年2月に県内の地方の映画館は消滅していた。以後、映画案内も鹿児島市内だけになっている。「データで見るかごしま」に記載の通り、11年には地方には映画館はなかった。

8年余り後の平成12年8月、名瀬市では11年ぶりに末広町にシネマパニックが復活する。シネマパニックは同市の書店経営者が市内に映画館がないのを憂えて、平成元年に閉じた映画館跡に復活させたものである。スクリーンが2つ、座席は140席と50席であった。離島唯一の映画館であったシネマパニックは22年5月には閉館する。このときの記事に地方の映画館は鹿屋市の1館だけになったとある（22年1月15日「奄美の映画館今春閉館。県内離島唯一建物解体、移転も難しく」南日本新聞）。鹿屋市のリナシアターは同19年4月、鹿屋市民交流センター・リナシティ3階に鹿屋市の指定管理施設としてオープンする。座席は68席で規模は小さいが、現在も営業している。地方には4年2月から12年8月まで8年余り映画館はなかった。

地方で映画館が最後まで残ったのは大隅地方の中心都市の鹿屋市で、それに次いだのは離島の中心奄美市であった。薩摩地方はJRの3線が残り、鹿児島市内の映画館に来るのは比較的便利であった。

戦後鹿児島映画界の特色

市民映画教室　鹿児島市の中央公民館で市民映画教室が行われていた。冬は非常に寒く、椅子は木製の長椅子で尻が痛かったが、多くの映画ファンに親しまれた。

鹿児島市公会堂は、20年春の空襲で外壁だけを残して焼失した。これを24年6月に復旧し、鹿児島市中央公民館と改称した。その時、グランドピアノ、映写室、特別室、拡声器などが980万円かけて設置された（24年6月19日「中央公民館ひらく。きのう華々しく開館式」南日本新聞）。戦災を受けなかった県立図書館とともに、文化活動の拠点になった時期があった。

中央公民館では、開館まもなくから映画の上映が行われていた。たとえば12月にはフランス映画『暁に帰る』の上映会が行われている。

25年2月から市民映画教室が始まり、4日から3日間、イギリス映画『渦巻』が上映されている。入場料は大人30円、新制高校生20円、小人15円であった（25年2月3日「中央公民館映画広告」南日本新聞）。教室は市民に良い映画を安く提供するため、市社会教育課が始めたもの。「公民館の映画だけしか観ない」という熱心なファンもいた。毎月2回、土曜、日曜を中心に3日間上映した。邦画が上映されたこともあったが「民業を圧迫する」という業者からの申し入れがあり、ずっと再映洋画1本、ニュース、短編映画が上映されていた。料金は普通30円で、名作のときは40円になるときもあったが、この低料金が勤労者や学生などには魅力であった。

第2回の『大いなる遺産』のとき「よろん調査」を行っている。映画上映は何で知ったのかの問いに、新聞が断然多く62％、知人から17％、掲示板11％、電車広告8％、ラジオなどが2％と答えている。料金については75％が適当、高いが20％、安いが5％、上映映画の希望については仏国35％、英国25％、米国23％、ソ連14％、日本3％とフランス映画の人気が高い。日本映画は3％と少ない。そのころの公民館映画のファン層の好みがうかがわれる（25年2月16日「広告宣伝が足りぬ。市公民館映画のよろん調査」南日本新聞）。よろん調査というのは今のアンケートのことだろう。

最盛期は31年で17万人が観覧している。「朝日通りから中央公民館まで列をつくり、1500人収容する館内がすしづめ」ということも珍しくなかった。しかし、34年になると、入場者は4万2800人に激減した。その理由は洋画再映館の大劇、ナポリ座、第2文化が31年10月から33年10月にかけ開館し、安い料金で観られるようになったため。さらに、中央地区（天文館）以外の西鹿児島駅前、上町、鴨池、騎射場、草牟田、伊敷などに低料金の映画館ができると、中央公民館へわざわざ出かける必要がなくなっていた。

映画界はほとんどの作品がシネマスコープになり、従来のスクリーンでは思うような作品が上映できなかった。市は34年3月にスクリーンを大型化するための予算113万円を提出、議会を通過した。これについて市内の映画館経営者から苦情が出て、映画教室のあり方が話題になる。経営者は「近ごろの市の映画教室は事業化し、民業を圧迫する傾向が見られる。再映館の増加で安くてよい映画を一般映画館で見られるようになった。公民館がつとめてきた役目はもう終わったのではなかろうか。いままでの延長ではなく新しい立場から運営が考えられてもいいはずだ」というのが洋画館側の主張であった（34年3月17日「別れ道に立つ市民映画教室。増える再映館に悩む。画面も大型、事業化の傾向化へ」南日本新聞）。

映画教室入場者は市内の映画館全入場者に対し、31年は3・9％を占め、33年には1・24％になっている（35年1月19日「曲がり角に立つ市民映画教室。昨年からガタ減り」南日本新聞）。

34年2月に200回を迎え、その記念として『静かなるドン（黎明篇）』が封切上映された。映画教室はその後、月1回となり、11年間余りで232回開催され、36年3月に終わった。ちょうど映画産業の衰退が深刻になる時期であった。市教委も「市民映画教室は246万人の市民が鑑賞したが、これで映画教室の使命は完全に終えた」と語っている。市民映画教室が中止にいたる過程は、当時の鹿児島の映画界の状況を反映していたといえる。

そのほか、中央公民館には「市民LPコンサート」という市社会教育課主催のLPレコードを聞くコンサートもあった。これは24年11月に山根銀五郎鹿児島大教授の解説で始まり、34年3月、113回の例会で終わっている。このころになると、市内に音楽喫茶が増え、労音や職場団体のコンサートが普及していた（34年3月17日「市民LPレコードコンサート19日の例会で終止符」南日本新聞）。

文化センターなどの公共施設が増えてくると、映画業者との対立が増加した。39年初め県文化センターの建設内容が発表されると、16ミリと35ミリの映写設備が含まれていることがわかり、市内の映画館側は神経を尖らせた。「無料映画をたびたびやられては不況の映画業者はますます不利になる」と、何らかの規制をしてほしいと早速県に申し入れる。当時、全国的に文化センターの建設がブームで、そのほとんどに映写設備があったので「業者には脅威のマト」であった。結局、県文化センターは「文化映画や教育映画の上映を原則」としていたが、組合側は「各種の団体や業者に映写設備などを貸し出す場合」もあるという点を重視していた。県は「事前に映画の内容や宣伝方法について組合と話し合い、市内の業者を刺激しないようにする」ということで決着がついた（39年3月31日「映画館と文化センター。劇映画で話し合い、上映は事前了解を」南日本新聞）。

入場料の推移　36年は鹿児島の映画業界の戦国時代の始まりといわれた。ロマン座（公楽）、名山映劇が閉館し、さらに「閉鎖線上スレスレの館も2、3館ある。生きるため、いかに他館を押さえるか。止まったら倒れる自転車操業、過当競争のきびしいアラシ、興行界はいま戦国時代を迎えたようだ。入場者の減少を補う決め手は、料金値上げしかない」といわれた（36年12月1日「映画の日の話題、映画館は戦国時代　激しい駆引き自転車操業で切り抜く」南日本新聞）。図表61は昭和35年から平成5年までの入場料の推移を示したものである。

地方都市の映画館の入場料金は、その土地柄や商習慣などを考慮して、映画館の経営主が決定するのが原則とされていたが、映画界の斜陽化が始まると、配給会社はたびたび映画館へ入場料の値上げを迫るようになった。

36年、鹿児島市ではある映画館が秋に200円に値上げしたら、観客にそっぽを向かれ手痛い惨敗を喫していた。それにもかかわらず、邦画5社の九州支社でつくる配給委員会は正月料金の値上げの基準料金を決め、その金額で上映するよう映画館

図表61　「昭和35年〜平成５年の入場料推移」

年	月	入場料(円)
昭和35		170
36	12	200
37	12	220
38	12	250
39	12	300
40	12	300
41	12	350
42	8	400
	12	400
43		
44		
45		
46		
47	12	600
48		
49		
50	12	1200
51	12	1300
52	12	1300
53	12	1300
54	12	1300
55	12	1500
56	12	1500
57	12	1500
58	12	1500
59	12	1500
60	12	1500
61	12	1500
62	12	1500
63		1500
平成　1	4	1600
2	12	1600
3	12	1700
4	12	1700
5	12	1800

（入場料の空欄は調査不能）

に迫ってきた。配給会社の出した線は福岡市280円、長崎、熊本などが250円、佐賀、若松、鹿児島などが230円で、鹿児島市では従来の170円から一挙に60円の値上げとなる。

これに対して鹿児島市の興行主たちは抵抗して、最低線を封切館が200円以上、再映画館は90円以上とすることだけを決めた。実際は直営館の東宝と、新館に建て直したばかりの日活銀座は230円、地元資本の大映高島と松竹第一は、高島が220円、女性客ファンの多い第一は婦人会の目を意識して200円とした。結局、60円から30円の値上げをした。洋画館はいずれも200円であった。こうした値上げ攻勢に地元紙は「大都市の劇場では高料金を容認させるデラックスなムードがある。赤ジュウタン、ピカピカ光る階段、ゆったりしたシート。一方、ときどきネズミが運動会をやるお寒い劇場とは月とスッポンの差だ。それもこれも承知の上で、とにかく正月料金の値上げの協定が成立した裏には、正月にかける興行者たちの例年にない背水の陣の構えが読み取れる」と記している。直営館東宝は年末から始まる正月番組を元日封切に繰り下げ、大作をうたって最高料金で臨んで注目された。学生などの料金は、大人の料金が最高の230円の映画館で180円、高校生150円、子供が100円から120円という料金設定。新聞は「例年と異なり家族連れで見ると千円札の準備が必要だ」と入場料の値上がりを強調している（36年12月24日「映画正月料金の値上げ相場。最高で230円とる。大作という名で高姿勢」南日本新聞）。

37年の暮れも一層の映画不景気時代。「戦国時代さながら、あの手この手の客寄せ」であった。「製作会社、配給会社は料金を上げろとけしかける。だが、一館だけの単独値上げは、他館に漁夫の利を与えるようなもの。お盆や正月の特別料金をすえおきにして、なし崩しの値上げ以外にはないでしょうと小さい声」で、ある支配人はささやいたという（37年12月18日「ことしの泣き笑い②．映画不景気時代。戦国時代さながら、あの手この手で客寄せ」南日本新聞）。

鹿児島の映画界は、減少し続ける興行収入を入場料金値上げでカバーした。正月に高い特別料金で興行を行い、終わってもそのまま据え置く劇場が多く、例年正月は料金値上げの時期になった。各社ばらばらであったが、例えば鹿児島市の東映系の場合、36年の封切料金は200円、翌37年には220円、38年には250円、39年には300円に値上げした。

39年の暮れに「一人300円はレジャー経費としてギリギリの線」というのが当の映画館支配人たちの声であった。映画館にとって最後の頼みだった正月料金のアップも限界にきていた。結局、支配人の会合を開き300円に据え置いた。福岡市の500円をはじめ、九州でも各都市それぞれ今度も料金を上げる気配で、鹿児島市の映画館では物価の値上がりに背を向けて、入場料据え置きは実質的な値下げだ。来年は例年にない苦しい興行になりそうだと言っている（39年12月15日「正月映画三百円据え置き。鹿児島市で申し合わせ。高料金もう限度」南日本新聞）。

41年には350円に値上げし、42年には「消費者側の強い要望と県の頼み」で理髪店、映画館などの年末、正月特別料金は据え置きされることになった。しかし、多くの理髪店は年末料金値上げストップを見越して11月までに値上げをしていた。封切館もお盆に50円平均アップして大人料金400円にし、正月料金は400円に据え置いた。お盆に値上げしなかったところや、郡部の映画館は恒例の正月料金を実施している（42年12月26日「甘くない正月料金。理・美容院、映画館。値上げストップ決めたけど、すでに先取りも。

年が明ければまた乱戦」南日本新聞）。

その後も市内封切館は入場料金の値上げを続けたが、大幅な値上げのできなかったナポリ座、日劇東映など再映館4館が昭和46年に閉館した（46年12月2日「消える映画館の灯。ナポリ座、日劇東映」南日本新聞）。市内の映画館は最盛期の半分の13館となった。

47年の正月値上げは、市内に9つあるボウリング場が先陣を切って、一斉に1ゲーム300円に値上げした。封切館は松竹第一を除き、正月興行から一斉に600円に統一される。正月興行1週間だけと明言したのは大映だけで、他の館はいずれも、正月興行が済んだ段階で改めて検討するといっている。どうやら値上げがそのまま平常料金に移行する可能性が大きいようだとある（47年12月27日「きびしい！ 正月値上げ。ボウリングが先陣。映画館、喫茶店もてぐすね」南日本新聞）。こんな調子で、47年の600円から値上がりが続き、50年には1200円と倍になった。

昭和50年4月から入場税に免税点が設定され、1500円以下は無税となり、映画館は一息ついた（斉藤守彦『映画館の入場料金は、なぜ1800円か』p71 ダイヤモンド社発行）。51年になると消費者の反発を気にして、従来のようにどこもかしこもという、正月料金値上げの総なだれ現象は少なくなっているが、映画は早々と12月18日には、市内のA洋画館はそれまでの大人1200円を1300円に値上げした。1月下旬まで今の料金でその後は、「いまのところ旧料金に戻す考え」といっている。

正月は「客の入りが多くホクホクだろうに、どうして値上げするのかと聞くと、正月は邦、洋画とも大作が目白押し、どの館もいい作品を欲しがっているから、それを見越して配給会社がフイルム代を上げる。映画館だけが悪いのではない」と支配人は釈明している。諸物価上昇、映画人口減少のなか、業者の言い分も否定はできないと思われた（51年12月31日「正月料金　映画、喫茶店が値上げ。総なだれ現象は少ない」南日本新聞）。

52年になると「数年前まで消費者そっちのけで大手を振っていた映画館や喫茶店などの正月料金。それが今年からは姿を消しそうである。経済の成長期はいざ知らず、こんな不景気なときに値上げをすればますます客足が遠のく」というのが値上げ撤回の弁。「正月だからという値上げの理論では自分の首を絞めるだけだ」とある支配人は語っている。この年から松竹が他館に合わせて100円上げて1300円にしたので、市内の封切料金はこれで、洋、邦画とも1300円で統一された（52年12月27日「正月料金　不況下、目立つ手控え　遠のく客足警戒。映画はほぼ統一、千三百円」南日本新聞）。

54年の正月興行まで1300円が続いたが、55年1月に公共料金、石油関連製品の値上げが続く中で、『地獄の黙示録』、『影武者』など超大作・話題作を理由に、1300円を1500円に値上げして封切られることになり、「映画1500円時代」になったと話題になっている（55年1月9日「映画1500円時代へ」南日本新聞）。入場税の免税点リミットの1500円になり、「さすがこのあたりが上げ止まり」と判断されたのか、その後しばらく値上げが行われず、全国的に56年から63年まで1500円の時代が続く（斉藤守彦著「映画館の入場料金は、なぜ1800円なのか？」p91）。

平成元年4月に消費税が導入され、入場税、免税点は撤廃された。3％の消費税45円を内税にするか外税にするかでもめたが、結局、入場料金は一斉に1600円に値上げされた。同3年に1700円、同5年に1800円となり現在に至っている。

斉藤守彦によれば、同7年に通産省が「入場料金弾力化」に関する要望を通達したことで各種の割引が行われるようになり、料金の多様化が進み実質的な入場料金は下がり、2008（平成20）年の映画館の平均入場料金は1214円になったという（斉藤守彦「映画館の入場料金は、なぜ1800円なのか？」p8ダイヤモンド社）。

同25年の天文館シネマパラダイスは、ファーストデイ（毎月1日、1000円）、テンパデイ（毎月10日、1000円）、レディースデイ（1000円）、シニア割引（1000円）、夫婦5割引、レイトショー（8時以降、1200円）の6種の割引を行なっている。

オールナイト　映画興行者は観客動員のため、さまざまな対策を行ってきた。先に述べたように鹿児島では、昭和37年の夏、ナイター商売が大繁盛する。オールナイト興行は38年5月、川崎市で初めて行われたといわれる（『日本映画発達史』⑤p432）。鹿児島市では37年の3月に美空ひばりの鹿児島ロケを記念してオールナイトが行われたという（37年3月31日「オールナイト興行。ひばり鹿児島ロケ記念」南日本新聞）。これが鹿児島最初のオールナイト興行で、川崎より1年余り早い。鹿児島は全国的にも早くから行われたところであろう。

鹿児島でオールナイトが本格的に行われるようになったのは同37年の夏からである。7月に「市内のA館が、十時から明け方の六時までのオールナイトをやったところ、一晩のかせぎが十万円になった。他館も色めき立ち、次の土曜日には新たに三館がオールナイトの戦列に割り込んだ。この時、最高の入りだったB館の売上げは十四、五万円で、昼間の興行の二倍の売上げ」だったという。「観覧者は十二時ごろまでが近くの商店の一般客で、十二時ごろからバーなどの酔客や夜の蝶たちがおしかけた。アベックも多く、暑くて眠られない夜を冷房の中で過ごし楽しもうというもの」であった。広告に「見るもよし、眠るもよし」というのがある。土曜日の午後10時に始まり、終映は日曜日の朝5時であった。映画のほかにオールナイトで繁盛したのが「夜なきウドン屋」。朝方3時ごろになると映画館の前には屋台が集まり、市内で2千から3千食分が1晩に売れたという。これに目をつけて専属の屋台を置く映画館もあった（37年7月22日「ナイター商売大繁盛。映画館・観光バス・デパート。涼み客をねらう。映画館のかせぎ、昼の倍」南日本新聞）。

3年後の40年6月、オールナイトの状況をおおむね次のように記している。茶の間のテレビ攻勢に対抗しようと鹿児島市の各映画館が「土曜日のオールナイト興行をはじめて三年。最近はすっかりおなじみになり固定客もできた。斜陽産業といわれる映画界にとっては大切な収入源。館主仲間では『深夜族を大事にしよう』という合言葉」まで生まれた。このころ鹿児島市では7館（邦画5、洋画2）が興行、午前5時半まで入れ替えなしの連続上映しているが、どこも固定客ができ、実績はまずまず。「これから夏にかけて稼ぎ時、ずっと続けますよ」と映画館側は強気だ。0時以後の入場者は7館でざっと2千人。昼の入場者を上回ることも多く、男子が7割ぐらいを占めている。以前と違ってバー、キャバレーなどの夜の蝶は意外に少なく、サラリーマン、オフィスレディー、学生が圧倒的。午前0時すぎから入場する人々のうち、3分の1はシートにうずくまって眠っている。入場者の中には旅館代わりに映画館で1泊、安上がりをねらう旅行客もいた。

39年秋、市電の最終便が1時間繰り上げられてから鹿児島市の映画人口は2割減り、それだけにどこの映画館も客寄せに懸命、オールナイトの上映はいまや特別サービスではなく「興行スケジュール」のひとつになっている。仕事のため昼間見られないある女性店員は「オールナイトは評判の外国映画なども上映しているので、いつも欠かさず見ています」と語っていた。映画館主も「このように徹夜までして見るほど映画を好きな人もいるのだ。オールナイトの客を大切にしなければとつくづく思う」と語っている（40年6月28日「オールナイトは花盛り、深夜のオアシス？　アリバイ頼む紳士も」南日本新聞）。

その後、土曜日のオールナイトは季節とは関係なく、市内ほとんどの映画館で行われた。40年ごろには、オールナイトは特別サービスではなく通常興行になっていた。

深夜興行では、鹿児島でもヤクザ映画、仁侠映画がよく上映された。居酒屋でオールナイトが話題になったとき、映画館を出て行く青年たちのポーズをまねて笑せる人がいて、客たちは懐かしそうに笑っていた。

オールナイトは平成13、14年ごろから土曜日だけになり、レイトショーが多くなった。鹿児島でのレイトショーの始まりは、昭和63年ごろからで、土曜日に行なわれている。

シネコン時代を迎えようとするころ、平成初期には映画館は普段着でぶらりと寄るところではなく、おしゃれをして行くハイレベルな娯楽へと変貌していった。また映画は一晩もかけて何本も観る娯楽ではなくなっていた。平成16年中ごろからオールナイトはほとんど見られなくなった。

12　変容期の映画界

変容期の概要

日本でもテレビの普及は映画界を変容させていった。鹿児島市映画界の変容を、南日本新聞の年末特集の「回顧かごしま」などで概観すると次のようになっている。なお、平成4年から「回顧かごしま」から映画はなくなる。

昭和37年4月、ヌーベェル・バーグ映画の影響を懸念して、鹿児島では青少年保護育成審議会が発足し、有害映画の指定を始める。一方、同年4月にアートシアターギルド（ＡＴＧ）が結成されると、ナポリ座はその年の暮れに加盟する。

46年暮れに松竹高島が洋画専門館になり、49年には東宝スカラ座、52年文化シネマができ、洋画封切館が増える。

東映ポルノ（43年）、日活ポルノ路線（46年）が始まり、47年には全国的にロマンポルノが脚光を浴び、鹿児島市の映画館にもポルノ映画が氾濫する。

47年に鹿児島の映画館入場者数が最低となった。翌年48年には35年以来続いた映画館入場者の減少が、空手ブーム、オカルトブームをきっかけにやっと復調する。

49年、日本経済は戦後初めてのマイナス成長となる。50年には、不況に強いといわれた映画界の業績はパニック物の人気で上昇し「今年の映画界は完全に復調した」といわれた。同年、洋画の入場者数が邦画を上回り「洋高邦低」となる。51年にはシリーズ物への人気が高まり、オカルトブームも続く。50年代前半には自主映画運動が盛んであった。55年には『影武者』などの大作が人気を呼ぶ。『クレイマー、クレイマー』のヒットは鹿児島でも驚異的で「観客の質が大都会も鹿児島も変わらなくなりつつある」ことを窺わせると新聞は記している。58年には邦画、洋画ともヒットする。59年に入ると鹿児島市の映画界は冷え込む。60年に新風俗営業取締法が制定され、63年に日活ロマンポルノも撤退する。61年は「活況という言葉とは程遠い」とある。

62年から63年にはビデオの普及により映画館離れが進み、全般的に厳しい状況は続く。洋高邦低は依然として続く。

63年7月、千日町天文館通りに複合映画館・シネシティ文化（4映画館）が開館、「ビデオに負けぬと劇場」と映画館は宣伝した。鹿児島市以外の地方ではビデオの影響が大きく、観客は大幅に減少し、多くの映画館が廃館していった。

平成元年には、映画界はやや明るい兆しが見えた。昨年に比べて2～3割の伸びで、レンタルビデオの頭打ち傾向とあいまって超ヒット作はなかったが、年間を通じて話題作がそろい、映画館離れに歯止めが掛かった。

2年は、鹿児島市の洋画館は好調で、観客動員は昨年を上回るペースであったが、邦画は低迷し、地方では廃館が続いた。

３年の映画界の洋高邦低は相変わらずで、鹿児島市の映画館は好調で観客動員も前年を上回るペースであったが、邦画は低迷した。

４年２月、地方で唯一残っていた鹿屋市のテアトル文化が閉館して、映画館は鹿児島市だけとなる。平成12年８月に奄美市にシネマパニックが開館するまで、８年余り地方には映画館はなかった。

有楽興行、東宝、松竹系の直営館は、映画館経営の合理化、映画のパーソナル化に対応して、既成館を改築しスクリーン数を増やす。昭和63年７月に開館したシネシティ文化（４スクリーン）は15年12月には６スクリーンになっている。平成７年に東宝銀座が鹿児島東宝３スクリーン、８年10月に銀座劇場が閉館し、鹿児島市内の映画館は複合館３、単独館２でスクリーン数は12となる。12年８月に松竹高島が松竹タカシマ３スクリーンになり、15年12月の時点で鹿児島市内の映画館は複合館３、単独館２でスクリーン数は14であった。

映画の復調

洋画ブーム　昭和48年から映画入場者数は少しずつ回復する。49年は空手ブームとオカルトブームで、映画興行界は数字の上では復調の兆しを見せ始めた。松竹高島は正月興行の『燃えよ　ドラゴン』で大当たり、８週間のロングランで５万６千人、３５００万円の興行記録を樹立し、中・高校生を大量に映画館へ吸収した。同館はまた夏に『エクソシスト』で13週の続映をして、6万7千人、4800万円の鹿児島映画界史上初のヒットとなった。地元紙は「斜陽からやっと復調」と記している。両ブームのほかの復活の要因として「ボウリング人口の横すべり、それに粗製乱造のテレビ番組にあきたらなくなったテレビっ子たちのスクリーンの再発見」などを挙げている（49年12月28日「ことしの郷土文化界（映画）斜陽からやっと復調。民間の上映会など活発」南日本新聞）。鹿児島ではボウリングは昭和49年から急速に人気が下降し、50年にはブームは底をついていた。

49年は日本経済が戦後初のマイナス経済成長となった年であるが、「映画は不況に強い」という伝説がまた語られた。県文化センターがこの年から名作洋画劇場を開設し、民放もチャリティー映画会や思い出のヨーロッパ名画劇場鑑賞講座を開いており、また、創作面でも南日本小型映画コンクールの開催が始まるなど、映画の人気が盛り上り始めた。

50年4月には映画館は一息ついた。パニック映画の大作のラッシュで入場者が増え「今年の映画興行界は完全に復調」したといわれた。それに『エマニエル婦人』も話題をさらった。「どん底だった3、4年前に比べると約5割の増」（支配人談）」と語られている。『タワーリング・インフェルノ』は文化劇場が11週、松竹高島劇場が9週のロングラン上映となった。『ジョーズ』も2館で同時上映され、爆発的人気を呼んだ（50年12月24日「ことしの郷土文化界（映画）パニックもので急上昇」南日本新聞）。これらは最初から数百本のプリントを用意して、大宣伝とともに全国一斉に封切って話題を盛り上げる「全国一斉拡大興行」という方式で観客を呼んだ。これで日本の洋画人口は拡大し、「日本映画の興行収入は全体の

50％を割る」に至った（佐藤忠男「日本映画史」④ｐ３１５岩波書店）。地元紙も「反面、邦画の不振は全国的な傾向で、８月には鹿児島でも洋画と邦画の動員数が逆転し『洋高邦低』となった」と伝えている（50年12月24日「ことしの郷土文化界（映画）パニックもので急上昇」南日本新聞）。

シリーズ物、招待試写会の流行　51年の鹿児島の映画興行界は、正月映画が各館ともヒットするという幸先良いスタートであった。鹿児島市内各館の正月3日間の入りは例年より3～4割アップという高成績をあげた。『男はつらいよ（葛飾立志篇）』、『トラック野郎（爆走一番星）』の入りが良かった。正月映画の爆発的ヒットとともに幕を開けた51年の鹿児島映画興行界、この勢いはその後も続き、邦画ではシリーズものに人気が集中し、『シリーズものは強い』というジンクスは続いた。また、この年の夏には、鹿児島でも招待試写会が相次いで行われヒットに結びつけた。招待試写会は映画館が応募者を募り、抽選で２００人から３００人を招待し、一般公開前に招待者の口コミによる宣伝効果を期待するもので、当時、話題を呼んだ。また、テレビでスポット広告を相次いで行ったことも、映画観客の増加に結びついたといわれた（51年12月24日「ことしの郷土文化界（映画）・シリーズものに人気。オカルトブーム続く。招待試写会ラッシュ」南日本新聞）。

自主上映の会の「日本映画を見る会」が51年暮れ発足しているが、その主旨は「マンネリ化したテレビに飽き足らず、街の映画館へ足を運ぶ若者が多くなっている。しかし、上映映画は相変わらず洋高邦低で、日本映画を観る機会を努力して設けよう」というものであった（52年1月1日「映画復活。自主上映運動も。鹿大映研中心に高まる」南日本新聞）。

53年には邦・洋画の封切館7館は、正月3カ日の連日札止めに続いて、ウイークデーも3割前後の入りであった。邦画も前年からの大作ブームにより好調に転じた。支配人たちは「5、6年前に比べて7、8割客足が伸びている」とブームの到来を喜んでいる。関係者はその理由を「おもしろい映画が増えてきたことにある」と、この現象を当然の結果と受け止めていた。この年、アニメ『さらば宇宙戦艦ヤマト』、角川映画『野生の証明』、SF『スターウォーズ』、『未知との遭遇』などが上映されている。また、映画ブームにともなって、映画関係の専門雑誌もよく売れていて、鹿児島市のある書店では、月刊誌4種類、約100冊を仕入れているが、毎月売り切れていたらしい。このほか、スターカレンダー、ピンナップ、ヒット映画のサウンドトラック盤や、テープ類も売れゆきが良かった年であった（53年1月23日「映画の人気が復活？　正月だれもなく客足好調」南日本新聞）。

56年はアニメ「機動戦士ガンダム」が若者の間でブームになり、ポスターなどにも人気が殺到した（56年3月15日「『ガンダム』だ、徹夜だ。封切りアニメにヤングフィーバー」南日本新聞）。

同年の夏は家族優待券サービス合戦で賑わった。鹿児島市教育委員会の映画選定委員会は、小・中学生が観てもよい認定映画を10本選んだ。各映画館は1枚で4、5名まで使える家族優待券を学校経由で配った。「父母同伴でぜひ」とPRに躍起であった。夏休み中は、市内の封切館はどこも認定映画で賑わった（56年7月21日「家族優待券サービス合戦。夏休みだ！　チビッ子ねらえ 父兄同伴魅力。鹿児島市内の認定映画」南日本新聞）。

再映館の閉館　再映館は、封切館のように大幅な入場料の値上げもできず経営が苦しくなり、こうしたブームにも乗れず閉館が続いた。騎射場の第2名画座が50年11月に閉館。52年1月末には上町東映が閉館して、上町地区から映画館がなくなった。

53年2月、松竹第一は姉妹館の小劇場に移転し、松竹の封切館となった。小劇は市民に馴染みの深い再映館であった。松竹第一は47年2月から、西日本松竹興行が鹿児島文化企業（上原三郎代表取締役）から借り受けて、松竹直映封切館として営業していた。松竹第一映劇跡は飲食店・有料駐車場になっている。54年6月に大劇が閉館し、これも駐車場になっている。

南映は49年11月に再開し、51年10月から日活の封切館になり、館名を日活南映と改称した（51年10月1日「広告　本日華麗にスタート日活封切館になりました」南日本新聞）。翌年9月、日活本社は社名を「にっかつ」に変えたが館名はそのままであった。57年12月、にっかつから配給を打ち切られ、館名を南映劇場に戻す。59年3月に南映ビルの完成と同時に、今度は南映キネマと改称して興行する。翌年初めにエンパイヤ前筋に移転したが、62年9月に閉館している。

52年2月、上町東映の経営者は、映画館がすでに無くなっていた西鹿児島駅周辺の平和通り（ベル通り）に西駅旭シネマを開館する（52年2月17日「映画案内　西駅旭シネマ開館」南日本新聞）。52年12月には名作シアター、文化シネマが開館する。

有楽興行

文化劇場・シネシティ文化　32年9月、福岡の有楽興行株式会社は、鹿児島に進出して富士館を文化劇場と改称し鹿児島での興行拠点とし、初めは最低料金で名作洋画を上映していた。34年に新装開館したとき、市内の洋画館で初めて冷房設備を設置する（34年7月31日「（広告）洋画封切館で唯一の冷房完備劇場として新装開場いたします」南日本新聞）。38年暮れには洋画ロードショー劇場になる。翌年、文化、銀座シネマ、銀座劇場の洋画3館では、同じ傾向の洋画がかち合うことがあり、番組の調整が望まれた。後でも述べるように、3館は提携して番組編成をすることになり、編成は文化劇場に一任され、市内洋画館提携の要となっている（39年3月2日「ぬり変えられる映画街。洋画3館が提携、番組の調整で、共食い避ける。微妙な邦画館の対応」南日本新聞）。

59年8月には文化劇場、文化シネマの全面改築工事を始める予定であったが、正月興行中の代館交渉がうまくいかず、配給元の強い要請でやむなく工事を延期している。建て替え工事は62年9月に始まり、約10億円かけて地上7階、地下1階のシネシティビルが翌年7月に完成し、シネシティ文化（1～4）が開館する。スクリーン数を増やすとともに、映画を観る環境の整備を図ったと館主は語っている（63年7月22日「シネシティ文化あす開館　新設備を誇る四映画館　ビデオに負けぬと劇場側」、南日本新聞）。平成2年6月には5スクリーンに増やす。

有楽座　有楽興行は33年10月、オリオン座を第2文化と改め文化劇場の姉妹館とした（33年10月1日「広告　第2文化本日開館。鹿児島で一番美しい55円の特選名画劇場　オリオン改め」南日本新聞）。オリオン座は谷山に移転し谷山東映となる。40年8月には、第2文化は二官橋通りから萩原通りに移転し、館名を有楽座と変える（40年8月7日「第2文化　有楽座と改称し山之口町11－1（萩原通り）に誕生」南日本新聞）。萩原通りに映画館ができきたのはこれが初めてで、二官橋通りはまだ普通の商店街で、映画館の立地としては映画街に近い萩原通りの方が優れていた。

有楽座は1階と2階の2館から成り、時代の流れに応じて館名を変え、昭和40年から閉館する平成2年までの間、中央の映画界の移り変わりに対応してきた。

常設オールナイトショー館　47年4月末、文化劇場チェーンとしてロマン劇場が1階に「毎晩オールナイト」を看板として開館する（47年4月28日「毎晩オールナイト（18歳未満の方お断り）鹿児島・天文館有楽座1階」南日本新聞）。57年12月に閉館するまで、10年余りオールナイトを続けたまれな映画館であった（57年12月23日「映画案内　にっかつ　開館準備のため本日休館」南日本新聞）。

47年7月に、先に述べたようにエンパイアが映画事業から手を引いたので、鹿児島東映は9月から有楽座2階に移り東映有楽座とし、東映のヤクザ映画とピンク映画を併映するが、翌年8月に東映は銀座通りに移転したので有楽座に戻る。

にっかつ・ロッポニカ　57年12月にはロマン劇場に山之口馬場の日活南映が移転してきて「にっかつ」に改称し、封切館としてロマンポルノを上映する。

にっかつは以前から鹿児島市の他の有力館への契約替えを図っていて、南映の鹿児島映劇（本社山之口町、社長宮内政一）は「にっかつは無理な値上げを押し付け、それを口実に配給停止を強行した疑いが強い」として損害賠償を求める訴えを鹿児島地裁に起こす。「にっかつ側が配給料を売り上げと無関係に一律50％とすると通知してきたため、従来通りにしてほしいと希望したけれど受け入れられず、57

年10月に作品の配給をやめる」と通告してきた。12月の上映作品から配給は停止され、この時にっかつ側は「興行界での契約無視は常識」と話したらしい（59年9月1日「にっかつに賠償請求。鹿児島映劇。一方的配給停止で損害」南日本新聞）。映画街の中心部から離れ、映画館の立地としては劣る山之口本通りより、映画街、電停、バスの停留所に近い萩原通りをにっかつは選んだのであろう。また、南映は長い間、邦画の再映館として市民に親しまれていたので、そのイメージが強かったのも一因であろう。

63年4月末、ロマンポルノ路線が中止され、7月初めに新路線ロッポニカがスタートすると、館名をにっかつからロッポニカと変え、第1弾の『噛む女』を上映している（63年7月1日「ロッポニカ開館（1階）『噛む女』本日より」南日本新聞）。これも10月、ロッポニカ路線が中止されると同館は閉館。11月初めにかごしまロマン（1階）となった（63年11月4日「(映画案内) ロッポニカ　閉館」南日本新聞）。結局、平成2年5月末にはこれも廃館した。

有楽座はシネシティ文化などと同時拡大上映を行ったりしているが、平成2年8月末についに1階、2階とも廃館した。現在は有楽興行の系列飲食店になっている。

60年4月、有楽興行はプラザ80、プラザ120の2つのミニシアターを天神馬場に開館する（60年4月27日「文化プラザ120・80　2劇場がオープン」南日本新聞）。後で述べるように、アメリカ映画中心の洋画界にヨーロッパ映画などを上映し、鹿児島の映画界に新風を吹き込んだ。

映画界の変容

ポルノ映画　映画は映像文化のいくつかの分野をテレビに奪われ、観客を減少させてゆく。映画は「老若男女の平均的なモラルを主題とする役割をテレビに奪われたあと、映画に残されたのは平均的なモラルには満足できない多様な傾向の人々」を対象とするようになった（佐藤忠男『日本映画史』④ｐ１１６　岩波書店）。こうした環境のなかで作品は変容し、またＶＴＲなどの視聴覚機材の発達は、映画の観方を多様にしていった。一方、ミニシアター、自主上映会、映画祭、自主映画製作などにより、映画への接し方が深まっていった。

地元紙は「成人映画は39年あたりから増える傾向をみせていたが、40年には大量生産」されそうだと記している（40年9月15日「はんらんする成人映画　ことし１６０本」南日本新聞）。市内では34年ごろから「母と娘」、「完全なる結婚」などの性科学映画が上映され、次第に未成年入場お断りの看板を掲げた映画、成人向け映画が再映館で上映され始める。ポルノ映画からも優れた映画作家が生まれたが、一般社会では成人映画の氾濫を危惧する人たちが多かった。

35年夏には「ヌーベルバーグと呼ばれる新しい映画の登場で、スクリーン上にどぎつい暴力場面や刺激の強いセックス描写がハンラン。思春期の子をもつ親御さんにとって心配のタネ」といった記事が見られる（35年9月30日「映倫が調査、青少年の映画反応。強いワク外への魅力、女性暴力を否定」南日本新聞）。

37年4月には鹿児島県青少年保護育成審議会が発足した。その年に26本、翌年には56本を有害映画に指定している。39年5月に今井正の『越後つついし親不知』を有害映画に指定した。「映画の芸術価値まで否定するような有害映画のレッテルを貼るのは行き過ぎではないか」と九州東映支社が抗議する一幕があった。この記事はまた次のような話も紹介している。審議会事務職員が電話で、ある映画館に有害映画の指定を通知した際、職員が「あまり困ることはないでしょう。これを宣伝材料にして、儲けなさい」と映画館主に口をすべらせたことから劇場との間に悶着を起こしている（39年5月26日「有害と優秀の間、映画『越後つついし親不知』成人向けが適当？　微妙な芸術作品の評価」南日本新聞）。

天文館劇場が34年9月、銀座通り折田タクシービルに開館、翌年10月ごろからストリップ、37年中ごろからストリップと劇映画の興行をしていたが、46年1月には閉館した。

東映のピンク映画が43年、日活のロマンポルノが46年ごろから始まり、50年代後半まで成人映画の全盛期で、鹿児島でもこのころが成人映画の全盛期であった。ロマン劇場、にっかつ、鹿児島東映、それに洋画の銀座劇場は成人映画を多く上映。周辺部のほとんどの映画館が成人映画の上映をしていた。

しかし、60年に「新風俗等営業取締法」が施行され、取り締まり強化で成人映画は打撃を受ける。また、鹿児島では61年秋ごろから急速にビデオデッキが普及し（61年10月13日「ビデオの売れ行き好調。鹿県内4—8月で28％の増」南日本新聞）、ビデオに市場を奪われ衰退し、日活ポルノは63年4月に撤退している。

VTRの普及　59年ごろから再び映画興行が冷え込み、その後も続いた（59年12月22日「84年回顧　映画・演劇　特撮駆使の作品目立つ　鹿県内スクリーン不足も痛感」南日本新聞）。60年には、全国のＶＴＲの普及率は48％以上になったといわれた（佐藤忠男『日本映画史』④ｐ３３６　岩波書店）。

映画はテレビでも常時放映され、またビデオの出現で映画館に行かなくても見られるようになった。映画の観かたの多様化は、映画館の数を減少させ、あり方を変えてきた。映画を映画館で観るという形態を、今後も維持できるかどうかははっきりしないという評論家もいた（佐藤忠男「日本映画史」④、p119　岩波書店）。映画を映画館で観る人は少なくなったが、何れかの方法で観る映画人口は増加していると思われる。

ビデオ産業は50年代後半に急激に発達し、鹿児島市では、58年ごろからレンタル・ビデオ店ができ、その後急速に増えていく（昭和59年『NTTハローページ』）。ビデオ上映作品数も増え、59年に製作され、鹿児島では上映されなかった『ストレンジャー・ザン・パラダイス』が、61年には1泊500円で借りられた（61年12月18日「回顧かごしま86　映画・演劇　重要なファンの開拓（ビデオの時代）」南日本新聞）。

61年には県内でもビデオがよく売れた。2、3年前までは普及品で12、13万円していた価格が8万円前後に下がり買いやすくなった。「画像が鮮明になるなど品質がアップした。若い人たちはAV世代といわれ、音と視覚を楽しめるビデオ」が受けた。ビデオを求める人の6〜7割が20〜30歳代の若い層であった（61年10月13日「ビデオの売れ行き好調。鹿県内4―8月で28％の増」南日本新聞）。

ビデオの普及は、特に地方の映画館や鹿児島市内の再映館に影響を与えた。先に述べたが、63年1月に40年の歴史をもつ川内の若草映劇が閉館した。このときの記事に「ビデオが直撃、経営難。川内北薩地区から映画館が消えることになった」とある（63年1月29日「40年の歴史に幕。今月限り川内の若草映画2館　ビデオが直撃、経営難。川北薩、ついに映画館ゼロ」南日本新聞）。

ミニシアター　37年に発足した日本アートシアター・ギルド（ATG）、49年のエキブ・ド・シネマなどの映画の上映運動があり、1980年代にミニシアターと呼ばれる小規模芸術映画館のブームをもたらした（佐藤忠男『日本映画史』④p116　岩波書店）。

ATGに参加した全国チェーン館ははじめ9館で、九州では福岡東宝名画座だけであったが、ナポリ座が37年末に加盟する。同座の場合、原則として毎月1本のATG作品を1週間上映し、あとは普通の作品を上映するものであった。翌年1月に「尼僧ヨアンナ」を上映している（38年1月19日「鹿児島にも芸術映画上映館。商業作品への抵抗。ナポリ座第1作『尼僧ヨアンナ』」南日本新聞）。

有楽興行は60年4月、天神馬場の第一勧業銀行前のKフラットビル1階に客席数を名称に冠したプラザ80、プラザ120の2つのミニシアターを開館する。60年の映画界は、前半は良かったが秋に入って急激に冷え込んだ。2館はそんな状況の中でオープンした。地元紙は「中央で話題を呼んだミニシアター・ブームがようやく鹿児島にもやってきたわけで、長い間スクリーン不足に泣かされていた鹿児島のファンを喜ばせた」と歓迎した。東京から駆けつけた映画評論家の南俊子は「映画にとって大変な時代にもかかわらず、このような劇場ができて大変うれしい」と述べている（60年4月27日「文化プラザ120・80　2劇場がオープン」南日本新聞）。

有楽興行の最初の構想は「120では主に東京のミニシアターなどで上映されている良心的な小品を、80では1930年代から50年代の米国の名作を上映」することであった。その後、プラザ120では「ヨーロッパ映画を大挙公開し、同時に今年は中国、アフリカ、アジアの映画祭も次々に開かれ、新鮮な映像」

が人気を呼んだ。それまで鹿児島の映画界はアメリカ映画中心であったが、両館はヨーロッパ映画を多く上映したので、それがきっかけとなって、鹿児島の映画ファンに中国をはじめアジア、アフリカなどの映画へも関心が高まった。各国の映画祭も開催された（60年12月21日「かごしま85　映画・演劇　新風呼んだミニ劇場」南日本新聞）。両館は「これまで旧態依然たるやり方を改めなかった鹿児島映画界に強く反省を迫ることになった点でも意義深い」と評価された（昭和60年4月27日「特選の名画をどうぞ。２映画館がオープン」南日本新聞）。平成5年2月に閉館する。

自主映画の会　一般の映画館で上映されにくい、すぐれた作品を自分たちの手で鑑賞しようという「鹿児島自主映画の会」が45年に小谷伝、古田工子、中山信一郎らにより結成されている。同会はサラリーマンや学生、ＯＬなど幅広い階層の会員２８０名で出発。ゴダールの『中国女』、熊井啓の『地の群れ』など2カ月に1回ないし2回の上映運動を続け、機関紙『シネリア』を発刊した。48年秋、篠田正浩の『乾いた花』の上映を最後に自然消滅している。会員は６００名ほどであったが、参加者は常時２００名程度であった（45年12月27日「鹿県文化ことしの回顧　奮闘した自主映画の会」南日本新聞）。

51年暮れには自主映画の会を引き継ぐかたちで、アミューズタスのほか鹿大映画研究会、日本映画を見る会などが発足し、自主上映運動が盛り上がった（51年12月24日「ことしの郷土文化界（映画）シリーズものに人気　オカルト・ブーム続く。試写会ラッシュ、自主映画運動も地道に」南日本新聞）。自主映画上映会は55年ごろまで活動を続けていた。ほかにも各種のグループが何回か結成されるが長続きしなかった。

小型映画コンクール、映画祭、自主映画の製作　36年1月に鹿児島県小型映画協会（60年に県映像協会と改称）が発足し（昭和63年版等『鹿児島文化年鑑』鹿児島文化協会）、49年からは南日本小型映画コンクールが始まる。これらが引き金となって8ミリ映画制作が盛んとなり、翌年には鹿児島のほか、出水、指宿、西之表などにグループが結成された。同時録音ができる8ミリビデオの発売は8ミリファンを増やした（50年12月24日「ことしの郷土文化界（映画）、パニックもので急上昇。ふえた八ミリファン」南日本新聞）。

鹿児島県出身で、岩波映画製作所の大重潤一郎が自主映画『黒神』を制作し、昭和45年暮れに上映された。桜島の「黒神に生きる農民の姿を通して現代人を考えようというもので、映像だけで主題を追求する新しい手法が試みられ、地方文化活動に一石を投じた」と評価された（45年12月27日「鹿児島県ことしの回顧　奮闘した自主映画の会」南日本新聞）。

55年11月、「映画薩摩盲僧琵琶をつくる会」が発足する。薩摩琵琶と盲僧にひかれた岩波映画の諏訪淳監督が、鹿児島の関係者に製作協力を要望し続け、これを受けて金丸三郎参議院議員や田中時男吹上町長、福満武雄鹿児島新報編集長らが発起人となり製作会を発足させた。吹上町伊作の常楽院は盲僧の本山で、当時、県内には大口、菱刈などを含めて30数人の琵琶を弾奏する盲僧がいたという（55年11月30日「『薩摩盲僧琵琶』をつくる会発足」南日本新聞）。

作品は盲僧を主人公に、鹿児島の民衆と仏教の結びつきを風土に密着させて描いたものであった。常楽院、大口市の鬼火たき、盲僧の檀家回りや、菱刈町の盲僧の姿を撮影している。県八ミリ映画協会、山いもの会、諏訪淳らの努力で、58年11月に有楽座で上映された（58年10月8日「鹿児島市で初公開。「薩摩盲僧琵琶」。来月12日から有楽座で」南日本新聞）。60年のベルリン映画祭でも好評を博した（60年12月21日「かごしま

85　映画・演劇　新風呼んだミニ劇場」南日本新聞）。

映画の日　31年に日本映画製作者連盟が、映画の日本渡来60年を記念して、12月1日を「映画の日」に決めた。鹿児島でも鹿児島市映画組合と南日本新聞社が共催して、1日から1週間、映画の日を記念する催しを行っている。「一日には全映画館の入場料を三割引し、午後一時、南日本新聞社前を出発して市内の映画館十四カ所を訪問して南日本新聞社前にゴールインする映画館早廻り競争」があった。また、1、2の両日午後10時から日活銀座で無声映画大会も行われ、70歳以上の老人を招待したりしている（31年12月1日「きょう映画の日　老人招待など多彩な催し」南日本新聞）。的場福一は「映画館早周り競争が1番の思い出」と語っている。この早回りは的場らが企画したもので、全館を回った人には「1年間の無料試写会券」が贈られたという（平成7年2月2日「戦後五十年　表現の世界7　映画㊦」毎日新聞）。

常設ストリップ劇場の出現　鹿児島は昔から、難しい文芸物とエロ物はあまり好まれず純愛ものがヒットする場所柄といわれたが、常設ストリップ劇場が登場する。

45年8月に鹿児島最初の常設ストリップ劇場、南国ショーが山之口本通りにできる。さらに、翌年2月に東千石町の現在のグルメ通りにさつまショーができ、11月に東洋ショーが山之口本通りに開場する。山之口本通りの南側に東洋ショー、南映、南国ショー、北側に大劇といった大衆的な再映館、ストリップ劇場街ができる。その間に酒場、バー、商店などが混在する賑やかな通りになっていく。

さつまショーは場所柄が合わなかったのか、1年余りで閉館。南国ショーは49年11月に閉館するが、同月、大劇の裏通りに国際ミュージックが開店する。同劇場と東洋ショーは60年6月まで続いた。

封切洋画館の増加　昭和37年ごろアメリカの大作主義が進み、新作本数が減少し名作リバイバル映画の配給が多くなり、リバイバル・ブームが起こる。それが洋画への関心を高める一因となったという（「日本映画発達史」④　p443）。鹿児島ではこの年に『駅馬車』、『望郷』、『哀愁』『シェーン』、『黄色いリボン』などが上映されている（37年2月26日「往年の名作西部劇『幌馬車』鹿児島へ。28日から全国公開のスタート」南日本新聞）。さらに、39年4月の貿易自由化を前に鹿児島では「洋画の輸入が増えるのを予想して、ジリ貧の邦画業者のうち洋画興行に乗りかえる業者が出ること」が予想された（36年12月1日「映画館は戦国時代。映画の日の話題。はげしい駆け引き。自転車操業で切り抜く」南日本新聞）。

洋画の輸入が増え、洋画攻勢は続き、邦画・洋画の入場者の割合は、従来6対4だったが、九州管内の邦画と洋画の人口が38年には5分5分になり、翌年にはこの割合が逆転することも考えられた。しかし、急に洋画が突出することはなく、先に述べたように50年になって初めて邦画と洋画の観客数が逆転した。

銀座劇場も37年秋ごろより洋画館に転向し、市内の洋画封切館は3館になっている。39年3月に3館は提携して番組調整を行い、共食いを避けることになった。文化劇場は1本最低2週ロングランを原則とする大作専門館、銀座シネマはアクションもの中心、銀座劇場は洋画の成人向き映画中心とし、各館独自のカラーを生かし、固定客を増やすことを決めている。なお、文化の姉妹館、第2文化は洋画の再映と家族向け封切作品を半々に上映することになった（39年3月2日「ぬり変えられる映画街。洋画3館が提携、番組み調整で共食い避ける。微妙な邦画館の反応」南日本新聞）。市内の邦画封切館から洋画興行に乗りかえる業者が出ることも考えられ、この洋画3館の提携・結束も、その先手を打った防衛策と考えられた。洋画攻勢で先ず直接の影響を受けるのが、洋画ファンに客筋の近い東宝銀映座で、同館は翌年予定していた映画館改築と同時に、洋画封切館を併設する計画を検討している。

しかし、映画界の不振が続き、46年10月に洋画の日活銀座、12月に洋画再映館のナポリ座が閉館する。同12月に松竹高島館が洋画専門館となり、48年7月に銀映座は東宝会館を新築し、東宝銀映とスカラ座が開館する。これが一つの映画館に複数のスクリーンを設置する始まりであった。

さらに、60年4月に有楽興行のプラザ80、１２０が開館、62年4月には松竹直営館の松竹高島は、ピカデリーと松竹高島をオープンする。

62年末には、封切館のうち邦画館は鹿児島東映、東宝銀映、松竹高島の3館で、洋画館は文化(工事中)、ピカデリー、スカラ座、プラザ80、１２０を入れると5館となり、洋画の優位は続いた。

平成初期の映画界　平成に入って16年まで、県内では奄美市（旧名瀬市）と鹿屋市に各1館が開館したが、鹿児島市内では16年にシネマコンプレックスができるまで新館の開館はなく閉館が続いた。

平成2年に閉館したかごしまロマン座と有楽座の閉館については先に述べた。その後、文化プラザ80、１２０の両館が同時に平成5年2月に廃館し、興行場と映画館の発祥の地、東千石町より興行施設がなくなった。名画座は荒田・鴨池地区の人口増加や、学生街をひかえ周辺部の映画館として最も長く続き7年11月に閉館した。

長谷正人によれば１９８０年初めごろから日本映画の「表現様式が『古典的』なものから『パーソナル』

（個人性的）なものへと変容」したという。「古典的」というのは１９８０年以前の石原裕次郎などの大スターを主役にした映画づくりで、収容力の大きな映画館が必要であった（長谷正人『日本映画のポストモダン』―映画文化のパーソナル化をめぐって―。〈『日本映画は生きている』第3巻〉ｐ２５４）。映画がパーソナル化すると、多様なファンの欲求に応ずるため映画館を細分化し、多くのスクリーンを必要とするようになった。スクリーン数の増加はこうした変容への対応であり、シネコン時代への鹿児島の既成館の変革であったと思われる。

映写の自動化など映画館運営の効率化が進む中、平成7年7月、鹿児島東宝、東宝スカラ座は鹿児島東宝と館名をひとつにして3スクリーンに増やしている。12年8月に松竹高島、ピカデリーも名称を松竹タカシマに変え3スクリーンのシアターになっている。映画館はスクリーン数を複数化し、複合型映画館へ変容していった。

これ以降、鹿児島東映、旭シネマの単館と、鹿児島東宝、松竹タカシマ、シネシティ文化の時代が平成16年9月の鹿児島東映の閉館まで続く。シネシティ文化はシネコンの要素はあったが、鹿児島における本格的なシネマコンプレックスの時代は平成16年以降と考えられる。

13　シネマコンプレックスの時代

天文館の映画館の灯が消える

シネコンの時代へ　鹿児島東映は鹿児島ミッテ10の開館と同じ月の平成16年9月に、直営館47年間の幕を閉じる。東映九州最後の東映直営館であった（16年9月18日「47年続いた鹿児島東映映画劇場、最後の責任者奥田宏さん。九州最後の東映直営館」南日本新聞）。さらに、松竹タカシマもシネコンの開業の影響は大きく、観客を奪われ平成17年5月に銀幕を閉じた。松竹配給の作品はシネシティ文化と鹿児島ミッテ10で上映することになった。これで天文館の映画館はシネシティ文化と鹿児島東宝の2館となった。

シネシティ文化は13年には6番目のスクリーン、16年には7番目のスクリーンを増設していた。しかし、18年6月4日にシネシティ文化は休館する。与次郎にも東宝系シネコンが開館することになり、有楽興行は今後厳しさが増し、収益を上げるのは困難と休館理由を説明した。支配人は「スクリーンを一部残し、何とか存続できないか模索している。天文館の文化の灯を消したくない」と話した。シネシティ文化は休館後「7階の2スクリーンでの興行再開を模索」していたらしいが、結局、再開を断念することを発表した（18年10月7日「シネシティ再開断念、天文館から銀幕消滅へ」南日本新聞）。シネシティ文化は福岡有楽興行の直営館であったが、地元資本の封切館のない鹿児島市民は愛着を持っていた。しかし、市民は不入りの噂は聞いていたものの、意外と無関心であった。映画館跡は一時、場外馬券場の構想も持ち上がったが、賃貸料や改装費などの問題で白紙になった。現在はカラオケスタジオになっている。

11日には天文館の最後の映画館だった鹿児島東宝も、3つのスクリーンの灯を落とし閉館。天文館から銀幕が消えることになった。同館を支えた従業員ら約20人が集まり、ささやかな晩さん会を開いた。企画したのは同館の映写技師水元武雄で、前に閉館していた鹿児島東映の映写技師住高秀も会に駆けつけていた。「映写機の修理や部品交換をしあうなど、ライバルも支えあったのが天文館の映画館だった。せめて一スクリーンでも残してほしかった。寂しい」と語っている（18年10月12日「天文館銀幕に感謝。従業員ら最後の晩さん」南日本新聞）。シネコンは天文館の映画館を全部駆逐してしまった。

市民は天文館から最後の映画館の灯が消えると呆然とした。天文館の発展を支えてきた映画館がなくなるという現実に驚き、何とかならなかったのかという人が多かった。映画関係者は「時代の流れだから仕方がない、シネコンがあるからいいではないか」というのが大方の感想のようであった。年配の人には天文館の映画館で映画を観るのと、シネコンで観るのとはずいぶん違うという人が多かった。

本県では平成に入ると、地方には映画館が全く無い時期があり、現在は鹿屋市に1館あるだけで鹿児島市に集中している。映画館で映画を観覧するには、自家用車、電車、バス、船舶などを乗り継いで鹿児島市まで出掛けないと観ることはできなくなった。映画館はシネコンに吸収され姿を消していった。

図表62は戦後の鹿児島市内の映画館を閉館順に一覧にしたものであるが、そのうち**図表63**は紙数の関係で、昭和35年の天文館の映画館の分布のみ示したものである。

図表62　「戦後天文館の映画館（閉館順）」

整理番号	館　　名	開館		閉館		所在地
		年	月	年	月	
1	市電きしゃば第一映劇	昭和20	9	昭和21	12	荒田３丁目21（騎射場電停東側、旧厚生市場付近）
2	第一映画山形屋映画劇場	20	10	23	8	金生町３（山形屋１号館３Ｆ→１Ｆ）
3	銀河→新世界	21	12	25	11	照国町14－56（千石馬場通り旧文旦堂ビル）
4	大洋→大和	33	11	34	6	中央町15－１（旧朝市付近）
5	上町東映→上町映劇	31	7	35	11	上本町13（旧恵美須町）
6	日東劇場	22	7	36	3	千日町15（地図）。焼失。
7	公楽→ロマン座	33	12	36	5	下荒田１丁目26（旧交通局前電車通り）
8	大松→名山映劇	33	3	36	10	易居町４－24（易居町本通り）
9	新世界	28	8	37	3	中央町３（黄金通り新世界駐車場）
10	朝日映劇	33	3	37	6	草牟田町５－３（国道３号沿い）
11	伊敷映劇	35	12	37	12	伊敷町567－１（タイヨー伊敷店付近）
12	鴨池東映	30	12	40	2	真砂町88（国道225号沿い）
13	銀座シネマ	36	12	40	6	千日町15（銀座屋跡）
14	オリオン座→第２文化	30	8	40	8	山之口町１（鹿児島中央ビルの一部、萩原通り沿い）
15	西駅東映→西駅日活	32	12	41	1	中央町26－18（電車通り沿い）
16	みなみ東映	34	12	42	7	甲突川町２－８（今村温泉西側）
17	セントラル→大劇→セントラル→東映センター	21	10	45	7	東千石町９（地図）
18	天文館劇場	34	9	46	1	船津町13（旧折田タクシービル）
19	ギンザ屋劇場→銀座劇場→日活銀座劇場	22	9	46	10	東千石町14（地図）
20	日本劇場→日劇東映	34	2	46	12	中央町26（電車通り駅前第２駐車場）
21	ナポリ座	33	6	46	12	山之口町７（ナポリ駐車場、清瀧川市営駐車場沿い）
22	日本劇場→（東映日劇）→鹿児島東映	25	3	47	7	千日町７（地図）
23	第２名画座	42	12	50	11	荒田３丁目27－20（旧まるいストア名画座）
24	上町東映	33	12	52	1	小川町２－12（合同庁舎前上町東映ビル）
25	第一映劇→松竹第一映劇	21	10	53	2	東千石町１（地図）
26	第一小劇場→松竹第一映劇	23	9	53	2	東千石町10（地図）
27	鹿児島大劇	31	10	54	6	山之口町８（山之口本通り大劇駐車場）
28	南映→日活南映→南映→南映シネマ	31	7	60	3	山之口町７（山之口本通り南映ビル）
29	新東宝銀座→銀座ニュー東映→銀座劇場	31	1	62	3	千日町15（地図）
30	南映シネマ	60	3	62	9	千日町３（旧エンパイヤ前筋）
31	文化シネマ	52	12	62	9	千日町５（文化劇場１Ｆ　映画ビル）
32	松竹第一映劇→文化第一	53	2	63	9	東千石町10（第一松竹跡）
33	有楽座	40	8	平成２	9	山之口町11－１（萩原通り）
34	文化プラザ80、120	60	4	5	2	東千石町２－12（Ｋフラットビル）
35	名画座	31	12	7	11	荒田３丁目27－20（旧まるいストア名画座）
36	銀座劇場	62		8	10	千日町14（銀座ビル２Ｆ）
37	鹿児島東映	48	8	16	9	船津町13－24（銀座通りニュー西野ビル２階）
38	高島映劇→大映高島映劇→高島劇場→松竹高島劇場→ピカデリー（２Ｆ）・松竹高島（４Ｆ）→松竹タカシマ（３スクリーン）	22	3	17	5	千日町15（地図）
39	日南映劇→国際映劇→東洋映劇→富士館→文化劇場→シネシティ文化	22	2	18	10	千日町５（地図）
40	銀映→東宝銀映、スカラ座→鹿児島東宝（３スクリーン）	21	10	18	10	千日町14（地図）
41	旭シネマ	52	2			中央町20（ベル通りビジネスホテル旭）
	鹿児島ミッテ10	平成16	9			中央町１（アミュプラザ鹿児島）
	TOHOシネマ与次郎	18	10			与次郎１丁目11（プレスポジャングルパーク）
	ガーデンズシネマ	22	4			呉服町６（マルヤガーデンズ７Ｆ）
	天文館シネマパラダイス	24	5			中町９（「LAZO表参道」ビル）

図表63 「昭和35年　天文館の映画館の分布」
（昭和35年発行『鹿児島市住宅案内図』宮内久雄編）

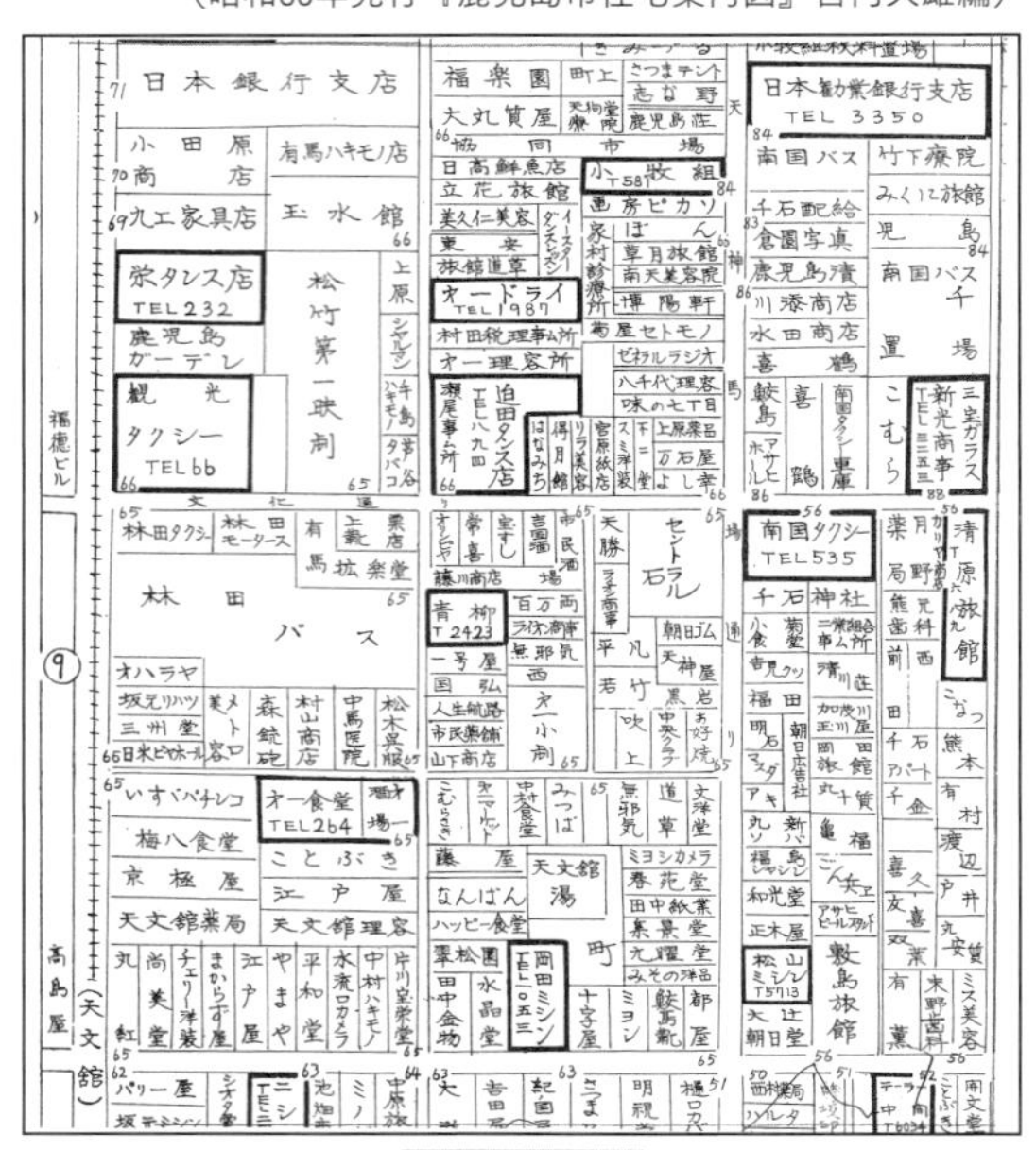

東千石町

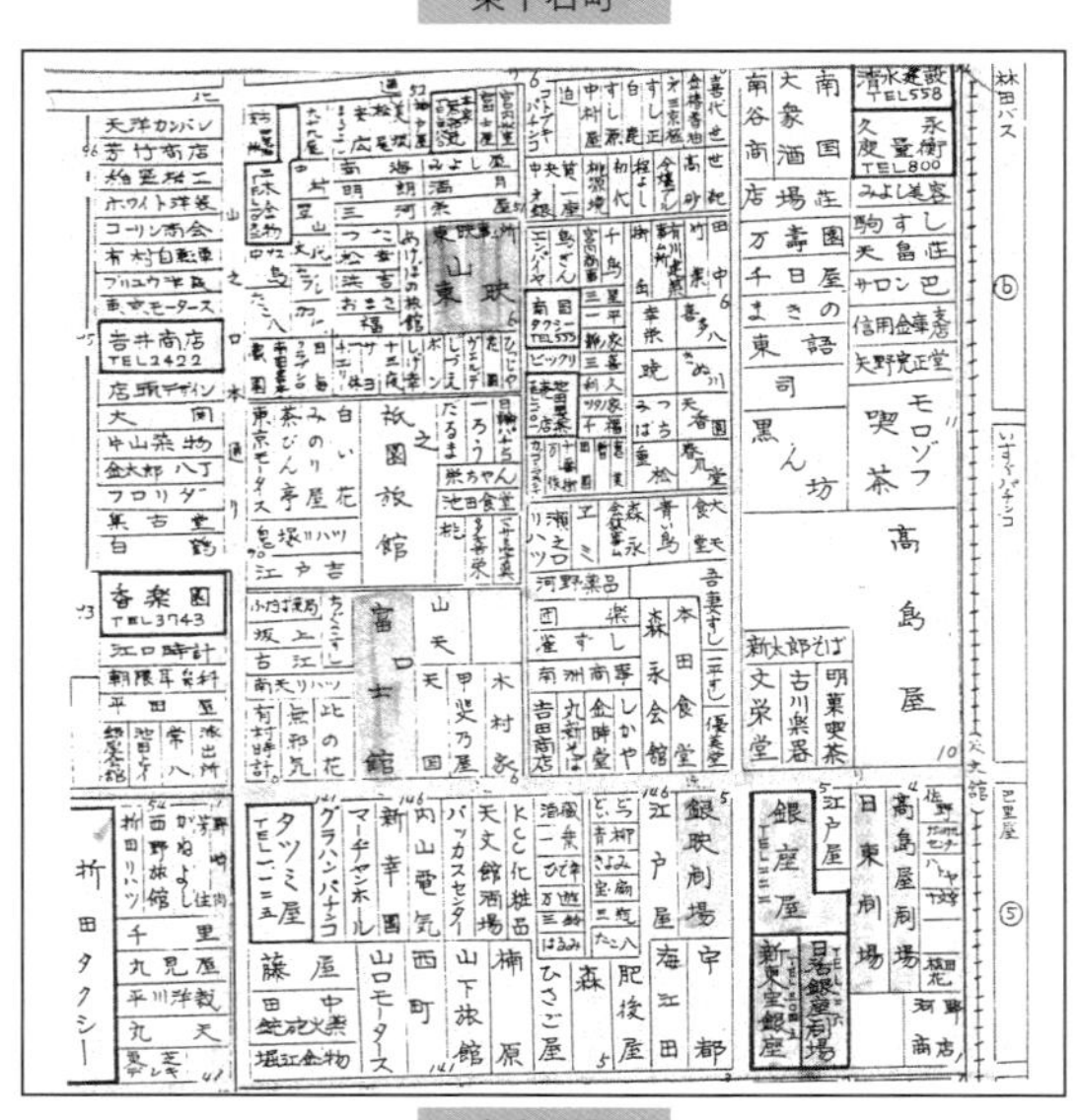

山之口町

この『鹿児島市住宅案内図』は、昭和31年に戦後初めて宮内久雄によって編纂された住宅案内図の昭和35年版である。30年ほど前、両地図の掲載を宮内さんにお願いしたら、快く許可いただき嬉しかったことをよく記憶している。高度成長初期の鹿児島市の状況を示す貴重な資料となっている。

シネマコンプレックスできる　日本最初のシネコン「ワーナーマイカルシネマズ海老名」ができたのは平成5年で、24年12月末現在、日本全国の総スクリーン数の84％をシネコンが占めているという（日本映画製作者連盟、2012年12月末現在）。

鹿児島では16年と18年に本格的なシネマコンプレックスが開館する。16年3月に九州新幹線（中央駅―新八代間）の開通とともに、9月に鹿児島中央駅ビルに隣接して複合商業施設「アミュプラザ鹿児島」が開業した。192のテナントが入り、6階にシネコン「鹿児島ミッテ10」が開館した。ミッテ10はスクリーン数が10、客席1922席の大型複合映画館である。東映の子会社と有楽興行の合弁会社が運営。劇場は「音響装置を含めて、現時点では国内最高水準の劇場」といっている。席の前後の間隔は110センチとゆったりしており、最先端のデジタル上映方式（DLP）を備え、デジタル劇場と話題になった（16年9月12日「17日開館のシネコン　鹿児島ミッテ10上映作決まり準備着々。デジタル劇場」南日本新聞）。開業1カ月後の記事には「映画人口開拓効果は未知数、観客ニーズへの対応がカギ。アミュプラザへの来場者4万5000人が天文館から流れる」とある（16年10月17日「鹿児島ミッテ10開業座談会」南日本新聞）。市民にターミナル駅の集客力の大きさを知らせた。

地方からミッテ10に映画を観にやってきた人が「JRで来れて、食事や買い物も楽しめる同駅ビルや、車で行きやすい与次郎一丁目のシネコンを利用することが多い」と語っている（25年5月4日「街がつくった映画館　天パラ開業一年㊥　課題　増客へ情報発信不可欠」南日本新聞）。映画関係者が、従来の映画館が閉館していくのは「時代の流れだから仕方がない」というのは、こうした社会の変化をいうのであろう。

18年10月には、鹿児島市与次郎1丁目に「ＴＯＨＯシネマ与次郎」が複合商業施設フレスポジャングルパークの中核施設として開館した（18年10月14日「ＴＯＨＯシネマズ与次郎開館」南日本新聞）。スクリーン数は10、観客席は１９８４席。無料駐車場がある初の郊外型シネコンである。市内下福元町の女性たちは「映画を2人でよく見に来る。天文館では駐車料金が気になったが、ここなら車で来やすい」と来館者から「車で来るのには便利」と歓迎された（18年10月15日「与次郎にシネコン開館。観客評価まずまず。車で来やすい」南日本新聞）。

天文館に映画館復活

ガーデンズシネマ開館　22年4月、旧丸屋デパートがマルヤガーデンズとして復活、開業した。7階に常設ミニシアターを開設し、単館系映画を中心に上映することになった。天文館の映画館がなくなって3年半がたっていた（22年4月4日「天文館に銀幕　4年ぶり、「マルヤ」7階39席で単館系」南日本新聞）。1スクリーン、39席のミニシアターであったが、市民は天文館地区の映画館の復活を喜んだ。鹿児島コミュニティシネマ（代表理事黒岩美智子）が運営する一般社団法人で、その設立趣旨は「鹿児島における豊かな映画環境を創造し、鹿児島の映画文化の発展に寄与する」となっている。

くる計画を発表する。

天文館シネマパラダイス　天文館の活性化が叫ばれる中、同商店街有志は「ＷｅＬｏｖｅ天文館協議会」を結成し、天文館の復活、進化を模索していた。19年8月に複合映画館を想定した施設、運営会社をつくる計画を発表する。

曲折を経て、平成24年5月に東千石町の国道225号沿いの雑貨店Ｗｈａｔの跡に、天文館シネマパラダイス（天パラ）を運営する事業会社「天文館」が、天パラを含む商業ビル「ＬＡＺＯ表参道」を開店する。3日に天パラが開館した。同ビルは地上6階、地下1階で、映画館は3〜5階にあり、7スクリーン、875席であった。最後列にペアで鑑賞できるプレミアムシートを県内で初めて設置している（24年4月28日「天パラ初公開」南日本新聞）。

当初、「映画館だけで天文館が活性化するとは思わない」とか「予測の立たない事業に国の予算を使ってよいのか」という反対意見もあった（平成21年10月30日「天文館シネコン、11年5月開業へ。ＷｅＬｏｖｅ天文館協議会」。平成24年5月3日「天パラ曲折を経て今日オープン。再開発の導火線に。活性化へ地元協力」南日本新聞）。それでも開業に至った背景には「天文館を何とかしたいという地元の思い」があり、映画の集客力とその文化性により街を変容させようという期待があった。

歴史資料センター黎明館、県立図書館、市立美術館、中央公園などのある文化ゾーンと天文館地区とが、市内屈指の交通量の道路で切断されていることから、両地域のアクセスの向上を期して地下通路が設けられた。地下道でつながる中央公園地下駐車場（セラ602）は、映画を観た人に限って駐車料金を4時間無料にすることになっている。

天パラ最初の1年間の入場者は10万5千人余りで、当初の目標20万人のほぼ半分であった。1年後の特集記事「街がつくった映画館」では「天文館地区の活性化の起爆剤として期待されたが入場者数は目標の半分にとどまるなど苦戦している。一方で開業後は周辺の歩行者が増え、空き店舗が減るという波及効果も見られる」という声も聞かれた（25年5月3日「街がつくった映画館　波及効果」南日本新聞）。

天パラの位置は、鹿児島市の魅力である城山・文化ゾーン、盛り場天文館、2つのデパートを中心とした商業地区の3地区が重なり合う所に位置している。今後の同地区の街づくりによってはアメニティーの密度がより高まる地域と考えられ、映画館は街づくりの文化的中核になるだろう。

鹿児島市の現在の映画館数は5館で、スクリーン数は29、収容人数は4864席である。スクリーン数は最盛期の26を3幕上回っており、昭和36年1月の収容人員は11559人で、現在の2・4倍であった。

これからの天文館

鹿児島市は戦後の戦災復興計画以来、西駅を中心に都市計画が進められ、昭和24年初めには西駅・鹿児島港間の50㍍道路（ナポリ通り・パース通り）の工事が進められている。全国的な都市の郊外化の流れの中で、鹿児島の県・市はシラス台地に住宅団地化を進めた。鹿児島県庁、鹿児島農協連、南日本新聞などのマンモス施設の与次郎ケ浜埋立地への移転により、一説によれば業務中心地区、天文館地区の昼間人口が約3万人減少したと推測された。また、鹿児島市は天文館への一極集中の弊害の解消にも努めてきた。そして九州新幹線の開通は、鹿児島中央駅を一気にターミナル駅へと進展させ、集客力を高め、急速に駅周辺の街を変えている。平成4年ごろは市営バスの27路線中、実に23路線が天文館を経由していた。しかし、平成27年の市営バス70番線中、天文館経由は半分以下の30路線である。なお、中央駅発着の路線は11路線で、中央駅を経由するのは7路線となっており、市民の移動が分散しているのは明らかである。

こうして天文館はその基盤を弱め、将来を憂える声が聞かれるが、これは鹿児島市が行ってきた都市計画の効果が大きいと考えられる。これは計画通り天文館地区に空間的ゆとりをもたらした。考え方によっては、これらを違った視点から利用する機会が到来したと考えるべきではないか。もっとも、新しい視点で、などと言うのは簡単で、実現には解決しなければならない問題は多い。

都市の市民にとって、盛り場の存在は必要不可欠であることは言うまでもない。現在、市民はどのような街を望んでいるのか。矢作弘の言葉を借りて言えば市民は「質的な豊かさに重心」を置く街を期待しているのではないか（矢作弘「『都市縮小』の時代」P30〈角川ONEテーマ21〉）。「ゆっくりした生活のテンポ」が心を豊かにしてくれる。

市民が自分を再生させるために集まってくる街には、文化や伝統、それを構築するメカニズムが整い、その文化的な仕掛けが街にモザイク状に存在して、それが街の集客の原動力となり、街の再生のきっかけとなると考えられる。天文館は寂れるのではなく、ゆったりした豊かな街に変わることによって再生すると考える。

現在、鹿児島市の中心街は天文館地区と中央駅周辺の二極分化が始まり、終戦から現在までのように県人口の鹿児島市集中が進むなら、南部の谷山中心地区の発展がさらに進むと考えられる。

これまで盛り場を形成してきた映画館は、シネコンの形態でターミナルや郊外の複合商業施設に立地し、映画のパーソナル化や映画館運営の効率化はそれを後押しするだろう。今後、あの喧噪、混雑の「天文館シネマ街」のような映画の街はもう出現しないだろう。

鹿児島市映画館１００年史年表

年号	年	月	日	記事
明治	28	5	31	日清戦争大幻燈会。東京至誠会。
明治	28	6	5	天文館定席にて鹿児島太郎、東洋太郎の幻燈会。札銭二銭。日清の戦況を映す。
明治	30	1	1	花岡席の幻燈。美術的東京奇術幻燈会長奇術博士玉川花遊氏一座。
明治	30	12	4	活動写真の鹿児島初上映。興行場は新栄座（天文館通り鹿児島銀行ＡＴＭ）。（広告）「仏国理学士リミユル氏発明原名シネマドグラフ　理学応用電気作用活動大写真　欧米各国の珍事写真に取りその写真器械の運転依自由に動。日本に座し外国の事を見ると毫も異なし。十二月四日午後六時開会　当市花岡新栄座」
明治	30	12	8	活動写真の興行状況。「大入り当市中福良通、新栄座において興行中なる活動写真の見世物は大入りにて毎夜札止めなり」
明治	31	5	10	稲荷座にて教育衛生活動幻燈会（写し絵）興行。
明治	31	5	17	活動幻燈会。「稲荷座の教育衛生活動幻燈会は一昨夜よりまた天文館定席にてまた始まる。毎夜非常の入りなり」
明治	32	6	10	東千石町旧新城屋敷跡にてパノラマ興行。日清戦役旅順口大激戦の模様
明治	34	8	29	東洋活動写真会、稲荷座にて活動写真興行。「北進事変、米西・英杜戦争実況活動、その他西洋奇術魔術の現状、海水浴場の光景、日本壮士の剣舞など。二千燭光電気応用の活動写真。電燈会社と特約」
明治	35	1	1	活動写真の正月初興行。「花岡屋敷内にて西米戦争活動写真会開会。写真は一昨年六月青山御所

明治	35	1	にて皇太子殿下の御上覧を賜りたる名誉ある活動写真」
明治	35	2	7	日本の技師撮影の活動写真上映。東洋活動写真会、花岡屋敷萬榮席。
明治	36	3	14	京都活動写真協会主横田永之助の初巡業隊。「伊敷兵営に赴き下士兵士の観覧に供す。写真は大英国皇帝陛下戴冠式実況、滑稽写真など」
明治	36	7	9	外国人技師の活動写真。「仏国人アントン・ヂャンセン、米国人アン・コーラ両氏の活動大写真は来観者はほとんど千人に上り紳士連も多く見受けられたり」
明治	36	10	30	浮出写真幻燈会。「大阪の中央写真協会は浮出写真応用幻燈を学術参考家庭教育のため天神馬場万榮席に左記の写真を映出」
明治	37	2	16	駒田好洋の初巡業。「高千穂座の活動写真は従来の興行物と類を異にし、東京歌舞伎座、大阪角座の各地で喝采を博したものにて、技師駒田好洋は先年活動写真研究のため英国へ渡航したることあり。天然色活動、浮出活動、疾走活動、発声活動の如きは頗る観物にて、滑稽映画、支那海において日本水雷試験、露艦撃沈の光景は真に快絶を覚え拍手せざるものなし」
明治	37	2	29	不断光院は最新式幻灯機を購入し日露戦争の実況を映写し一般に観覧せしむ。
明治	38	1	1	稲荷座の活動写真。「大阪中央活動写真会は昨日は市中を奏楽して賑々しく練り歩く」
明治	38	5	14	寄贈活動写真機の試写。「在京赤星氏が本県教育会付属図書館に寄贈されし活動写真機の試験映写が試みられしが、同器の使用は技術の熟練を経し人にあらざれば充分の結果を得ざるものなり」
明治	38	9	29	横田活動写真師の一行。「稲荷座は大阪道頓堀角座にて好評を博した横田活動写真師の一行を招き、来月一日より興行する由。同人は昨年当地に来たりて喝采を博し、篤志婦人会のため鶴鳴館にて寄付興行をなした」
明治	38	12	3	パノラマ館の昨今。「去る二十日より山下町照国神社境内において旅順攻囲軍のパノラマ開館」
明治	38	12	23	東郷大将凱旋の映写。「教育会は付属図書館に県会議員諸氏を招きて、今回新たに購求せる東郷

明治	38	12	23	大将歓迎映写は新橋停車場より海軍省門前まで市民大歓迎の実景を目撃するごとく頗る壮観を呈し思わず万歳を叫ばしめた」
明治	39	1	23	明治座の旅順陥落記念の活動大写真。「明治座にて昨夜より旅順陥落記念の活動大写真を演じ映画は包囲中の旅順十七場、陥落後の旅順十四場にて攻囲軍の確認を得たる物なればほとんど実景を見る如し」
明治	40	2	7	滑稽活動写真。「京都横田商会の活動写真は主として滑稽画。バック親玉金星旅行、西洋伽話、因果応報、排日運動内部の真相等」
明治	40	2	10	三座鼎立の活動写真。「染色機応用活動写真は高千穂座にて興行中なるが、稲荷座、万栄座の三座鼎立なれども毎夜かなりの入り。ことに倫敦の火災、コサック兵の馬術操練、蜂のダンス、子供の結婚などなかなか趣味あり」
明治	40	2	10	滑稽画の客受け。「三座競争は負けず劣らずの好況にて、特に稲荷座が毎夜映出せる滑稽画の客受けすこぶる宜ろしと」
明治	41	2	4	種子島の活動写真会。「目下姶良郡加治木村橋本座において開催せる菱富活動写真会は熊毛郡種子島よりの招きに応じ近々同地に乗り込む筈にて、先発者清水直吉氏は本日出帆の大川丸にて出発」
明治	41	2	16	満州鉄道パノラマ。「満州鉄道パノラマはいよいよ大門口埋立地において興行するに決定、奥田熊次郎は昨日県庁に出頭したれば許可次第急ぎ工事に着手する」
明治	41	9	13	パテー活動写真の三十尺四方の大型写真。「同会の三十尺四方の大型写真が呼び物となり、連夜数組の学生団体の見物ありて満場立錐の余地なく遅れたる観客は立ち見なり。開演は例の通り午後六時半、三発の煙火を合図にする由」
明治	42	6	3	頗る非常大博士駒田好洋来たらん。「頗る非常大博士は海外より輸入せる写真多く、不健全にし

明治	42	6	3	て極端なる恋愛的、残忍なる殺人犯、あるいは姦通事件の如きを仕組み社会の風教育を害するもの少なかざるを慨し、同社は好洋をして昨年夏パテーの本部のある巴里に派し交渉せしむ」
明治	43	10	8	鹿児島初の活動写真館の開館予定。「斯界の重鎮京都横田商会は、今般、萬栄座を増改築して、明年一月一日より年中一日の休みなく活動写真を開く由なるが、写真は7日目ごとの全部取替え見料の如きも大人十銭、小人五銭、中銭なしとのこと故、学生・子供衆にはよき見物なるべし」
明治	44	1	5	世界館開館の模様。「初日は木戸一時間ばかりにて締め切り、二日、三日とも客止めの大景気にて、映画は報復絶倒なるものを除きて、ひとつとして教育的ならざるはなく、喜劇、悲喜劇種々ある中に、尤も注目に価せるものは義士の討入りとす」
明治	44	1	21	世界館は本日より写真全部差替左如し。「新悲劇親子の情、西洋悲劇命乞いひ、情の指輪、教訓劇父の財産、写実物には蘭貢見物、独逸軍隊検閲、喜劇眼鏡の行方、大滑稽偽物帰郷、科学者の煩悶、鳥の生涯」
明治	44	4	8	頗る非常大博士駒田一派の活動写真。「中座は本日より開場、特に本日は華々しく町廻りをなし特別入場券を附せる風船球数百個を飛揚すと云ふ。本日の映画は左のごとし。地球の魔、阿弗利加内地の大奇観、滑稽ハイカラ責め、悲劇小夜嵐、悪銭身につかず、大史劇羅馬の岩窟王子、成功美談予の半世の奮闘など」
明治	44	4	8	京都横田活動写真商会の巡業隊。「久方ぶりに巡業隊を派遣し稲荷座に於いて開場する。映画写真は四千五百尺に亘るものあり。悉く斬新にして趣味多きもののみを精選し、特に常陸丸遭難事件は人気を呼ぶ。因みに観覧料は木戸、場代一切各等半額。中銭など一切無用なりと。主なる映画は水戸黄門一代記、悲劇まま子いじめ等沢山なり」
明治	44	9	9	弁士の初見。「世界館、今回より従来の弁士小川松枝のほか、応援として長洲海月氏来たりて活弁をふるうと」

元号	年	月	日	事項
明治	45	6	8	世界館のぞき。「以前は萬榮席とて蝋燭の光淡く張扇の音も冴えなかった寄席であったが、今では電光燦然として楽隊の音も賑やかな活動写真館となった」
明治	45	7	3	駒田一派の名探偵ホウリン氏の苦心譚兇賊ジゴマ上中下三巻来る。中幕余興は例のオーケストラ式ストリング合奏。長唄元禄花見踊。
大正	1	10	13	ジゴマ20日より上映禁止。
大正	1	12	19	近来の鹿児島の新傾向、活動写真と曖昧女の出現。「ジゴマが現れてから鹿児島でも大いに注意を払い、時には映画の検閲もやり、平素はその筋書をとって勧善懲悪のものでなければ映写させぬことにしているけれども、ともすれば筋書きをごまかして変な映画をやることがある。ことに鹿児島に不良少年がすこぶる多い事実について原因を調べてみたところ、芝居、活動のごとき見世物見たさのかっさらいが多数を占めていた。一面からいえば不良少年の製造元である」
大正	1	12	21	鹿児島座とメリー活動写真館の開館。「一月一日より舞台開きを行う鹿児島座は、東京大阪合併の歌舞伎劇嵐佳笑、中村芝鶴一座で蓋を開ける。鹿児島座の前に新築中のメリー活動写真館も正月早々から開場。一月の興行から鹿児島座とメリー館が増えるのは当地劇界のため喜ぶべきことである」
大正	1	12	29	常設活動写真メリー館。「愈々工事も進捗し一日より華々しく開館する。同館は観客千人近くを入れ、客席も新式に設え特等席は全て椅子を備え付け、旧来の弊害を防ぎ観衆の便利を図る。なお、弁士は東京活動写真株式会社より川尻自然氏その他、技師等すでに来館しおれり」
大正	2	6	12	メリー館の差押え「メリー館は毎夜大入りの盛況を呈していたが、突然、さる十日より『増築に付き休業』との貼り紙をして閉館したるは何か子細あらんと探ってみるに、同館の器械、フィルム等は日本活動写真株式会社より賃借りをしていて近来支払いをなさざるにより、同社長桂

大正	2	6	12	次郎氏は当地市来弁護士を代理人として支払の催告をなしたるもこれ応ぜず、直ちに契約の解除をなし同時に動産、不動産の仮処分をした。なお、器械、フイルム等は差押えのうえ、世界館へ保管したため休業の止むなきにいたれるものなり」
大正	2	6	22	学生児童の劇場の観覧認定制となる。市内劇場の大恐慌。「市訓育連絡教育会は学校で認められた以外の観劇を絶対禁止と決定。これをうけて警察は九名の興行人を呼び、義理と人情にからめて巧みに説得されいずれも青菜に塩で悄然と警察を出た。なかでも活動写真はその大部分は学生を唯一の顧客にしているだけにしょげ方は一通りでなく、営業を続けられるやいなやもおぼつかなく見当がつかない。昨今はどこへいってもよるとさわるとこの噂ばかりである」
大正	2	7	22	メリー館潰れる。「天文館通りは久方ぶりの鹿児島座開場とビヤホールロンドンの開業に非常の人出であるがメリー館が潰れてあの光り渡った建物が真っ黒く突き立っているので一層物の哀れを覚えしめる」
大正	2	7	26	メリー館の再開のロハ覗き（鹿児島実業新聞）。「メリー館が再開したというので、時刻が早いせいかも知れぬが、観客は場の四分の一にもみたぬくらい。これではとてもお話にならぬ。気の毒なことだ。映画は米国前大統領ル氏の亜米利加豹狩りの場であったが鮮明で説明も従来とは変わって巧みにできて映画とうまく調子があっている。これで人気が薄いのは例の学生観覧禁止の結果なのだろう」
大正	2	7	27	観劇禁止の影響、大打撃を受けた活動写真。「禁止発表当時はそれについて是非の論も随分やかましかったが、ミジメなのは活動写真専門の世界館。従前の五分の一は確かに減少。これまでは一寸人気のあるフイルムや替り目毎には必ず満員札止の盛況を呈してたのがその後は一回も満員を告げたことがないのを見てもその不景気さかげんが想像されるではないか。直接の影響は活動写真を唯一の楽しみとする小学生であった。いまでも開館時刻頃世界館やメリー館の前

大正	2	7	27	を行くと必ず数名の子供が羨ましげに入場者の後影を見送っているのを見受ける。映画には良いもの、無害なものがあり全部絶対禁止というような寛厳宜しきを得たものでないらしいから、何れ問題が持ち上がるは免れ難いところであろう」
大正	2	9	12	復活しかけた興行物。観劇禁止の箍が緩みだした。「鹿児島の興行界はあたかも火の消えたる如く活動写真は活弁先生の口上もなんとなく力が抜け気乗りがせず、芝居は来る俳優も来る俳優も衣装を質において帰ってゆくような哀れ、はかない境遇であった。秋風立ち始めて当地興行界も色めき立ってどうやら客足もしげくなってきた。活動写真は三十日の暑中休暇を経て当局監視のタガもゆるみかけたものか、学生の出入りが多くなってまた昔の繁昌に立ち帰り活弁先生も蘇生したように勢いたち必死となってさえづっている」（鹿児島実業新聞）
大正	2	12	30	鹿児島の街の賑わいは、西本願寺前から天文館通りに達する御着屋一帯から天文館通りへ「美妙堂前（鹿児島銀行ＡＴＭ付近）の十字街を来往する人を見るに、天神馬場から御着屋方面、即ち東西に来往する数は南北に来往する人の数に比してはるかに多数である。しかし、これは昼の光景であって、夜の人出は寧ろ比類ないほど盛んである。これはいうまでもなく、鹿児島座、メリー館ができたためである」
大正	3	7	4	六月燈と興行。「例年市内の六月燈が始ると各劇場では言い合せしたように客足がピッタリ止まってしまう。昨今の暑気に人は皆室内にジッとして汗ばんでいられないのだ。なるべく開放した巷に歓楽の夢を追うてしばらくでも褥暑の苦悶を忘れたいので、各劇場は当分休演状態」
大正	3	9	1	メリー館、喜楽館となる。「メリー館は今般長崎の広瀬秀太郎の有に帰すると同時に喜楽館と改称。従来大阪杉本商会の特約を日本活動写真株式会社に変更し昨日開演。日活は目下活動界のオーソリーチーとして知られたる。映画プログラム左の如し。実写スペイン旧都アンダルシア、ブルマーの軽業、女書記、名画の行方、最長尺大衝突、残る影、旧劇井筒女の助（三巻）」

大正	3	11	25	物言う活動写真（キネトフォン）初上映。「上映作品は演劇住吉踊り松の家一派出演、歌劇セマドバヤシ、喜劇ボクトロと牛乳、所作事末広有楽座女優出演、泰西大活劇古塔全六巻、文豪ト翁原作復活松井須磨子出演、喜劇大学同窓会、思い違い、旧劇二十四孝十種香の場、剣舞尺八、バイオリン、義太夫、その他沢山」
大正	3	11	28	キネトフォン、児童に観覧を許可。「市内教育連絡会の決議によりて小学生徒の活動写真観覧を厳禁するところでありしが、目下鹿児島座は興行中のキネトホン式は最新発明に係り教育上児童に一覧せしむる価値あるものと認定され観覧希望生徒に対しては特に観覧を許可したりという」
大正	4	6	17	羅馬史劇スパルタコ、駒田好洋の従業二十年特別記念興行。「映写時間約4時間半を要する未だ例なき長尺物」
大正	4	8	22	鹿児島座、連鎖劇上映。「水野観月一行は二十三日夜より連鎖劇『かたおもい』を上映。連鎖劇は写真と実演とを交互に演ぜらるもの。最近四、五年の流行に係り東京、京阪地方にては珍しからざるも九州地方では今回を初めとす」
大正	4	9	8	世界館、新築開館。「本年四月以降改築中なりしが、工事進捗し七日上棟式をあげたり。総坪数百十坪五合、外部は煉瓦にてコンクリート仕込み。定員千五百人を容るべく竣工の上は市内目抜きの場所とて一光彩をそゆることとなるべし」。新経営者は佐々木伊四郎（龍勢堂活版屋）。特約は天然色活動写真株式会社。十月二十日開館「名馬」を初上映。
大正	4	10	7	世界館の紛紜。「日本活写会社が退いて、天活が後がまに居据わったが、裏面にて日本活動と天然活写とが糸をあやつっているとの噂がある」
大正	4	10	7	喜楽館　探偵劇『天馬』
大正	4	11	14	世界館のキネマカラー。「世界館にては着色写真キネマカラーの映写をするが、これは当地にて

年号	年	月	日	事項
大正	4	11	14	は初めての映写なり」
大正	5	3	5	鹿児島座と世界館で連続活劇初上映。「大坂米谷商会巡業部が鹿児島座にて八巻を提供して「ハートの三」の筋道を示した。第九巻より残余の二十二巻までを世界館にて向う三週間に分割して毎週六、七巻づつ提供す」
大正	5	6	11	第百四十七銀行移転し、帝国館をつくる。「金生町の第百四十七銀行の建物改築により、中尾正幹、末広虎次郎、有川某氏などの合資にて同建物を鹿児島座前に移し活動写真館開設。同建物は活動館式にできており多くの工を施すの要なく今秋には開館の運びに至るべし」
大正	5	7	7	帝国館建設の出願。「中尾平吉は今回山之口町五番地（鹿児島座前新納屋跡）に二百八十三坪、定員千四百六十八人入りの常設写真館帝国館の新築方を願い出たるが、その筋においてはこれが許否について調査中なり」
大正	5	9	13	『名金』の映出。「世界館は改築一年の記念として来る十五日より名金を映出する。名金はエマーソン・ホーの原作。全五十巻の長尺物。最初四巻若しくは五巻を映出し三ヶ月にて終了の予定。
大正	5	12	15	名金会の開催。「数週にわたりて映写や好評を博したる世界館の名金は今週愈々終結を告ぐべく、今回は特に十巻を提供して名金会と称し説明応援のため本社より弁士長川島紅花、同立花秋涛来覧し、これに同館専属の敷島、福山、春山の三名にて二巻づつ分担し十五日より一週間の昼夜二回映写説明すべしと。久しく活動好きを操り来る侠少女キチイ・グレース、快傑漢コロオ、野心宰相フレデリック・サッチョらの運命は如何に、その終局はいかにむすばるるか活動狂の刮目してみんとするところなるべし」
大正	6	1	1	帝国館開館。
大正	6	1	26	世界館の差替え差の如し。「冒険活劇『死の豹』および『死の騎手』に次ぎたる冒険写真なり。喜劇チャプリンとコンクリン」

大正	6	3	7	世界一の『カビリア』が世界館に来る。
大正	6	6	28	本紙小説『仇情』上演。「本紙連載小説『仇情』は不日終結を告げるはずにて同小説を舞台に上演したしとの希望により本社も許諾し、二十場に脚色し本夜より明晩まで所演のはずなれば小説以上の面白みあるべし。本紙欄外切抜券持参向には一等席半額にて入場せしむ」
大正	6	7	2	炎天下に活動の撮影。「六月二十五日鹿児島座に乗込んだ河本重徳一派の連鎖劇一行は二十七日朝から本紙連載小説『仇なさけ』の実演撮影を始めた。国道筋の磯琉球人松の海辺の絶勝を選んだのは原作の大川端よりどんなに優れているか知れない」
大正	6	7	6	回転式扇風機を設置。「世界館は館内に回転式扇風機数台の設備整へり」
大正	6	8	4	連鎖劇開演。「本紙上に連載し歓迎をうけた小説『仇なさけ』を鹿児島座に開演中の河本、笹尾一座の俳優出演して磯浜、洲崎、鴨池、谷山慈眼寺および本社前などを背景として活動写真に撮影したるが、同フイルムは二日午後立派にできあがって鹿児島座に到着した。筋は新聞により何人も熟知のうえに背景はすべて市内を使ってあるので定めて大入りの盛況を呈することだろう。撮影地は他に庭園、松原神社、琉球人松の付近、山形屋入り口、熊谷酒店前、美妙堂時計店前、鹿児島新聞前、朝日新聞前、谷山慈眼寺付近なり」
大正	6	8	18	活動写真館取締の実施。「東京警視庁は峻厳なる取り締まりを実施に至れるが、鹿児島市の如きも三常設活動写真館の設立をみ、いずれも相当客足を呼びおれるが、これと同時に営業上、風紀上往々にして正しからざる風評を耳にする。鹿児島警察署は今後漸次に厳重なる取締法を励行する方針である」
大正	6	9	17	世界館の『紫の覆面』を活動写真館取締違反で差止。
大正	8	1	15	鹿児島座焼失。
大正	8	2	8	常設活動がまた一つ出来る。「市内田中善蔵氏外数氏の共同経営で、喜楽館隣の商品館跡に創設

年号	年	月	日	事項
大正	8	2	8	されるという。鹿児島キネマ界の繁盛活躍はすばらしいものだが、反対に劇場の減退と来ては鹿児島の劇界が想いやられる」
大正	8	5	2	「南方の判事」(帝国館)上映。
大正	8	10	7	「イントレランス」十日より十二日まで世界館にて上映。
大正	8	10	20	秋の演劇界だんだん緊張してくる。「沈滞していた鹿児島の演劇界が十月に入って活動しはじめた。世界館は『イントレランス』という突飛な写真を掲げ入場料二円と張り出し麑城における活動写真界のレコードを破った。却って好奇心に投じたのか入りは相当にあった。しかし『イントレランス』はあまりに高尚で、あまりに複雑で普通一般の者にはあまりにも難解で歓迎されなかった。入場料一等二円、二等一円五十銭、三等七十銭」
大正	8	12	4	太陽館の開館。「喜楽館隣に建築中の活動写真館太陽館は三日落成。同館は原田斌、蓮見万蔵が中心となり、組合組織にて建築、一切の費用は四万円」
大正	9	6	11	鹿児島市は初めて特別税として興行物観覧税を本年六月より実施。「本月より実施した四館の六日間の観覧人員は九千六十九人、納税税金額は百六十五円八銭であった」
大正	9	9	17	だんだんご愛顧が増えてくる本県の活動写真。「鹿児島市に四か所、郡部に臨時架設するのが約百ヶ所くらいあり、いわゆる低級趣味者の歓迎を受けている。映画は日本物と西洋物とが半々ぐらいで、日本物は新派劇、西洋物は喜劇、実写物、その他冒険物などが多い。昨年中の市内四館の開演日数が延日数千九十五日、入場人員五十四万六千五百三十六人、観覧料十五万千四百五円。フィルムの長さは日本物百七十四万三千五百九十尺、西洋物百三十八万四百三十五尺合計三百十二万四千二十五尺。警察からフィルムの一部切除を命ぜられたのが千五百三十尺。検査官は警察部で二名の警部、鹿児島署では警部、警部補各一名。郡部では所轄署長が検査をしているが是非の判断には余程骨が折れる。当地では弁士三十三名

大正	9	9	17	中、尋常科を卒業せぬ者一名、卒業した者一名、高等科を終えたる者二十四名、中学卒業五名、その他二名という」
大正	10	4	28	帝国館、松竹の常設館となる。「帝国館は今回大阪の松竹キネマ合名の手によって五月一日から封切興行常設館となった。松竹会社は従来演劇を主として取り扱ってきたが近来活動写真に手を伸ばし輸入もの、自社ものを大々的に活動興行を試みておる」
大正	11	12	31	帝国館が喜楽館を買収。「日活系統の松之助の旧劇で好人気を博している喜楽館は今回帝国館経営の末広虎次郎、中尾平吉が買収。元旦興行から帝国館の分館とし館名は喜楽館のまま、日活ものを映写」
大正	12	1	28	火の出るような競争の鹿児島キネマ界。「市の活動写真界は火の出るような激烈な競争をおっぱじめ、なかには無料券まで出して客引きに苦心している館もある。この競争はいつまで続くか、どういう結果になるか気にかかる」
大正	13	12	2	優秀映画の投票。「本社は四館の昨年上映の優秀作品を投票で決めることにした。この計画は毎年年末に企画して新年紙上に発表する」
大正	14	1	13	鹿児島映画界のトラスト結成。「麑城のキネマ界は新春早々帝国館と喜楽館が太陽館の問覚氏と握手し、密かに世界館の買収に取りかかったが、世界館主の白川氏は三氏の術中に陥ちて易々と金二万円で建物、敷地、映画会社の特約権利まで一切を放棄した。麑城キネマ界の全ての興行権は三氏の儘になることになった。四月にはキネマ会社となり、資本金五十万円の会社組織とし、映画の上映宣伝、入場料、その他を統一しキネマ界の一大革新をはかろうとする計画らしい」
大正	14	2	6	麑城キネマ王になった問覚君。「市内の四館は問覚義雄が共営館主となり鹿児島共営キネマ株式会社を創立、各館経営すべて問覚の指揮、革新することになった。新派を帝国館、旧派を太陽

年号	年	月	日	事項
大正	14	2	6	館にて上映。世界館は学生館と命名して、専ら教育映画を上映する。学生館設立は県当局社会課では興味をもって迎えられ、活動写真観覧禁止となっている学生には大いに祝福すべきことだ」
大正	14	12	24	鹿児島市内の共営キネマ破れて新春より火花。マキノ世界館に現る「麑城共営キネマが果然分列して四館は各々陣容を整え新春興行より火花を散らす競争が演ぜらるる事になった。また、四社連盟で除け者になったマキノプロダクションが突然麑城キネマ界に台頭し眠っていた世界館が復活、牧野プロの南九州での旗揚げをなすこととなった」
大正	15	1	3	(広告) 世界館　マキノ妻三郎封切館。十二月三十日より開館。
大正	15	5	19	トラスト解散。キネマ三館、競映戦始る。世界館またも休館。「市の四活動常設館が共映キネマとなってからは大分評判が悪く欠損も相応にあったので、昨年暮れ表面は解散したように発表したが、赤字は続き遂に銘々出しあって解決をつけ、今週より帝国、喜楽、太陽の三館の競映に移り、帝国館は中尾、末広両氏、喜楽館は田中氏、太陽館は問覚氏が独立して経営する。映画は帝国館が日活、マキノ、ウーファ社、喜楽館は松竹、東亜、ウーファ社、太陽館は帝キネマ、ユ社と契約が出来ている」
大正	15	8	25	帝国館全焼。「二十四日午後、帝国館から突然出火。約四十〜五十名の入場者があったがただちに非常口を開放して避難させた。フイルムに引火したものらしく、損害は建物の外フイルム七十巻、ピアノなどを合せて五万円に上る見込。所有の世界館を開くことになろう」
昭和	2	7	5	帝国館が再建。「再建中であった帝国館は六日より開館する。映写機も二台新輸入品を購入し、観覧席の椅子なども全部新調して、定員は二千名近く、九州第一のキネマ館ができた」
昭和	2	8	11	ファン便り。「『ダグラスの海賊』を見に行って一番驚いたのは説明者の悪いことだ。反省せられよ。徒にアクセントをつけ、声を作るのが上手でもあるまい」
昭和	2	8	19	ファン便り「喜楽館について種々の御高示をいただいて有り難うございます。これについては

昭和	2	8	19	ご返事というよりは弁駁の一矢放ちます。上映巻数云々については九州斯界の大勢を展望して当館のみ多しとの言質は葬るべきものと信じます。欧米の原則の十六、七巻の上映にするには、それに伴う設備と方法、その他が考慮さるべきで、これが麑城で採用されるのはいつの日か。私が蛇蝎のごとく嫌いなのは自己陶酔の憐れむべき方々であります。お望によっては一騎打も辞さず。住所氏名を名乗るべし。これ第一」
昭和	2	9	15	帝国館、また焼失。「十四日午前四時ごろ天文館市場中央部より発火。損害七万八千円、保険五万円。坪数階上七十坪、階下百三十坪」
昭和	2	10	4	昭和館の開館。「太陽館は久しく閉館していたが、白川氏が同館の権利を買収、新に昭和館と命名。帝国館が焼け喜楽館の独占状態となっていたが、昭和館が今回旗揚げ、東京某新進映画会社と特約し開館する。なお、同館では今回新輸入したローヤル機二台を据え付けた。解説は京阪花形弁士二名と博多より数名の弁士を雇いいれ、奏楽は問覚楽長で開館することになった」
昭和	2	11	29	帝国館再開
昭和	3	6	29	ファン便り　余り盛り多い映画。「どの館どの館も、三十五巻乃至四十巻という大盛りだ。あれだけ反対論者が出て声を張り上げているのに一向に反省しないのはなぜだろう。現代劇、時代劇、西洋物の三本立てでたくさんで、二十五巻ほどにして欲しい。立て続けにはやい速度で廻されて観せられるのは全くかなわない」
昭和	3	6	10	興行規則改正実施。活動は四時間、弁士は免許制。「県保安課は時代の趨勢にかんがみ興行取締規則を改正し、来月一日から実施することになった。それによると興行場は建物主要部を不燃物質とし、扉も防火戸とし、開演中は喫煙を厳禁して喫煙室は別に設けることになった。興行時間は従来長過ぎたので活動は四時間、二十二巻、五千米以内に制限する。弁士は素質の向上を計るために免許制となし、物品販売人は開演中の売歩きを禁じ、開演時間外といえども通路

年号	年	月	日	事項
昭和	3	6	10	の外の通行を禁ずることになった。本改正は相撲だけは除外例とすることになっている」
昭和	3	6	24	興行組合の発会。「鹿児島県興行組合発会式を行ない、役員選挙をなし同業者間の親睦を図り、併せて民衆娯楽の発展に尽力すべく申し合わせた」
昭和	3	6	26	競演激甚。「いよいよ問題の巻数制限を実施されることになり、市内キネマ三館では優秀映画の選定、納涼施設設置。映画、説明、音楽の拍子がそろったキネマ館にヘビーをかけ、従って競映は前週より激甚となった」
昭和	3	6	27	帝国館に扇風機。「天井には三個の通風機を設け、二階場内には施風機六台および五十二吋の大施風機二台をも取り付け、いよいよ十六日より回転開始。場内は素晴らしい涼しさでおいおい氷柱も立て、納涼と優秀映画と解説と音楽と四拍子そろへて映画の戦線に立つことになった」
昭和	3	7	8	活動弁士試験。「一日から県興行取締規則改正の結果、活動弁士は免許制となったので、来る十日から県庁において第一回弁士試験を行ふこととなった。受験者は各館の現在の弁士三十名近くであるが、説明の巧拙よりも人格に重きを置きメンタルテストを行うものである」
昭和	3	7	11	活動弁士試験に弁士達の一致した答案。「本県で初めての活動弁士試験が十日武徳殿において保安課警部が試験官となり行われた。受験者数は県内各館の弁士三十五名に達したが、なかには随分ふるった答案があったが、ほとんど全部が一致しているのは、弁士が注意すべき事項という質問に対し『観覧客の女を瞞してはならぬ』ということであった」
昭和	4	5	24	高島座の開館、レヴュー美人座できる。「高島座は落成まじかで、目下京阪地方で流行を極めているレヴューの美人座を組織して、開館と同時にその奇麗な舞踏と音楽の交響楽を出演するはず。なお、上映はキネマ界期待の『ダグラスの鉄仮面』。美人座は当地の歌謡界、舞踏界で名ある少女たちを網羅し、博多からは元青黛座のスター望月輝子嬢や、みずいろの萩光子など出演、指導者及び監督としては元松竹座楽劇部にいた某が来覧して、最も新しき舞踏と音楽を上演するはず」

年号	年	月	日	記事
昭和	4	7	2	トーキー時代に音楽家の憂ひ。映画説明者と共に反対の叫びをあぐ。「トーキー流行！ 映画説明および楽士の生活問題への脅威は何等かのかたちで現れると見られていたが、俄然、都下映画常設館に働く楽士有志はこのほど代々木に職業音楽家の団体本部を置き、都下および全国の職業音楽家、映画説明者に檄文を飛ばして地位の擁護を絶叫。今後トーキーおよびビヤトロラの使用反対、楽士、映画説明者五万人の家庭擁護などをスローガンに運動を続けるという。文部省社会教育連の調査で現在全国で楽士が約四万、映画説明者は約一万と数えられている（東京）」
昭和	4	7	3	楽士泣かせのトーキー、鹿児島市活動館では当分使用せぬ。「電気伴奏機ビクトロラ及びトーキーなどが今や全国的にキネマ界を風靡するとし、全国説明者、楽士たちは結束してこの使用に反対しようと檄を飛ばし気勢を揚げようとしている。これの使用により京阪地方では既に楽士は半減している。当市のキネマ館ではこれが使用されると六十名近くの楽士たちの失業問題となるので、その使用は当分休止されることであろう」
昭和	4	7	22	鹿児島初の発声映画。「鹿児島朝日新聞主催のトーキー公開は二十二日より二日間の公開を大盛況裡に終えた。リグリフイン技師の手によって映写され、トーキーのいかなるものかの実際を見んとして炎熱をもいとわず押し寄せた観衆は驚異の目を見張って見とれた。飛行機の飛翔はプロペラの音そのままが聞え…。鹿児島最初の封切で大成功を納めた」
昭和	5	2	11	初の常設トーキー館、喜楽館。「麑城キネマ界に歴史的に光彩を放つトーキー館、喜楽館は十一日紀元節よりはじまる。その発声の素晴らしさは従来の欺瞞的トーキーとその類を異にし、唄、踊り、音楽、画面の絢爛華麗さはファンを驚異せる名篇。映画は発声レビュー『フォリーズ』『サモアの花』、前首相田中義一大将の日米親善の演説など」
昭和	5	5	9	ジャズとレビューの内田舞踏団結成。「内田正雄は喜楽館、高島座を辞し内田ジャズバンドを独力で組織。数日前より県下の各町を巡業中であるが、何しろ従来音楽、舞踏に乏しかった鹿児島

年号	年	月	日	事項
昭和	5	5	9	でこうしたレビュー団の組織は初めてのことで至る所で人気である。近日中、ジャズとレビューの夕べを本社後援で市公会堂にて開催する」
昭和	6	2	27	競争割引の活動館、最低二十銭に協定。「鹿児島の映画界、劇界ともに料金の協定が保てず、十銭券で客引きしている館もあり、先般来の協定厳守は幾度も破れ、採算がとれないにも拘らず依然破格の割引を続けてきた。お陰で喜ぶのは客様で不足はないが、これでは各館共倒れとなると十五日本田に集合して協定をみた。中尾・帖佐帝国館、田中喜楽館、佐々木昭和館、政池南座、吉良中座、田中高島座が出席し、活動常設館の最低料金二十銭、ただし、高島座は地利が悪いので十五銭、両劇場は十銭と折り合いがつき、これを破る者には警察が取締まることを条件とし、三月一日から実施することになった」
昭和	6	5	20	世界館の解体。「二十年の古き歴史を誇って東千石町の一角にローマの廃墟の如く立っている世界館は廃止され人夫によって壊されている。同館は現在の昭和館館主佐々木ハル子さんが亡夫与四郎氏と二人で計画し、金一万五千円を投じ建てたもので、毎週満員つづきで、わずか一年のうちに元金を償却したという。六年ほど前に末弘、中尾両氏が資本主となり経営を始めたが、ここ両三年来ほとんど休業中であった」
昭和	6	6	9	近代的映画殿堂、新喜楽館着工。「帝国館館主末弘虎治郎、中尾平治の所有の常設館喜楽館はさきに移転の形式による新築願を出願中であったが、今回許可を得たので山之口町六番地、帝国館向側の敷地において今日地鎮祭を執行」
昭和	6	11	14	富士館の落成式。「富士館は鉄骨鉄筋コンリート二階建のグリーン色の近世式建築。館主末広、中尾両氏は内容、外観の施設設備を急いでいる。新館は六月起工し、東京の一流映画館の最新式設備の特徴を取り入れ、九州一の福岡の世界館を除けば他に比類を見ぬと称せられる。映画は松竹映画と欧米五大会社の作品である。姉妹館の帝国館が日活と五外国映画を上映するのと相

昭和	6	11	14	俟ってやがて麑城のキネマ界を席捲するであろう」
昭和	6	11	30	河外唯一の活動常設館、大統館竣工。「武町西鹿児島駅前に建築中の大統館は来月竣工式を兼ねて開館式をあげる。工費三万円を以て去る七月起工。定員千三百名から二千名を収容。館主は迫吉次郎氏。写真は河合映画の外に、西洋物を自由に選択し、解説者は神戸にあって幾度かレコードにも吹き込み盤を持つ里見任一郎氏、福岡の桜田氏などの快諾を得た由。開館の暁には河外唯一の常設館として気を吐くはもちろん、麑城映画界を賑わすこと大なるものがあろう」
昭和	6	12	8	富士館、久しぶりの無声映画。「富士館は開館以来満員続きで上映の各編は何れも好評を博し、就中トーキー設備の完備している点は他の館を圧倒し姉妹館帝国館をしのぐ人気。『愚兄賢弟』など三編だが、珍しく無声映画で外国語の発声映画にもどかしさを感じているファンには掘り出し物の映画であろう」
昭和	7	5	2	高島座が天文館に進出。「出願中であった高島座は昭和館跡横に移転新築が許可された。二十六日地鎮祭を執行し、犬伏館主、田中興行主、工事請負小牧氏その他工事関係者の玉串奏奠があり、その後高島屋呉服店座敷において祝宴があった。新館はモダン近世式木骨人造石洗出し、外部は防火設備を施し、特に換気通風、衛生設備に留意し、総建坪三百余坪、定員約千三百名。八月三十日竣工の予定」
昭和	7	6	29	市内五活動館、同情罷業。富士館に乗り込んで、四十七名検挙さる。「帝国館及び富士館の弁士及び音楽部員十七名は、二十日解職手当六ケ月分の支給、その他三項目にわたる嘆願書を館主に突付け考慮の余地も与えず、二十一日正午から、突如ストライキを決行し、高見馬場通り明治屋呉服店横に争議団本部を設置し、街頭デモ、演説会等を開いて気勢をあげ、市民の同情に訴えようとこころみたが、トーキーやサウンドの出現は時代の趨勢でありあまり世間の注意をひかなかった感があった。一方、館主側では穏便な解決方法をと誠意を披瀝して折衝したが、争議団

昭和	7	6	29	
				ではこれを拒絶し、第二、第三と次から次へと要求を追加提出したので、とうてい円満解決は不可能とみた館主側では、二十八日正午頃、罷業館員十一名（音楽部員を除く）に対しやむなく解雇通知を発し、松尾弁護士を通じ解雇者に対しては、本月分と七月分の俸給を支給し、復職希望の向きに対しては考慮する旨を述べた由。しかるところ、四時半ごろ昼間興行が閉へるのを待ち構えていた争議団は雪崩をうって富士館に殺到し、内部から錠前をかけるやら、針金でくくるやら、腰掛けをもって心張をするやらで、富士館を占領し、屋上よりメガホンを以て市民の同情に訴えるところがあった。この報に接した鹿児島署は思想方面の手がのびているとにらみ、時を移さず富士館に乗込んで、同情罷業の挙にでた昭和館、高島座、大統館の館員、その他を合わせて四十七名を一網打尽に検挙し、営業妨害現行犯として徹夜で取り調べを行った」トーキーの発明とこれが発達に伴い無声映画は漸次影をうすめ、やがてすべてオールトーキー、オールサウンドになることは予想されるところで、これが到来に脅えることもむりないようである。富士館は松竹、帝国館は日活と、いずれも邦画製作代表的会社の作品を上映、最近は両会社のトーキー戦、サウンド戦の渦の中に両館とも、トーキーまたはサウンド版が多く、ついに必然的に音楽部整理ということになった。元来、両館の楽手は楽長下園氏の請負であるので、館主末弘、中尾氏は経営状態その他の事情を踏まえて、楽手の減員を下園氏に相談した。よって請負者たる下園氏に十二名の中より六名に対し、六月十五日までに任意にやめること、六月と七月の給料を支給するということで話はすんでいたのである。然るに予め画するところあって、両館の弁士と楽士団は結束し要求を提出するに至った。二十日午後四時、鹿島、泉、波多野、猿渡の四名は帝国館事務所に中尾氏を訪ひ、一、解雇手当六ケ月分を支給せよ　一、退職の場合は五ケ月未満の者は一ケ月、それ以上の者は一ケ月半以上を支給せよ。一、減俸に反対、一、解雇の予告は一

昭和	7	6	29

ケ月以前にすること　以上の四ケ条にわたる要求を提出し即答を求めた。それに対し中尾氏は共営者の末弘氏が二十三日ごろ熊本より帰来するからそれまで待ってくれ、またわれわれとしては諸君に解雇すると言うたこともないし、左様な意思もない。減俸も口にしたことはない。少し穏当な方法にでた方がいいではないかと、懇々と説いたが代表者はあくまでも即答を迫り、そのまま辞去した。一方代表者は同夜末弘氏を訪い前同様要求書を提出即答を迫ったが、指宿線請負入札参加のため旅装の末弘氏は自分が帰るまで待ってくれと懇々説いたが、これまたきかず辞去した。しかるに二十一日代表者は途上で中尾氏を呼び止め、喫茶店鶴ちゃんにおいて前日同様の要求を繰り返し、もし即答しなければただちに罷業する旨を告げた。そこで中尾氏は再び末弘氏の帰鹿まで待つよう懇請したが、代表者はこれを拒否し、彼らは遂にこの日から罷業に入り、争議団本部を高見馬場明治屋呉服店横の富士館弁士島陽二郎方に置き、無産党の新名真蔵氏一派の指導下猛然と闘争を開始するに至った。映画争議団五十名、富士館を占拠。ものものしく乗り込んだが悉く検束さる（鹿児島朝日新聞）「市天文館通り帝国館、同姉妹館富士館の両常設館楽士、弁士二十一名は、さる二十一日突如、ストライキを断行、市会議員新名真蔵氏などの日本国家社会党および市内各館弁士、楽士などの応援をえて映画争議を続けていたが、二十八日午後六時二十分ごろ争議団四十九名が突如、自動車を以て富士館に乗りつけ、あっけにとられている館員を尻目に館内に闖入し、直ちに全扉を閉ざして内部から固く錠を下ろしたので、急報により鹿児島署からは森司法主任、浮辺警部など警官二十余名とともに自動車で急行し、外壁からよじ登って四十九名を一網打盡に検束した。同館はちょうど夜の開館直前で、館員は入場受付口の女事務員の外、ほとんどが空きだったもので、争議団では直ちに屋上に掛け上がり、煙突男よろしく『十五万市民のご同情を乞ふ』と大書きした二条の旗をさっと流し、屋上からラッシュアワーの街道に向かって演説を始めるなど一時は大騒ぎだった」

年	月	日	事項
昭和7	6	29	時代の流れに逆ふ悲しい反抗、争議団は断して行われた「富士、帝国両館の争議の原因は、さる六月六日、館主側が経費節約の理由で楽士の半減（六名）を、請負者兼楽士長下園氏（同館の音楽部は下園氏の請負となっていた）に申し渡したのに端を発したものである。しかし、その際館主側と下園氏との間は双方いったん解決を告げていたのを、これに同情した他の楽士、弁士などが合流し、罷業に入ったもので、しかもその罷業の日があいにく館主末弘氏が熊本に行って不在中に決行されたので、館主側の感情を幾分害した観もあって、依って従業員の要求したる、解雇手当て給料六月要求、減俸反対、退職の際は五年未満に対しては給料の一月分を支給せよ等の要求事項を中に館側と従業員相対峙し、爾来争議団側では高見馬場通りに争議団本部を設けたり、街頭デモを行ったり、あるいは演説会を開いたりして抗争を続けてきたが、その間思想的第三者の介入あり、これが却って、両者の意志をますます疎隔し争議は日に日に悪化するに至った。ことに館側が解決を早めるため、松尾弁護士を介して罷業団の帰館を申し出たに対して、争議団側ではこれを蹴るばかりでなく、新たに病気の際は一月間を全額支給し六月間は半額支給せよ、今回の争議による犠牲者を出さぬこと、その他の要求を突きつけたので、館側でもここに断然決意し、一切の要求を一蹴し二十八日午後二時請負楽士を除く直系従業員十一名（弁士、囃方）に対し、内容証明付郵便を以て正式解雇を申し渡した。
昭和7	7	5	調停成って今日手打式。美戸所長案に両者成・映画争議漸く解決？（鹿児島朝日新聞）
昭和7	10	5	高島館開館式、建坪二百坪、定員千五百六十五人。
昭和7	11	17	県外在住の映画説明者の整理「本県における映画説明免許者は六十二名であるが、その大半は県下に在住せず、隣県または中国方面の活動写真館に勤めている者おおく、県保安課ではこれら説明者の整理をなすことにしているが、その前に来たる十八日午前九時より県警察部にて本年最終の映画説明者免許試験をすることになった。十六日まで志願者六名である。本県における映画説明の免許試験制度は五ケ年を経過しているが、まだ一名の女性の受験者

年	月	日	事項
昭和7	11	17	がないのは他県に比し映画説明の総ての向上に関して遅れていることを物語るものである」
昭和8	3	20	(広告) 帝國館　発声日本版、グレタ・ガルボ『間諜』、小唄映画『島の女』、メトロ全発声、日本版『青春協奏曲』、日活『一本刀土俵入り』。階下二十銭。 高嶋館　『時雨の長脇差』、オールトーキー『狂へる銀翼』、『春と御夫婦』、『燕おたき』。階下十銭。 昭和館　『光・罪と共に』、パラマウント映画全発声日本版『街のおんな』、『富籤政談』、『熱河討伐』。階下二十銭。 大統館　日本語解説全発声『ザンバ』(発声新盤)、『天下の副将軍』、『上海の快男児』。十銭。 富士館　『無宿深編笠』、フォックス映画全発声日本版『沈黙の證人』、松竹サウンドパート・トーキー『涙の渡り鳥』。階下奉仕三十銭。
昭和10	1	1	鹿児島映画同好会の九年度富士館優秀映画の投票結果。「上映映画百八十余篇に対し九百三十四通の投票があり、山形屋六階で最終結果を発表した。最優秀映画は『にんじん』(洋画)、『隣りの八重ちゃん』(現代劇)、『一本刀土俵入り』(時代劇)であった」
昭和12	12	24	鹿児島市五常設館聯合のニュース映画報国会できる。
昭和13	1	16	スクリーンご対面。スクリーンに我子を発見。喜入村。
昭和13	3	14	柿本寺停留所に活動写真館。西千石町柿本寺電車停留所前に活動写真常設館建設場という板囲いができる。館名を大麗館とし、六月初旬に完成する予定であったが建設中止となった。
昭和13	7	8	各館支配人、映画会社出張員より組織する映画事務員会結成。「映画館も一個の文化施設との見地より国策の線に沿うて一致結束することを決める」
昭和14	3	1	東宝直営一周年を記念し新装した東宝高島劇場完成。「階上一人一脚の椅子、履物のまま昇降し、

元号	年	月	日	事項
昭和	14	3	1	場内はテックス張りで防音装置は京阪神の劇場に劣らぬ設備。麑城映画界に偉彩を放つであろう」
昭和	14	4	19	昭和館の新装改築。階上下足昇降に改善。
昭和	14	5	17	ニュース会館、日置裏門通り天神馬場交差点北西角に五月二十七日開館。
昭和	14	10	24	中座防空訓練期間中焼く。「謎の中座下足番（満州出身）焼死か失踪か。依然手掛かりなし」
昭和	14	11	1	帝国館『土と兵隊』（市内各中小学校生徒、各団体の団体観覧）
昭和	14	12	7	富士館が改装。「階上席は靴下駄履のまま昇降自由となり一人一人椅子席を新設。従来の畳座敷席は後方に履物箱を設備」
昭和	15	7	22	大統館で鹿児島初の文化映画『地蜂』上映。
昭和	16	3	1	大統館、南陽映画劇場となる。元東宝映画の小木曾が買収。階上階下共に一人一脚御椅子に改修
昭和	16	6	30	ニュース会館改築。「二階席一人一脚設備、通風換気装置、電気照明など大改造」
昭和	17	3	23	ニュース館、第一映画劇場に改称。「麑城十八万市民にお馴染みのニュース会館は映画法施行にともない四月一日より制作、配給機構の一大革新を控え二十四日より映画新体制を記念して鹿児島第一映画劇場と改称、大東亜　戦下健全娯楽の殿堂として新発足することになった」
昭和	17	4	17	麑城映画界新体制発足。「一元的映画配給機関として社団法人映画配給社が設立され、四月一日より配給業務を開始して直営館、特約館のルートは解消。地域の映画館を紅白に分け、各館は指定された映画、文化映画、ニュース映画一本あてを配給する。映画は内地、外地を問わずこの会社によって一手に配給される。準備の関係で鹿児島市では五月二十日より一週間、帝国、東宝を紅組とし、東宝映画の『緑の大地』を同時上映。一方、白組の富士館、昭和館は松竹映画の『父なりき』を二館同時封切りすることになった。再映館は第一映画劇場と南陽映画劇場とし、交互に再映映画を四日または三日あて上映する。なお、この 配給会社は各映画館の経営方針にまで参与し、映画館と共同経営機構をとって興行の公益性に一歩を進めるべく乗り出している」

年号	年	月	日	事項
昭和	18	3	25	市映画報国団を結成「従来館　主並びに経営者をもって組織していた鹿児島市映画組合を発展的に解消し今回各映画館主、経営者、従業員をもって鹿児島市映画報国団を組織し国策の線に沿い、個人主義的思想を一擲して相互扶助の精神を昂揚すべく四月一日より新発足することになり、会長以下常任幹事を決定した。なお、映画興行界新体制は情報局発表の通り従来の月六本の映画製作が五本に切り下げられ、紅白系の独自封切は今後紅白両系による一週間代わり交互上映が確立された。映写日数が一週間十五回以内に決定した。各常設館は大体平日二回（日曜祭日三回）上映となった。鹿児島市では天文館両館（富士館・帝国館）のほか南映が紅系の封切館になり、第一映画が特殊館として洋画と邦画特選名画のみを上映することに決定した。映画報国団役員は左の如し。団長　上原三郎　副団長　加藤喜久雄　常務　古別府宗熊　幹事鎌田満太…」
昭和	19	3	4	享楽の門に釘。女給の名も消え、健康体に還る天文館。
昭和	19	3	4	享楽よおさらば。五日から華街は一斉にお休み「増産戦線への総進軍命令ともいふべき決戦非常措置は発動された。五日からいよいよ鹿児島市、外県下の各料理屋、カフェーは向ふ一ケ年間のあいだ一斉に営業を休止」
昭和	19	3	21	映画館も疎開。興行の刷新きまる。密集地区の劇場、映画館などを整理し、盛り場中心主義の封切番線が勤労者居住区域に重点に配置された。
昭和	19	4	5	文化映画の強制上映停止。
昭和	19	5	23	高級享楽面の停止後の天文館「僅か五十日の短日の間に昔の華やかさは消えて、狸が住むかと思われるほど廃墟化した哀れな姿をとどめている」
昭和	19	9	21	今日から山形屋の地階で、お待ち兼ねの健民酒場店開き。
昭和	19	9	26	今度は健民食堂一日から千日通り突き当たり「甲斐の家」に開店。

昭和	19	12	28	映画場を四館に整備。東宝と富士は休止。「戦局は生フイルムをはじめ、一般映画資材の需給にも著しい変化をきたしたので、内務省、大日本映画配給社、同興行協会では現実の情勢に即応すべく、全国映画興行場の整備を断行して興行場の人的物的資材の節減し、余剰を以て直接戦力に寄与しようと計画中で、来春二月一日から実施される。鹿児島市では存続するもの（番線）は第一映画（紅系）、帝国（白系）、日東（紅白系）、南映（同）となり、封切順位は第一映画、帝国が一番、日東が二番、南映三番の順に内定している。番線外（休館となるもの）としては東宝、富士の二館である。（地方の）番線は川内劇場、枕崎（□□□）、名瀬（朝日館）となっている。休止した館に対しては補償制度によって、昭和十七年四月から本年八月までの平均実績の二割五分の割当金が交付され、館数の縮小による観客の収容力は回数によって補ってゆく方針である」
昭和	20	2	1	地域別適正配置のため富士館、東宝は休館し、市内の館は帝国館、第一、日東、南映四館となる。
昭和	20	6	17	戦前最後の映画広告。「帝国・生ける椅子、第一・日本剣豪伝、日東・間諜海薔薇、南映・大菩薩峠」（この夜、鹿児島市内映画館すべて焼ける）
昭和	20	6	17	鹿児島大空襲。市街地の破壊43％強（朝日新聞平成7年6月15日）
昭和	20	8	15	敗戦。
昭和	20	9	3	9月3日他の娯楽面にさきがけて、騎射場の農業会の縄工場で映画上映を始める。
昭和	20	10	10	焼け残った山形屋の3階ホールに第一映画山形屋劇場が開場。「両映画場とも設備は不完全で焼け残った壁の穴を板で打ちつけ、前面に白い幕をたらしただけの小屋掛けであったが娯楽に餓えた市民が連日押しかけた」
昭和	20	12	8	仮設南座開演。「待望の公演。女流時代演劇お馴染の洋子劇久々来演。劇界麗人築洋子一派他。外題は毎日替り上演、金1円90銭（税共）」
昭和	21	1	5	新生鹿児島の春。賑う闇市場と映画。

年号	年	月	日	事項
昭和	21	1	24	農村へ慰問隊。演芸と映画班を派遣。「本県の農民の供出意欲が高く、これに応えて都市の消費地では農山漁村へ感謝慰問の演芸班と移動映画班を送ることになった。費用は鹿児島市1千円、鹿屋、川内市が８００円、その他の町村が２００円を計上し、県補助として３５００円を支出し感謝の一端とする」
昭和	21	1	28	郷土に揚る文化熱。鹿児島市を中心に胎動の機運。新聞雑誌も発刊計画。
昭和	21	6	17	映画が見たい！　だが問題は建物。興行場建設委員会で審議を行ふ。
昭和	21	7	3	文芸座の試演会、色めき出した鹿児島の演劇運動。「鹿児島で初めての新劇団として文芸座は専属の小屋となる文化劇場の竣工を前に、12日から山形屋舞踏場で第1回試演会をひらく。鹿児島新劇運動はいよいよ活発になった」
昭和	21	9	28	どう変わる天文館。戦前のお株を奪う北側の繁栄。「文化劇場、第一映画劇場、国際映画劇場（セントラル）などがたちならび、ここを中心に食堂、喫茶店、麻雀クラブなどがバラックながらも軒をならべて開店戦災前のお株奪った形になっている」
昭和	21	10	10	山形屋劇場、本日より3階から1階へ移転。
昭和	21	10	10	回転焼から古着屋へ。「回転焼はなやかりしころ、鹿児島駅から朝日通りにかけて回転焼店がずらりと並んでいたが、いまではほとんどが古着屋さんに衣替えへして、鹿児島駅から朝日通り一帯へのびる電車道の両側には派手な女物の着物や、すり切れた背広、色あせた外套など色とりどりの衣類がそよ吹く秋風におよぎ、道行く人の目を楽しませているが、10月、現在の古物商人は、市内だけでも４７２人を数へ、引き続いて鹿児島署に許可を願ひでる者は、多い日で30人、少ない日でも5、6人といった調子で世間はまさに古物商全盛時代の観を呈している。街のタケノコ古本屋。「近頃、街頭に古本屋が目立ち、戦前、5、6軒にすぎなかったのが、現在では40軒をこえ、鹿児島署経済係でも驚いているありさま。市内の書店の流行は戦災で本

年号	年	月	日	内容
昭和	21	10	10	を焼き、民主主義がどうとか世間がうるさくなったので、市民は何か知りたいとあせっていているのだろう。
昭和	21	10	12	洋画も見られる。活気づいた鹿児島の映画界「淋しかった鹿児島市も映画館があいついで開設。市内の映画劇場は全部罹災した。鹿児島興行場建設委員会で、映画館9つの建築許可が決定。以来、映画館の再興は急ピッチで進められてきた。山形屋の第一映画、騎射場の南映のほか、天文館の旧帝国館跡の銀映座は15日竣工東宝封切館となる。南九州一を誇る第一映画劇場は東千石町の中座跡に16日落成、当日は戦災者などに無料公開して17日から一般公開、大映松竹の封切館でこれに洋画をかける。元ニュース館の向かい角に建築中のセントラル劇場は鹿児島ではじめての洋画専門館、17日開館。幕開けは『ターザンの猛襲』。日東館も11月には開館。以上のほか建築許可になった銀河、銀座、富士、東宝の各館はまだ着工していない。なほ、ニュースは今度からユナイッテドニュースが各館にまわることになるので、映画ファンには朗報があいついでいる」
昭和	21	10	19	映画館へ殺到。賑わった鹿児島市天文館の17日。「復興はまず娯楽からの波に乗って新装の映画館の開館が相次ぎ、市民の唯一の娯楽機関として登場。絶好の映画日和を迎え、5つの映画館に殺到した観覧者はざっと2万名に及び、ふたをあけたばかりの映画館が立ち並ぶ天文館一帯の人波は昔におとらぬ賑いをみせた。せっかくの休みの一日を映画で楽しもうとやって来たのに入場できずにすごすごと帰る者が数多くみられた。昔の天文館再現の感があった」
昭和	21	11	5	文化楽劇団第1回公演。「東千石町の元検番跡に工事中であった文化劇場は竣工し5日落成式を挙行。今後、専属劇団の新劇団文芸座をはじめ、今度結成した専属楽劇団を中心に、各種演劇の小屋としてデビューする。柿落しとして文化楽劇団の第1回公演は5日から8日まで。プログラムは第1部『懐かしの歌謡曲集』、第2部軽喜劇『新風箱入り娘』、第3部ヴァラエティ『文

昭和	月	日	事項
21	11	5	芸復興祭り』」
22	1	1	天文館通りの元高島館跡に高島映画劇場開館。
22	3	27	映画館一斉に節電休み。「日本興行組合連合ではうなぎのぼりの物価高に、入場料の値上げと入場税率の引き下げを要求していたが、市内各映画館は26日から一斉に大人10円、小人5円に値上げ。31日は一斉に休館になったが、事情によっては休館日がもっと増えるかもしれない。休館日が増えると映画館経営は苦しくなる。休館日にアトラクション興行を行い、アセチレンランプを使用して興行をすることを考えているようである」
22	5	21	照国神社境内の無声映画。「21日より不意打ち上映。『沓掛時次郎』。山本陽逢を聴け！　説明界の王者が感激の名解説」
22	7	26	日東映画劇場の開館。
22	9	4	ギンザ屋劇場開館。
22	10	8	電力制限で客足ガタ減り、経営難に四苦八苦。「電力制限の強化によって週3回の休館を余儀なくされ鹿児島県映画、演劇界は重なる悪条件に陰鬱な表情を濃くしている。ひところ新円稼ぎの王様とまでいわれた映画館経営が落ち目になった原因は、まず電力制限、経費の膨張、映画館の濫立、地方税の増加がその主たるものである。九州の主要都市の映画館数は福岡市16館、熊本市15館についで、鹿児島市の9館は第3位である」
22	12	5	入場税15割にハネ上がる。映画街は乱調子。「電力制限で四苦八苦の経営状態をつづける鹿児島興行界に鹿児島税務署からこのほど問題の15割課税実施の通知があった。新料金は税込み20円にするか、25円にするか協議のうえ、引き上げは各館の自由意志で決めることになった。良い作品は25円、その他は20円で折り合いが付いた。25円の映画館はギンザ屋と日南のみ」

年	月	日	事項
昭和23	5	26	16ミリ映写機、連合軍から県に貸与。「連合総司令部、本県に28台の16ミリトーキーを貸与。県社会教育課では遅れた視聴覚教育を取戻そうと非常な期待をもち、総司令部民間情報部との共催で甑島を皮切りに県下一円に巡回映画を行うことになった。フイルムは『音楽交響楽』、『西部合衆国』、『ベースボール』、『みんなの学校』」
昭和23	10	10	セントラルは大劇と改称。「米画系の封切館セントラルこのほど東宝系への転向を声明していたが館名を鹿児島大劇に改称」
昭和23	11	29	うける無声時代劇。「時代錯誤的無声映画、ことに剣戟ものが売れっ子になり寿命半年を完全に裏切って不老長寿を謳歌しそうなありさま。一方ではアメリカ映画専門館から邦画に転向したところもあり、さらに鹿児島はじめてのスバル座形式ロードショウ劇場の誕生も最近伝えられ、なにはともあれ鹿児島映画新地図の動きもだんだん興味を加えてきた」
昭和24	2	1	日東ロードショー転向記念にいつでも見られる自由定席制実施。「指定席定員興行を実施。当分の間、立ち見なしの自由定員制興行」
昭和24	4	11	無声映画説明者コンクール、第一小劇場にて開催。
昭和24	6	7	映画館年中無休へ。財源獲得に鹿児島市が福商局に陳情。「市は今度福岡商工局長あてに福岡、熊本、宮崎などと同様、月4回の休電日を廃して年中無休にする陳情書を提出する。休電日が解消すれば、市内9映画館の入場税、付加税だけで一か月69万2千円、年間約８３０万5千円の増収となり、学校の教室が21室増築できる」
昭和24	7	9	『青い山脈』邦画界に涼風送る。「銀映座、新世界でロードショー。１００円。定員制入替興行」
昭和24	8	15	大劇『琥珀の舞姫』をナイトショーで上映。
昭和24	8	16	大劇、ふたたびセントラルに改称。
昭和25	1	5	ごったがえす市内の映画街。戦後最高の収入。「市映画街の松の内興行は戦後5度の春をむかえ

昭和25	1	5	明るい顔の観客でごったかえし、戦後最高の収入をあげ、満員札止めの盛況」
昭和25	1	10	小劇のサービスタイム。「30円で見られる。昼、平日1時、日曜・祭日12時まで、夜は7時半より御入場の方に奉仕」
昭和25	2	3	中央公民館映画始まる。『渦巻』を4、5日正午から連続5回、6日午後4時から3回上映。入場料大人30円、小人15円、中学生新制高校生20円」
昭和25	3	11	南座改め日本劇場となる。開場式3月31日。
昭和25	6	27	客足昨年の3割減、経営難にあえぐ映画館。「新興成金といわれたのも昔の夢。最近、県下映画興行界では全般的に凋落が目立ち、3月第1週からスタートしたフリー・ブッキングも空念仏。業者間では秋には経営不振で倒れる映画館もでるだろうといわれている。市内8館のうち経営がトントンといわれるのが3分の1、あとは赤字で資金のやりくりに腐心している。この状態は地方の各館も変わらない。客足は昨年に比べ3割減で、15割から10割への入場税値下げも救いにならず、入場税が下がっても客の払う入場料金では経営は成り立たないという。某館では第1回と最終回は入場料半額という手を打ったが、これも大した成果が上がらず、旧来の宣伝法は八方ふさがり。辛うじて2本立て興行で急場をしのいでいる」
昭和26	7	4	松竹第一映画、総天然色『カルメン故郷に帰る』を封切。
昭和26	7	21	この頃、市内映画館8館中6館が2本立て。
昭和27	6	29	日本劇場、東映の封切館へ。「長い間皆様の無声映画として格別なる厚情をいただき感謝に堪えません。この度念願の封切館となり、7月第1週より南九州の封切場として新発足する運びとなりました。東映日劇館主吉井勇吉」
昭和27	7		テレビ喫茶できる。「田中氏は昭和27年に東千石町(現テンパーク通り)に「テレビ喫茶店」を開店。NHKの本放送は来年2月で気の早いことと市民は首をかしげた。(33年はじめ鹿児島放送局の

年号	年	月	日	事項
昭和	27	7		試験放送が始まると聞いて屋号にふさわしくイの一番に、27インチ43万円の大型テレビを購入。コロンビアが8、9台しか作らなかった処女製品であった）
昭和	27	7	6	興行界の不況対策、2本立てが対策のミソ。「興行界は梅雨に入ると足が鈍く、邦画館は平均して昨年より2割の低下はまぬがれない。原因はルース台風のたたりがとくに地方でひどく、またパチンコの隆盛も災いしているとのこと。ある館主は『戦後どんな写真をかけても入りがよかった復興景気時代とチト違う』ともらしている。某館のように3本立て興行を行い、写真も充実したため昨年より3、4割増であった。一方、洋画館は県外の都市より観客がつかず、不況にたたられて昨年よりひどいとこぼしている。1本では写真が弱いので2本立て興行が流行しはじめたが、興行収入が少しよくても写真代に食われるから、いいところはあまりないらしい。配給会社は鹿児島市の映画館には大都会なみに高く写真を売りつけるらしい。強力2本立てで大きくもうからなくてもやっていけさえしたらというのが本音ようだ」
昭和	27	8	17	盆興行、映画館は期待はずれ。キャンプ・パチンコが仇。「夏枯れを吹き飛ばすチャンスと各映画館ではお盆入りの数日前から声をからして宣伝につとめ、大半が2本立て、ナイトショーで臨んだが期待したほどの入りはなく、良いところで普通の日の2割増しというさびしさ。今年はキャンプ熱がさかんになったため、盆休みをキャンプですごした若者たちが多く、おまけに昨年からのパチンコの流行で映画館に入るべき足をパチンコ屋がクギ止めしているからだと業者はぼやいている」
昭和	27	8	18	新世界センター新設。今回、西駅前黄金通りに映画館と市場の建設に着手。
昭和	27	9	5	2館は無理、もめる西駅前の映画館建設。「西駅前の2つの映画館建設申請について県興行場運営協議会ではこのほど協議を重ね1館が興行上妥当との決定をした。申請者は市武町の武繁、伊地知七熊両氏と、山下町の坂之上勝巳氏で、迫氏は西駅前ガスビル西側を、坂之上氏は黄金

昭和27	9	5	通りを敷地として申請していて同協議会が調整につとめていたもの。小委員会をつくり申請者の意見を聞き調整したが、協議会の1館方針に対して両者ともゆずらず、両申請地とも適当な場所であり2館とも許可すべきとの意見も出たが、戦前鹿児島にあった「3座、9館」の申合わせにより、営業は自由でも興行上にムリがあると結論し、1館を許可する方針をとっている」
昭和27	11	23	映画館建築を許可。西駅前をイコイの場所に。「西駅前黄金通りに映画館建築の許可が正式に県衛生部からおり、新装西駅一帯の一般家庭人の新しいイコイの場所としてお目見えすることになった。休業中の新世界が申請したもので、西駅を中心とするバックの広大な住宅街をねらって市場を併設し、家庭向きの低廉健全主義をとりすでに付属施設の市場建設は完工している」
昭和27	12	29	新装なった銀映座開館。「東宝銀映座は29日から開館。柿落しは券番の舞踊長唄のほか、正月映画『風雲千両船』を上映する。総工費１２００万円、建坪３５０坪、2階あわせて６００の折りたたみ個人イス。9尺幅の通路が階上階下ともありゆったりした感じで、水洗式便所、2階に休憩喫茶室がある。映写機は発声ビクター、アメリカ製シンプレックス」
昭和27	12	29	銀映座開館御挨拶。「当座は時代の要求に応じて大改造の必要を感じ、また、皆様方の心の安息所としての映画殿堂を建設することにし、新築工事中であったが漸く竣工し来る29日より開場することになりました。株式会社銀映座社長山口静治、東宝株式会社社長小林一三」
昭和28	1	1	新春の銀幕、戦後最大のアタリ年。5割値下げでサーヴィス合戦。「入場税の10割から5割値下げが元旦から実施され、昭和28年は戦後映画街が迎えた最大の当り年。入場料金を値下げするか、終戦直後のオンボロ施設を改善して一流の小屋にするかが問われている。大衆の夢はサーヴィスのよい映画館に入るのが夢。市内封切館の系統は、松竹が第一映劇、高島映劇が大映、銀映座が東宝、銀座劇場が新東宝、日本劇場が東映、洋画は日東・東洋・セントラルの3館。鹿児島市洋画の正月興行はアメリカ映画一辺倒でそれも西部活劇か、活劇類似の安全興行。映画は

昭和	28	1	1	黒白と色彩がほとんど相半ばするという色彩映画の氾濫。アメリカでは映画は大半色彩で色彩映画は常識化、立体映画も研究されている。日本では映画技術の立ち遅れを如実に見せ付けられる感じである」
昭和	28	1	5	大半の映画館が満員札止め。「正月は午前9時から10時までの7回上映、実質的には3倍程度の増収。とくに3、4の両日は農村方面からお客がドッと流れこんだせいか、大衆的な美空ひばりの『ひばり姫初夢道中』、三益愛子の母物映画『母の瞳』などが大うけだった」
昭和	28	2	23	NHKのど自慢県決選大会。歌謡曲1位は重信さん、2位坂上二郎（鼓川町）
昭和	28	3	22	串木野の巡回映画。しんどい！　でも愉快。今宵も待っている開拓地へ。「巡回映画が月に一度の楽しみを部落へもたらすには時として牛の背も借りねばならない。串木野市巡回映画班の唯一人の係員山下保介さんは企画主任、映写技師、活弁、雑役夫を一人で引き受け、月の大半をコツコツ田舎回りに過ごしているが、冠岳の山奥や、羽島の弁財天開拓地にはトラックをすてて映写機、フィルムなどを牛の背に積みかえ山道を登って行かねばならない。約3里の遠くからもタイマツをともして見物にやってくる開拓部落の人たちが首を長くして待っているのである。開拓地では小さな民家で映写機を味噌部屋にすえつけ、座敷にかけた白幕に写すことになる。割のあわない難儀な仕事であるが、これほど心楽しい仕事もないのですと、山下さんは述懐する。昨年4月以来串木野市に専属巡回映画ができてから、山村辺地の文化啓発におおきな実績を示しつつあるが、そのかげには苦労のタネが多いわけである」
昭和	28	4	14	鹿児島にも立体映画、セルロイドの眼鏡は映画館がくれます。「映画の革命児来月登場。「14日から日東劇場に封切られる。米国の『メトロスコピックス』という2巻の短編。入場料１２０円」
昭和	28	8	8	西駅前に新世界開館。「西鹿児島駅前黄金通りに新世界映画劇場が開館。93坪、イス席定員２５０名、映写室とスクリーンが対角線上に設置され映写面に対し死角がないのが設備の特長」

年	年	月	日	事項
昭和	28	9	24	ワイド・スクリーンが銀座劇場に登場。「最近、映画界にはワイド・スクリーン時代が訪れている。南九州で初めて銀座劇場に22日から登場、観客の眼を奪った。ついで同月に日東劇場、セントラルがワイド・スクリーンに切替える。不人気の立体映画よりも、簡単に立体感の強調できるワイド・スクリーンが時代の脚光を浴びている」
昭和	28	11	18	富士館、那須清光が運営管理者となる。「改修のため休館していた富士館の器械の取替えが完了しました。また、本日より新しく経営管理を那須清光氏に一切を委任、開館することになりました。日南殖産株式会社　社長岡元義人　経営管理者　那須清光」
昭和	28	12	24	今年の映画、深刻なものは敬遠、のしてきた戦争もの。「第一映画が新装開館し、西駅前に新世界が誕生した。施設面ではワイド・スクリーン時代に入った。話題をにぎわせたのは、県税務課が興行の割引禁止をとりあげたこと、鹿地評、映画サークルなどの反対運動にあってこの問題を再び撤回したことであり、映画人往来では8月、映画界の大立者大谷松竹社長が墓参で来鹿、それに池部良、鶴田浩二などがやってきたことであろう。
昭和	29	9	11	ナイトショー盛ん。市内10館中7館ナイトショー。
昭和	30	1	19	映画2本立てをどう思う。1本でじっくり観たい。「政府では国民保健上からも問題があり、上映時間を2時間半に制限、近くその方法を閣議に諮るという。鹿児島でも封切館の1本立て興行が、昭和28年正月から2本立てに変り、1本立てでは客足がつかぬと、2本立てが興行の波に乗ってしまった。最近ようやく一般、業者間でも2本立ての批判がおこるなど注目される問題だろう。鹿児島興行組合長、鹿児島市映画推薦委員、県庁勤務、市高校映研委員長いずれも1本立てでじっくり見たいと賛成」
昭和	30	3	19	セントラル、総天然色映画『聖衣』封切上映。「南九州唯一のシネマスコープ劇場として19日より発足」

年号	年	月	日	事項
昭和	30	8	4	オリオン映画劇場が開館。「市高見馬場二官橋通りに洋画専門館オリオン映画劇場（館主原田敬次郎氏）が3日に開館。150坪のモルタル塗り。定員350名。ビクターPD400型発生装置を設置。シネスコ、ビスタビジョンなども上映できる。
昭和	30	12	13	新館、改築ぞくぞく。冷・暖房付きを看板に。たけなわの観客争奪戦。「アッという間に天然色からシネスコ、シネラマに変り、映画館の改装・新築が目立つ。また、市内では新館がつぎつぎに名乗りをあげる気配。市内の映画館は現在11館。オリオン映劇が誕生、月末には銀座劇場横に姉妹館が開館。新東宝系の新館で2階建、定員550名、正月興行の30日ごろ開館の予定。8千万円の予算で鹿児島歌舞伎会館（責任者浜田軍蔵）が山之口町武田産婦人科前の敷地にできるはず。歌舞伎、映画の両方に使用される予定。また、オリオン劇場裏のローラースケート場にオリオン館主が映画館を建設する計画もある。日東映画劇場が全館改装。小劇場は28日に開館。定員は変わらないが内部がゆったりとなり、とくに悪評高かった便所も水洗式になる。さらに来年2月には高島映画劇場が地上3階、地下1階の鉄筋で改築計画中。鹿児島東映は来春改築の予定でスクリーンを広げ、暖・冷房を取付け、表構えもがらりとかえる。人口のわりに館数が少なく、観客争奪戦は日をおって激しくなりそうだ」
昭和	31	7	23	世はまさに冷房時代。劇場、喫茶店大うけ。頭の痛い高い取付費用。
昭和	31	7	30	大映高島劇場新装開館。「鉄骨、鉄筋コンクリート3階建で、南九州最初の本格的近代的設備をそなえた劇場。建坪は333坪、客席685、総工費約6500万円。冷暖房を完備、防音装置、排気装置にも考慮されている。31日、1日に大映スター勝新太郎、川上康子らが出演する」
昭和	31	12	1	映画の日多彩な催し。「わが国に映画が渡来して60年、各地で映画の日の記念行事が行われる。市映画組合と南日本新聞社が共催して1日から1週間催し物を行う。全映画館の入場料を3割引にするほか、南日本新聞社前から市内の映画館14ケ所をまわり南日本新聞社前にゴールイン

昭和	31	12	1	する映画館早廻り競争がある。１、２日の両日午後10時から日活銀座劇場で無声映画大会があり70歳以上の老人招待と、映画館入場者にその場で豪華な商品が当たる三角くじが配布される」
昭和	33	2	22	ＮＨＫ鹿児島テレビ局開局初放送。
昭和	33	2	28	朝日映画劇場、草牟田町の国道３号沿いに開館。
昭和	33	3	6	テレビに食われた紙芝居。市内に30名いた業者も転業者して減少している。
昭和	33	10	1	オリオン映劇改め、第２文化開館となる。55円の特選名画劇場。
昭和	33	11	15	西鹿児島駅前に大洋映劇が開館。
昭和	34	2	19	西駅大洋改め大和劇場開館。「久しく休館いたしておりましたが、東宝映画で再出発しました。大和劇場社長森崎政吉」
昭和	34	3	17	岐路に立つ市民映画教室。増える再映館に悩む。「映画教室は先週の『地下水道』で２０１回を数え親しまれてきたが、これを拡充しようとスクリーンを大型化する予算１１３万円が市議会本会議を通った。これに市内の映画館から苦情が出て、映画教室の身の振り方が新しい問題として浮かび上がっている。映画館側の言い分は近頃映画教室が事業化し、民業を圧迫する傾向が見える。再映館が増え、安くてよい映画を一般上映館で見られるようになり、映画教室そのものの存在の意味がなくなってきたことなどを主な理由にあげている。はじめ、同市民映画教室は邦画も上映したが、民業圧迫になるからと業者の申し入れで洋画の再映ものだけを月２回上映することになった。料金は普通30円か40円で、勤労者を中心に市民の間に好評で、毎回沢山の観客を動員していた」
昭和	34	4	1	鹿児島税務署管内一人で年19回観覧。「全興行の入場者は６５５万８千人、入場税額は８７２３万７千円　前年度比、入場人員で１０７％、税額で１０４％の伸び　このうち入場税の95％は市内25ヶ所の映画館。鹿児島の映画人口は月を追って上昇線をたどり、昨年11月には南

年号	年	月	日	事項
昭和	34	4	1	九州4県で入場税額トップを占め、料金、人員とも前年同期の1割上回る」
昭和	34	6	30	西駅大和閉館
昭和	34	7	31	文化劇場、冷暖房設備・場内大改造工事のため休館し、8月に新装開館。洋画封切館で初めての冷房完備劇場。
昭和	34	9	1	銀座通りに天文館劇場開館。「市唯一のニュース劇場。ニュース3本、劇映画1本を上映。折田汽船直営」
昭和	35	3	16	入場税白書によれば、映画を1人で18回。締めて4億円の入場料。「34年度の市民一人当たりの観覧回数は18・5回、33年度は18・7回」
昭和	36	3	24	映画館街で大火。日東、日活銀座が焼失。
昭和	36	6	24	塗りかわる天文館娯楽街地図。東映会館初名乗り。日活、東宝も焼跡進出？「鹿児島興行が東映会館建設。半地下、地上3階の鉄骨で述べ2千㎡。1、2階は吹き抜けワンスロープの劇場でイス席650、3階は観光キャバレー。名店街6軒が入る。映画と娯楽施設抱き合わせた新しいスタイルの劇場が鹿児島に初めて登場。工費8500万円の半分は東映がもつ。焼跡には岩崎産業がバスセンター建設の計画があったが、一坪当たり売値100万円、買値60万円でひらきがあった。日活銀座は日活本社に劇場再建の融資2千万円の話をとりつけた。総工費3千万円で、二階建て述べ1055㎡、イス席750。日東の焼跡の計画は未定」
昭和	36	12	1	「映画の日」の話題、映画館は戦国時代、激しい駆引き自転車操業で切り抜く。
昭和	36	12	24	映画正月料金の値上げ相場。最高で230円。大作という名で高姿勢。
昭和	36	12	31	銀座劇場、日活銀座（新築開館豪華第1弾）、銀座シネマ（洋画封切館転向第1弾）
昭和	37	2	26	往年の名作西部劇復活。「駅馬車」など。
昭和	37	3	31	初のオールナイト興行。ひばり鹿児島ロケを記念して。

年	月	日	事項
昭和37	3	14	東映会館あす開館。「総合文化センター東映会館完成。鉄筋コンクリート1790㎡、地下1階、地上3階。地階、1階はワンスロープの映画館、名店街。2、3階はキャバレーエンパイヤ」
昭和37	7	22	ナイター商売大繁盛。映画館・観光バス・デパート涼み客をねらう。映画館の稼ぎは昼の倍。
昭和37	12	18	映画不景気時代。戦国時代さながら。あの手この手で客寄せ。
昭和38	1	19	鹿児島に芸術映画上映館、ナポリ座できる。商業作品への抵抗。第1作「尼僧ヨアンナ」
昭和38	12	29	映画の鹿児島ロケ相次ぐ。観客は依然減る一方。
昭和39	3	2	ぬり変えられる映画街。洋画3館が提携、番組調整で共食い避ける。微妙な邦画館の反応。「市内の洋画封切館は有楽興行直営文化劇場、宇都ソメの銀座シネマ、銀座劇場の3館となり共食いを避けるため提携して番組み調整を行う。文化劇場は最低1本2週ロングランの大作専門館、姉妹館第2文化は再映と家族向け封切と半々とし、銀座シネマはアクションもの中心、銀座劇場は成人向き映画中心とし各館独自のカラーを生かし固定客を増やすことになった。一方、市内の邦画封切館はこの動きに対し微妙な反応を見せている。4月の貿易自由化によって洋画がどっと上陸し、じり貧の邦画業者の洋画興行に乗り換えることも考えられる。洋画3館提携もその先手を打った防衛策と見られる。従来邦洋は6対4の割合だった九州管内の洋画人口が昨年は五分五分になり、今年はこの割合が逆転することも考えられる。洋画攻勢でまず直接の影響を受ける洋画ファンに客筋の近い東宝銀映座は、来年予定されている劇場改築と同時に洋画封切館を併設する計画を検討している。また、再映館でも洋画へ切りかえの動きがあり、今年の天文館映画街地図は大きく塗り替えられそう」
昭和39	5	26	「越後つついし親不知」を成人向けに指定。微妙な芸術作品の評価
昭和39	12	15	高料金もう限度。市内映画館は正月映画料金300円に据え置き申し合わせ。
昭和40	3	4	谷山市の谷山東映休館。

昭和	40	6	28	オールナイトは花盛り。深夜のオアシス？
昭和	40	8	6	第2文化は有楽座と改称し、萩原通りに移転して開場。
昭和	40	9	15	氾濫する成人映画。「昨年あたりから増える傾向をみせ、今年は約１６０本に達すると見られる」
昭和	41	10	8	そこまできたカラーテレビ時代。県下に早くも６００台。予想外の売れ行き。
昭和	42	12	26	理髪店、美容院、映画館は値上げのストップを決めたが、すでに先取りして夏に値上げも。
昭和	43	1	10	ボウリングが正月レジャーの王者に。21時間のフル営業。若者達が詰めかける。
昭和	44	7		鹿児島興行は映画館経営から離れ、エンパイヤの映画館は閉館。東映は有楽座に移り東映有楽座と称し、さらに翌年8月に地蔵角のニュー西野ビルに移転開館。
昭和	45	12	15	自主映画「黒神」（大重順一郎監督）を上映。息もつかせぬ緊張感。
昭和	45	12	27	この年「自主映画の会」奮闘する。
昭和	46	10	28	また一つ消える映画の灯。天文館が寂しくなる。「鹿児島日活劇場が24年間の歴史を閉じる。前身は昭和22年に発足したギンザ屋劇場。その後、日活銀座に改称し日活と新東宝の映画を上映していた。昭和38年に日活直営館になり本社の方針で昨年6月から洋画館となる」
昭和	46	12	2	また消える映画館の灯。「ナポリ座（映樂興行、社長小中武）、日劇東映（西鹿児島駅前、社長吉井義輝）閉館。名作惜しむ市民。時代の流れには勝てない？」
昭和	47	2	1	松竹高島松竹直営館となる。披露番組「男はつらいよ大会」
昭和	47	4	28	ロマンチック・ムードのミニ・シアターのロマン劇場誕生。「天文館有楽座1階に新開場。毎晩オールナイト（18歳未満の方お断り）」
昭和	47	7	13	エンパイヤの鹿児島東映閉館し、有楽座に移転し東映有楽座開館。
昭和	47	12		県入場者１８５万人、市入場者１１０万人となり、いずれも最低となる。
昭和	48	8	3	東映銀座通り地蔵角西野ビル2階に移転し鹿児島東映となる。

昭和	48	9	1	南映休館。翌年11月に南映再オープン。
昭和	48	12		48年のオカルト（『エクソシスト』）・空手ブーム（『燃えよドラゴン』）で映画興行界は数字の上では復調の兆しを見せる。
昭和	49	8	3	東宝銀映会館オープン。東宝銀映、スカラ座（「ノストラダムスの大予言」上映）
昭和	49	12	28	映画界斜陽からやっと復調。民間の上映会など活発。
昭和	50	12	24	４月より映画入場料に免税点（１５００円）を設定。
昭和	51	12	24	招待試写会ラッシュ。ヒットに結びつく。招待試写会は劇場が応募者を募り抽選で２００人から３００人を招待するシステム。一般公開前にクチコミの宣伝に期待。また、テレビで予告編がわりにスポットを相次いで行う。
昭和	52	1	1	映画復活。自主上映運動高まる「今年は、正月邦画興行は寅さん、トラック野郎、花の応援団などのシリーズ物で始まった。自主上映運動も鹿大映研中心に高まる。スペクタクルつづく洋画」
昭和	52	2	17	西鹿児島駅南、平和通りに旭シネマ開館。
昭和	52	12	19	奄美大島、民放開局。増えた夜更し族。映画館はガタ減り。
昭和	52	12	27	封切館料金ほぼ統一。１３００円時代くる。
昭和	53	1	23	映画の人気が復活？　正月だれもなく客足好調。
昭和	53	2	25	松竹第一、姉妹館の第一小劇へ移転。「昭和47年2月から西日本松竹興行が鹿児島文化企業（上原三郎代表取締役）から館を借受け興行していた」
昭和	55	1	9	大作、話題作を背景に、映画料金１５００円時代へ。
昭和	56	3	15	『ガンダム』など封切アニメにヤングがフイーバー。ポスターなどにも殺到。
昭和	56	7	21	家族優待券サービス合戦。夏休みのチビッ子ねらえ。父兄同伴魅力。
昭和	57	12		有楽館のロマン劇場跡ににっかつ開館。

元号	年	月	日	事項
昭和	58	10	8	「薩摩盲僧琵琶」11月中旬から有楽座で上映。
昭和	58			昭和58年頃から鹿児島市にレンタル・ビデオ店が出現。
昭和	59	9	1	南映（鹿児島映劇・社長宮内政一）、一方的配給停止で損害。にっかつに賠償請求。
昭和	59	9	30	枕崎東映と観客を二分したみなと文化（旧大福座→記念館→南都劇場）廃館。南薩の映画館姿消す。
昭和	60	4	27	文化プラザ120、80の2劇場がオープン。東千石町1―12　Kフラット1F（天神馬場）
昭和	61	10	13	ビデオ売れ行き好調。ビデオ全県に普及。
昭和	62	4	25	松竹高島（4階）、ピカデリー（2階）開館。
昭和	63	1	29	川内の若草映劇2館、40年の歴史に幕。ビデオが直撃、経営難。川北薩地区遂に映画館ゼロ。
昭和	63	6	30	にっかつ閉館。
昭和	63	7	1	にっかつ跡（1階）にロッポニカ開館。
昭和	63	7	23	シネシティ文化開館。有楽興行が約10億円かけてビデオに負けぬ新設備を誇る映画館建設。地上7階、地下1階。洋画を中心としたロードショー館
昭和	63	11	4	ロッポニカ閉館。同館跡にかごしまロマン開館。
平成	1	9		鹿児島市以外の唯一の洋画館、国分文化会館が9月閉館。
平成	2	6	1	かごしまロマン閉館。
平成	2	8	31	有楽座廃館。
平成	2	12	22	大作ぞろいで客足増。「今年の鹿児島市の映画は洋・邦画系ともにまずまずの入り。ビデオブームによる映画離れに歯止めがかかった格好」
平成	4	2		平成4年2月に鹿屋のテアトル文化が廃館。これより平成12年8月に奄美のシネマパニックが開館するまでの8年半の間、地方から映画館が消える。

平成	5	2	5	文化プラザ80、120閉館。
平成	5	4	30	鹿児島市の映画館13スクリーン。（シネシティ文化5スクリーン、鹿児島東映、松竹高島、ピカデリ、鹿児島東宝、東宝スカラ座、銀座劇場、西駅旭シネマ、キシャバ名画座）
平成	7	7	1	鹿児島東宝、東宝スカラ座改修して、鹿児島東宝3スクリーンがオープン。
平成	7	11	30	キシャバ名画座閉館。
平成	8	10	4	宇都ビル2階の銀座劇場閉館。
平成	10	1	29	平成9年邦画健闘、興行収入伸びる。昨年より洋画含め19％の増。『もののけ姫』、『失楽園』
平成	11	8	8	データでみるかごしま。「県都以外の映画館　姿消す。いま鹿児島県内にある映画館は12カ所。すべて鹿児島市内に集中している。内訳は複合館が3で、単独館が2」（内訳、シネシティ文化5、東宝3、松竹高島2、鹿児島東映、西駅旭シネマ）
平成	12	8	3	シネマパニック（140席と50席の2スクリーン）が名瀬市末広町に11年ぶりに開館。平成元年に閉じた映画館跡を改装してオープン。地方に8年半ぶりに映画館が開館。
平成	12	8	12	松竹タカシマ、ピカデリー改装し、松竹タカシマ3スクリーンがオープン。
平成	12	8	12	鹿児島市の映画館13スクリーン。（シネシティ文化5スクリーン、松竹タカシマ3スクリーン、鹿児島東宝3スクリーン、鹿児島東映、西駅旭シネマ）
平成	16	9	16	九州最後の東映直営館、鹿児島東映閉館。明日より鹿児島ミッテ10で上映開始。シネシティ文化（7スクリーン）松竹タカシマ（3スクリーン）、鹿児島東宝（3スクリーン）、西駅旭シネマ
平成	16	9	17	鹿児島中央駅にアミュプラザ開業し6階にシネコン鹿児島ミッテが開館。デジタル劇場。
平成	17	5	5	松竹タカシマ閉館。
平成	18	5	16	シネシティ文化6月5日より休館。ミッテ10開業により客減る。

平成	18	10	7	シネシティ再開断念し閉館。
平成	18	10	11	鹿児島東宝が閉館。天文館から銀幕消える。
平成	18	10	15	与次郎の複合商業施設フレスポジャングルパークの中核施設として、シネコン「ＴＯＨＯシネマ与次郎」が開館。車で来やすい。観客評価まずまず。
平成	19	1	8	邦画ブーム、洋画をしのぐ。06年興行収入、21年ぶり逆転へ。ＴＶの感性でヒット連発。ハリウッドの大作離れも。
平成	19	4		鹿屋市の「リナシアター」、市民交流センター・リナシティに市指定管理施設としてオープン。座席68席で現在にいたる。
平成	19	12	21	年末年始の風物詩、正月映画華やかさ薄れ小粒。邦画の人気シリーズ定番も衰退。
平成	21	9	18	天文館の良さ感じて。街に仕掛け視覚に訴え。
平成	22	4	4	天文館に銀幕4年ぶり復活。マルヤ7階に「マルヤガーデンズシネマ」開館。39席。単館系
平成	22	6	1	離島唯一の奄美市のシネマパニック閉館。県映画興行組合によると、県内の映画館は鹿児島市2シネコン館、単館1館、鹿屋市1館のみとなる。
平成	24	5	3	「天文館シネマパラダイス（天パラ）」曲折経てオープン。7スクリーン、875席。地域の活性化の導火線にと地元協力。
平成	25	5	3	街がつくった映画館、天文館シネマパラダイスの波及効果進む。

参考文献

郷土紙　南日本新聞（朝刊・夕刊）、鹿児島新聞、鹿児島実業新聞、鹿児島朝日新聞、鹿児島日報、鹿児島新報、夕刊鹿児島
『日本映画発達史』（Ⅰ～Ⅴ）田中純一郎　中公文庫　昭和61年再版
『日本映画史』（1～4）　佐藤忠男　岩波書店　1995年
『日本映画は生きている』（1～3）　黒澤清ほか　岩波書店　2010年
『日本映画の誕生』（日本映画史叢書⑮）　岩本憲児編　森話社　2011年10月
『鹿児島県統計書』　鹿児島県
『鹿児島県統計年鑑』　鹿児島県
『鹿児島大百科事典』　南日本新聞社鹿児島大百科事典編纂室　南日本新聞社　昭和56年
『日本の歴史』　中央文庫　2006年新装版
『昭和の歴史』　小学館　1994年新装版

あとがき

本書は、鹿児島市映画館の１００年余りの歴史をたどり、その背景となった世相の変遷を記したものである。

月刊『シルバーエイジ』に平成4年11月から同10年7月にかけ連載させていただいた『鹿児島の劇場・映画館史』をもとに、劇場史、世相の一部を除き映画館史について書き加え出版したものである。『シルバーエイジ』は鹿児島市の日進印刷株式会社のメセナ事業で、本格的な高齢化社会に向けての魁となった熟年世代向けの生活情報誌であった。二之宮武社長、故中野正夫専務、熊副穣編集長、編集事務の永野絹子さんなどに感謝申し上げたい。筆者の思いがけない曲折により今日になってしまった。親しくしていただいた中野さんにお届けできなかったのが残念である。

小林貞弘氏は「地方映画史における空白を少しでも埋める最も有効な資料は地方紙である」といっているが（『名古屋で展開した弁士に関する言説』〈『日本映画の誕生』ｐ３０４『森話社』〉）、本書の資料も本文の注に記したように、ほとんど鹿児島の新聞の記事、広告、写真などから得た。それは南日本新聞と、その前身の鹿児島新聞、鹿児島実業新聞、鹿児島朝日新聞、鹿児島日報、それに鹿児島新報であり、鹿児島県立図書館保存のものを利用させていただいた。多くの引用を許可いただいた南日本新聞社、お世話になった県立図書館の方々に感謝申し上げたい。

高井英幸氏は「映画に関する名著はたくさんあるが、映画館の話は意外と少ない。バブル期の再開発や、その後のシネコン時代の到来と共に、かつて映画館と呼ばれた劇場は使命を終えて、徐々に姿を消してしまった」と『映画館へは、麻布十番から都電に乗って。』（角川書店）のあとがきに記している。本書は他県の映画館史についてはほとんど触れることができなかった。鹿児島という井の中から管見した映画館史の報告である。

若いころ、充分堪能したはずなのに飽きもせず次の映画を探しに天文館をうろつきまわるものだった。往時の映画館は全部なくなってしまったが、映画館のたたずまいや匂いが忘れがたい。それが天文館にこだわる理由のひとつかもしれない。

編集、出版にあたって南日本新聞開発センターの方々にお世話になった。書名については久本勝紘氏に、それに、よく夕食を一緒にする前橋松造氏からも示唆をいただいた。諸氏に心から感謝申し上げたい。

参考にさせていただいた資料はすべて本文中に示した。本文中、敬称を省かせていただいたことをお許しいただきたい。本書を23回忌を迎えた妻和子の霊に捧げたい。

平成29年2月

唐鎌祐祥

唐鎌祐祥（からかま　やすよし）

1938年鹿児島市に生まれる。旧肝属郡百引村に疎開、同村で小、中学校を過ごす。鹿児島大学文理学部文科人文地理専攻。

県内の県立高校を経て鹿児島県立図書館などに勤務し、県立松陽高校にて定年退職。鹿児島国際大学附属図書館などに勤務。県教育委員、平成17年度のＮＩＥ全国大会（鹿児島大会）実行委員長を務める。公益財団法人「興南アジア国際奨学財団」常務理事。

著書

『天文館の歴史―終戦までの歩み―』（春苑堂出版かごしま文庫⑤）

『昔の鹿児島』（南日本新聞開発センター）など。

『鹿児島県地名大辞典（共著）』（角川書店）など。

かごしま映画館100年史

2017（平成29）年３月13日　初版発行

著　者／唐 鎌 祐 祥

発　行／南日本新聞開発センター

〒892－0816　鹿児島市山下町９－23

TEL 099（225）6854　FAX 099（227）2410

URL http://www.373kc.jp/

ISBN978-4-86074-249-2　定価　1,500円＋税

C0074　¥1500E